비형식 과학학습의
이해

비형식 과학학습의 이해

Understanding Informal Science Learning

김찬종 · 신명경 · 이선경 공저

북스힐

머리말

과학 학습을 이해하기 위해서 그동안 학교 과학교육의 여러 측면에 대한 연구가 진행되어 왔다. 과학 교육과정, 과학 교수학습 방법, 과학 학습 평가, 과학 교과서와 교재, 과학 교사의 특성이나 활동 등이 주요 분야로 연구되어 왔다. 이러한 연구를 통해서 학생과 교사, 수업, 평가 그리고 교재와 교육과정에 대한 많은 이해를 하게 되었지만 아직도 과학 학습에 대해서 많은 탐색이 필요한 것이 사실이다. 과학을 배우고 가르치는 과정은 너무 복잡해서 아직도 이해하지 못하는 영역이 너무 많으며, 그러다 보니 학교 현장을 위한 안내나 처방도 미흡한 점이 너무 많기 때문이다.

과학 학습은 학교 교육을 통해서 이루어지지만 또한 가정이나 지역사회, 학교 밖에 있는 여러 기회를 통해서 이루어지기도 한다. 또한 학교 안에서도 형식적인 교육을 통해서 뿐 아니라 친구와의 대화나 도서실 이용 등과 같은 비형식적인 기회를 통해서도 과학을 배우기도 한다. 교육에 대한 관점이 학교 교육에서 평생 교육으로 전환되고, 학교 교육은 평생 교육의 일부라고 볼 때 그동안 상대적으로 큰 관심을 받지 못했던 비형식 과학교육의 중요성과 잠재력은 매우 크다. 평생 동안 학교에서 학습을 하는 시간이나 기회는 나머지 학습기회와 비교하여 매우 작은 부분에 불과하기 때문이다.

이러한 배경 때문에 20세기 후반부터 비형식 과학학습에 대한 관심이 높아지면서 이 분야는 과학교육의 중요한 분야가 되었다. 주요 과학교육 전문학술지에서 이 분야에 대한 특별호가 출간되었고, 관련 논문의 수도 빠르게 증가하고 있다. 이 분야의 발전으로 형식 교육과 비형식 교육에 대한 이해가 확장되고 심화되어 과학 학습에 대한 입체적이고 폭넓은 이해가 가능해질 것으로 예상된다. 또한 과학교육의 분야가 학교를 포함하여 사회 전체로, 대상이 초중고교에 다니는 학생을 포함하고 나아가서는 모든 사람으로 확징되게 되었다.

이 책은 2003년부터 저자들을 중심으로 수행된 비형식 과학학습 연구 성과에 주로 기반하고 있다. 이때 참여한 연구진들은 전 세계의 주요 자연사박물관을 직접 방문하여 전시물과 교육 프로그램을 조사하고 관련자를 면담하였다. 방문한 자연사박물관으로는 미국 워싱턴 D.C.의 미국 국립자연사박물관, 미국 뉴욕시에 있는 미국 자연사박물관, 미국 시카고에 있는 필드박물관, 호주 시드니에 있는 호주박물관, 일본에 있는 동경과학관, 영국의 런던 자연사박물관이다. 연구의 범위도 자연사박물관의 전시가 가진 특성에서부터 과학교육과정과 전시 내용의 관련성, 전시에 반영된 과학의 본성, 그리고 관람객의 담화를 통한 학습, 그리고 도슨트와 관람객 사이의 담화에 이르기까지 폭넓은 주제를 다루어 왔다.

자연사박물관을 기반으로 한 연구 성과를 중심으로 이 책을 저술하였지만 비형식 과학학습 전반에 대한 소개를 하려는 노력을 하였다. 1장과 2장에서 비형식 과학학습의 정의와 영역, 목표와 교육 이론적 접근을 다루었다. 3장에서는 전시물의 특성과 비형식 과학학습을 중심으로 살펴보았고, 4장에서는 전시에 반영된 과학의 본성에 대한 연구를 정리하였다. 5장에서는 전시물을 방문한 관람객의 담화를 통한 과학 학습과 도슨트와 관람객 사이의 담화에 중점을 두었으며, 마지막으로 6장에서는 학교 교육과의 연계나 활용 방안을 모색하였다. 또한 이 책은 과학교육의 다양한 관련 이론을 바탕으로 개발되었으며, 최근에 주목을 받고 있는 사회문화적 접근도 반영하여 비형식 과학학습에 대한 최근 동향을 제시하고자 하였다. 출판을 하려고 하니 아쉬운 부분이 많으나, 비형식 과학학습에 대한 첫 번째 저술이라는 사실에 용기를 내었다. 부족한 부분과 오류는 계속하여 보완하고 개선하고자 한다.

그동안 세계 여러 자연사박물관을 함께 방문하여 자료 수집과 분석, 연구 성과 발표를 공유했던 많은 연구진과, 원고 정리를 도와준 연구실의 여러 대학원생에게 고마운 마음을 전한다. 또 부족한 책의 출판을 허락하신 (주) 도서출판 북스힐의 조승식 사장님께도 감사드린다.

2010. 2

저자를 대표하여 김찬종

차례

3 73p 비형식 과학학습 환경의 특성

4 115p 비형식 과학학습 환경과 과학의 본성

1 비형식 과학학습이란 무엇인가?

1.1 비형식 학습과 과학교육

비형식 학습 혹은 비형식 교육은 학교에서의 학습인 형식 교육과 구분하여 학교 밖, 즉 박물관이나 이와 유사한 상황에서의 학습을 지칭하는 경우가 많다(Diamond, 1999, p.25). 그렇다면 학교 학습의 반대말은 곧 비형식 학습일까?

오늘날 '교육'이라고 말할 때, 이는 학교를 중심으로 이루어지는 활동으로 단정하는 것처럼 보인다. 그러나 가르치고 배우는 행위로서의 교육의 형태가 학교로 국한된 것은 인류의 역사 전체를 놓고 보았을 때 그리 오래된 일이 아니다. 오히려 비형식 교육에 대한 논의야말로 인간의 자연발생적인 '교수-학습' 상황에 무게중심을 가져다놓는 것이다. 그럼에도 불구하고 오늘날 비형식 교육이라 하면 학교 교육과 매우 차별화된 것으로 보고 있다. 일반적으로 비형식 학습(informal learning)은 다음과 같은 특징으로 묘사된다.

- 비형식 학습은 자발적으로 일어난다. 즉 누구도 박물관이나 TV에서 뭔가를 배우라고 강요하지 않는다.
- 학습계열이나 교육과정이 정해져 있지 않다.
- 동물원, 박물관, 식물원, 수족관 등 매우 다양한 곳에서 학습이 일어날 수 있다. 캠프, 축제, 클럽활동, 운동장, 공원, 가정, 혹은 길거리에서 진행되는 프로그램을 통해서도 일어난다.
- 비형식 학습은 유비쿼터스적(ubiquitous)이라 할 수 있다. 즉, 비형식 학습은 많은 장소에서, 하루 중 어느 때랄 것 없이, 살아가면서 언제나 일어날 수 있는 것이다.

미국과학재단(NSF, National Science Foundation)의 비형식 교육프로그램에 대한 설명에 따르면 '비형식 학습이란 자발적이고 자기 주도적이며, 평생교육이면서 내재적 흥미와 호기심, 탐구심, 환상, 과제의 완수, 사회적 상호작용 등에 의해 동기부여가 된다.' 고 했다. 비형식 학습은 그 동기와 결과가 뚜렷하게 나타나는 선형적인 특징과 학습의 의도나 동기 및 그에 따른 학습결과가 분명하지 않은 비선형적 특징 모두를 가지고 있다. 또한 비형식 학습의 경우 학습의 진행 속도를 학습자 스스로 결정한다. 비형식 학습의 결과로는 보다 심화된 활동과 학습을 위한 경험적 토대가 만들어지기도 하고, 또 다른 학습을 위한 동기 유발이 되기도 한다. 특히 과학, 수학, 기술에서의 비형식 학습 경험의 결실로 관련 분야들에서의 진로 기회에 대한 지식뿐만 아니라 과학 및 기술 관련 학문분야에서의 개념, 다양한 관련 주제, 탐구과정, 사고능력에 대한 이해를 넓힐 수 있다는 것을 꼽을 수 있다(NSF, 1998, p.7)

Oppenheimer와 Cole(1974)은 비형식 학습에서 일반적인 성취의 정도와 수준을 논하기 어렵다고 지적한 바 있다. 즉 비형식 학습을 위한 별다른 선행요구 조건이나 졸업장이 없으므로 결과적으로 제대로 학습을 못했다는 것도 말하기 어렵다는 것이다. 그의 글을 인용하면 다음과 같다.

> 박물관은 발견을 위한 거대한 자원이 되는 소품이라 할 수 있다. 그러므로 학교에서의 학습을 무력화시키고 심지어 고통스럽게 만드는 긴장감을 완화시킬 수 있다. 어느 누구도 박물관에서는 '낙제' 하지 않기 때문이다. 하나의 박물관이 어떤 다른 박물관을 위한 선행이수 대상은 아니다. (1974, p.8)

한편, 비형식 학습은 종종 가족이나 또래 집단 상황에서 일어나는 심도 있는 사회적 경험을 제공하기도 한다. 이는 사회적 촉진(social facilitation)으로 특징지어지는데 사람들이 무의식중에 영향을 받아 타인을 따라가거나 모방하게 되면서 새로운 학습경험으로 이어지는 것을 말한다. 사회적 촉진이라는 과정을 통해 보면, 박물관에서의 성인은 동반 아동이 전시물을 좀 더 찬찬히 오랫동안 머물며 살펴보게끔 하는 등의 영향을 주게 되고 결국 이로 인하여 아동은 좀 더 깊이 있는 경험을 하는 기회를 갖게 된다(Diamond et al., 1988). 또한 비형식 학습은 타인의 행동을 관찰함으로써 학습을 하게 되는 관찰학습과 연계되는데, 이러한 관찰학습은 관람객이 상호작용적인 전시물을 조작하는 방법을 배우는 기본적 방식이다(Diamond, 1980; Hilke, 1989). 또한 비형식 학습은 집단의 구성원들이 서로의 관심과 행동을 지시하고 강화하는 교수 활동과 연결되어 있다(Hilke, 1989; Hilke and Balling, 1985). Diamond(1980)과 Dierking(1987)은 박물관을 방문하는 가족들 중에서의 교수 활동은 상호 호혜적으로 일어나기 쉽기 때문에 성인이 아동을 또는 아동이 성인을 가르치는 경우가 나타난다고 밝히고 있다.

또한 비형식 학습의 가장 비중 있는 요소로는 놀이(play)를 들 수 있다. 놀이는 혼자서, 혹은 여럿이 사회적으로도 일어날 수 있는 것이다. 많은 동물원, 공원, 박물관들에서 놀이는 묵인될 뿐 아니라 오히려 장려되는 경우가 많다. 박물관 전시에서 '노는' 사람들은 종종 전시물을 예상하지 않았던 방식으로 조작해보면서 그만큼 전시물 앞에서 더 많은 시간을 보내게 된다(Diamond, 1986; 1996). 결과적으로 전시관에서의 놀이를 통해서 관람객들은 종종 전시에서 보여주는 현상에 대한 보다 온전한 지식에 이르게 된다. 따라서 놀이는 비형식 학습 과정의 일부로 볼 수도 있다. 예로, 미국 샌프란시스코 과학관(Exploratorium)에서는 도슨트들이 청소년을 위한 놀이를 이용하여 대중의 흥미를 이끌어낼 뿐 아니라 관람객에게 전시 작동법 시연을 보여주는 하나의 방식으로도 활용한다(Diamond et al., 1987). 샌프란시스코 과학관의 기초감독관이었던 Oppenheimer (1972)에 따르면 놀이와 탐험은 개인적이며 개별화된 방식으로 비형식 학습 환경을 체험하는 수단이 된다고 한다.

> 아동들 놀이의 대부분은 애초의 목적과 동떨어진 맥락에서 사회 공통의 물리적, 문화적 요소를 사용하는 것과 연관되어 있다. 심도 있고 반복적인 놀이를 통해서 아동들은 주변 세계를 편안하게 접하도록 학습하게 된다. 이러한 방식으로 우리의 전시물은 또한 놀 만한 것이 된다……. 놀이를 위해 의도된 것이 명확한 전시, 즉 그 전시의 원래의 맥락과는 상당히 괴리된 소품을 사용한 전시에서, 그 전시물을 고안해낸 사람들조차 상상하지 못했던 다양한 아름다운 이야깃거리들이 발견될 수도 있다.(Oppenheimer, 1972, p.982)

비형식 학습은 학교학습에서 아동들에게서 발견되는 사고과정(thinking process)과 다른 종류의 사고과정을 강조하기도 한다. Norman(1982)에 의하면 이해(understanding)란 지식을 되살리는 데 있어서 방향타 역할을 하는 기존 지식의 틀 안에 학습된 내용을 넣어두는 일이라고 한다. 그러나 비형식 학습에서는 적절한 정신적 틀(mental framework)이 선험적으로 존재한다기보다, 좀 더 간접적이고 절충적이며 얽매이지 않는 지식 구조의 결합이 존재하는 것으로 보고 있다. Oppenheimer의 다음 글은 비형식 학습과정의 특성을 잘 보여준다.

> 개개인의 시야는 패턴을 형성하는 습성이 결합되어 있는데 이러한 패턴이 단순한 형태의 이해를 구성한다. 이는 얼핏 보기에 이질적일 수 있는 패턴들의 그룹들로 합쳐짐으로써 자연에 대한 가장 심화된 통찰력을 제공하는 패턴이 형성되는 것으로 이어진다. 우리는 샌프란시스코 과학관(Exploratorium)에서 다양한 형태의 박물관 교수와 학습을 탐색하고 있다. 그러나 샌프란시스코 과학관이 단순히 근사한 관광거리만을 제공하더라도 우리의 노력은 가치 있다고 할 수 있다. (Oppenheimer, 1972, p.982)

Feher(1990)에 의하면, 상호작용적 전시에서의 학습은 이해의 네 단계를 포함하는 과정으로 나타난다. 각 단계는 다음 단계에 대한 전조의 역할을 한다. 첫 번째 단계는 '경험하기(experiencing)' 로, 관람객이 이전에 인식하지 못했거나 불완전하게 알아왔던 현상을 경험하게 된다. 이러한 경험은 인지적이고 감각적이어서 순수한 인지적인 속성보다는 감정적인 심리적 속성에 의해 좌우된다. 두 번째 단계는 '탐색하기(exploring)' 로 사용자는 전시물을 작동해 보면서 제시된 현상의 새로운 특징들을 발견한다. 세 번째 단계는 '설명하기(explaining)' 로 개념적인 과정이다. 이 단계에서 인지적인 문제를 본격적으로 다룬다. 네 번째이자 마지막 단계는 '확장하기(expanding)' 로 관련된 전시물들을 살펴보면서 사고의 일반화를 하게 되는 단계이다. 하나의 전시반으로는 전체적인 개념 제시가 어렵기 때문에 관람객은 하나의 주제에 대한 다수의 전시물로부터 자신의 세계관을 확장하게 된다.

한편, 박물관에서 일어나는 인지적 변화는 관람객이 예상했던 결과와 제시된 실험 결과를 비교하면서 일어나게 된다. 만일 그 결과가 예상한 것과 다르다면 관람객은 놀라게 된다. Feher는 두 가지의 '놀람(surprise)' 에 대해 설명하고 있다. 우선 첫 번째 종류의 놀람은 실제 일어난 상황과 예상치의 차이가 관람객이 가지고 있는 정신적 틀

(mental framework) 안에서 설명될 수 있을 때 일종의 놀라움이 일어난다. 즉, 급작스러운 인지적 불연속이 없다면 관람객은 새로운 결과를 동화(assimilate)시킬 수 있다. 또 다른 종류의 놀람은 관찰된 현상과 관람객의 예상치의 차이가 관람객이 가진 정신적 틀 안에서 설명될 수 없을 때 나타난다. 이 전시물과의 대면을 통하여 일부 관람객은 점차 자신의 정신적 틀을 변화시킬 것이고 이는 인지적 변화로 이어질 것이다. Feher의 연구에서 개념적 도약을 할 준비가 거의 되어 있는 전환기에 있었던 학습자들에게서 이런 변화를 발견하였다(Feher, 1990, p.47).

비형식 지식이 학교에서의 지식(school based knowledge)과 다른 이유는 추구하는 목표가 다르기 때문이다. Reif와 Larkin(1991)에 의하면 학교환경에서의 목표는 대체로 교사, 교과서, 시험, 그 외 공인된 기관 등이 제안한 기준을 충족시키는 데 초점이 맞추어져 있는데 반하여 비형식 지식은 일상의 경험들을 강조하는 것이 특징이다.

> 일상생활에서의 지식은 통상적으로 의도를 가지고 발견되지 않고 세상이나 사람들과의 상호작용을 통해 즉흥적이고 자발적으로 발견된다. 그러므로 사람들은 종종 자신이 뭔가를 경험했기 때문에 뭔가를 이해한다고 말하는 경우가 있다. 또한 사람들이 세상의 어떤 측면을 이해한다고 말하는 경우는 그것을 충분히 상호작용하고 이해할 수 있을 만큼 만족스럽게 설명하고 예측해 낼 수 있을 때일 것이다. 과거의 경험이나 특정한 상황에서의 지엽적인 지식은 일반적으로 꽤나 매우 적절할 수도 있다…….
>
> 일상생활에서의 이해가 무엇으로 이루어지는가에 관해 명확히 정의된 기준은 없다. 특히 상세화된 명제나 규칙에 기초한 추론 고리를 위한 어떤 요구조건도 없다고 볼 수 있다. 그러므로 적절한 논쟁을 통해서 뭔가를 일반적인 상식 또는 여타 익숙한 지식과 잘 꿰맞추면, 사람들은 통상적으로 뭔가를 이해했다고 주장할 것이다. 마찬가지로 이해라는 것은 인지된 인과적 매개를 밝혀내거나 관련된 특징들 사이의 어떤 연계성을 도출하는 설명으로 나타날 수 있다. (Reif and Larkin, 1991, p.741)

성인뿐 아니라 아동들 역시 축적된 지식에 의존하는 것은 물론 이러한 지식을 특수한 상황에 적용하여 비교적 짧은 추론을 통해 일상의 문제들을 해결한다. 이러한 방법은 특정한 인지적 과정, 즉 '유형 찾기(pattern recognition)'와 '질적 추론(qualitative reasoning)'에 심하게 의존하게 된다. Reif와 Larkin이 언급한 대로, 이러한 방법들은 적절한 정확도와 일관성을 확보했을 때, 일상의 지식을 얻는 데 있어서 대체로 충분하다고 볼 수 있다. 따라서 일상의 비형식 환경에서의 문제해결은 과학적 문제해결의 특징인 '규칙 중심 추론하기(rule based reasoning)'에 전혀 기초하고 있지 않다.

비형식 학습을 통한 학습의 여부나 정도에 대한 연구는 논리적인 추리와 통찰한 결과를 바탕으로 하는 경우가 많다. 비형식 학습이 시험과 같은 외적인 요구에 의해 동기부여가 되지 않고 규칙에 기초하지 않으므로 종종 암묵적(implicit)이 되기 때문이다. 우리의 행동을 지배하는 규칙에 대해서 명시적으로 말할 수 없는 상황 아래에서 적절하게 대응하는 방법을 학습하게 될 때, 암묵적 학습이 일어난다고 할 수 있다. 이러한 암묵적 학습에서는 자신의 지식에 대한 메타지식이 부족할 수 있다. Dienes와 Berry(1977)에 의하면, 사람들은 사실상 무의식적 규칙을 사용하고 있으면서 과제가 어떻게 수행되었는지를 묘사할 수 없을 때, 스스로 추측을 하고 있다고 생각한다고 한다.

한편 Roschelle(1995)는 학습자의 선행학습이 그 학습자의 새로운 이해의 발달에 어떻게 영향을 미치는지를 조사하였다. 조사 결과, 학습자의 선행 지식은 생각을 정확하게 전달하려는 최상의 노력을 좌절시킬 수 있다. 또한 선행 지식이 학습에 영향을 미치고 학습자가 선행 지식으로부터 개념을 구성해간다는 주장은 이미 폭넓은 동의를 얻고 있다. Roschelle는 학습이 1차적으로 선행 지식으로부터 진행되며 제시된 자료는 2차적일 뿐이라고 주장하고 있다. 선행 지식은 경험으로부터의 대부분의 학습을 결정짓는 한편, 학습을 간섭할 수도 혹은 독려할 수도 있다. Roschelle는 이를 '계속성의 패러독스(paradox of continuity)'라고 이름지었다. 그는 전시에서 상호작용적 경험을 기획하는 데 있어서 지침이 될 만한 제안을 다음과 같이 하였다.

> 우선 기획자들은 선행 지식을 상세화하고 다듬는 노력을 해야 한다. 이때 학습자의 이해를 기획자 자신의 것으로 대체하려는 시도는 하지 말아야 한다. 둘째, 기획자들은 단기적 경험으로부터의 장기적 학습과정을 예측해야 한다. 셋째, 기획자들은 학습이 사회적 상호작용에 의존함을 기억해야 한다. 즉 담화는 학습자가 구성하게 될 개념의 형태와 내용을 형성하게 되는 것으로, 세밀한 지식의 극히 일부

만이 명백한 정보로 존재하게 될 뿐, 그 외의 나머지는 집단에서 일어나는 담화에 참여하는 것을 통해서 구성된다. (Roschelle, 1995, p.40)

학습에 대한 앞서와 같은 언급은 박물관이나 여타 비형식 학습 환경에서 발견하는 것이 무엇인가에 대하여 암시하고 있다. Roschelle의 경우 지나치게 지식에 초점을 맞추는 것을 반대하고 있다. 만일 관람객이 습득한 지식의 양만을 측정하다면, 학습경험의 핵심적인 부분을 놓칠 수 있을 것이다.

> 극적인 개념변화는 느리고, 예측 불가능하고, 어려운 과정이다. 그러므로 한 번의 혹은 일련의 단기 방문을 통해서 깊이 있는 개념변화가 계획대로 일어날 것이라고 예상하는 것은 적절하지 못하다. 반대로, 깊이 있는 개념변화가 일어났다면, 이는 분명히 책, 비디오, 과학키트, 수업, 클럽 활동 등의 박물관의 통제 밖에 있는 것들과 관련이 있을 것이다. 박물관 학습을 평가하는 데 있어서 우리는 선행 지식을 지나치게 강조할 수도 없고, 무시할 수도 없다. (Roschelle, 1995, p.49)

비형식 학습과 형식 학습 사이의 구분은 때로 애매모호하다. 사실상 비형식 학습을 정의하는 모든 규칙에는 예외도 있다. 박물관이나 동물원에서 수업이 이루어지기도 하기 때문이다. 이런 수업은 강제적이며 구조화되어 있고, 교육과정을 잘 따를 수도 있으며 수업 후에 점수가 부과될 수도 있다.

한편, 비형식 학습기관의 프로그램을 학교 프로그램과 연계시키려는 노력도 점차로 증가하고 있다(Hofstein and Rosenfeld, 1996). 미국의 캘리포니아 과학 · 기술 박물관(California Museum of Science and Industry), 버팔로 자연사박물관(Buffalo Museum of Natural History) 등과 같은 박물관들은 공립학교와 박물관 활동 모두에 활발한 학생 참여를 위해 중요한 역할을 하고 있다. 현재 박물관과 학교, 동물원과 학교, 혹은 수족관과 학교를 연계하는 등의 다양한 형태의 협동작업이 시도되거나 진행 중이다. 그 전형적인 예로 미국 네브래스카 주의 폴섬 어린이 동물원(Folsom Children's Zoo)이 인근의 중등공립학교와 협동하여 2년짜리 '동물원에 간 학교(School in the zoo)' 라는 교육과정을 제공하며 전통적인 고등학교 프로그램에 대한 대체프로그램을 제안하고 있는 것을 들 수 있다.

Falk와 Dierking(1992)에 따르면, 비형식 학습은 그보다 훨씬 조직화되어 있는 대응 파트너와 비교해도 분명한 장점을 지니고 있다. 우선 비형식 학습은 개인에게 평생 학습을 제공한다. 또한 비형식 학습은 일상에서도 일어나는 것이며 자발적으로 발생하며 어떤 배경을 가진 사람이든 학습에 참여할 수 있다. 그리고 비형식 학습은 즉각적인 외적 보상이 제공되지 않지만, 스스로 학습을 강화하게 해준다. 대체로 비형식 학습은 경이로움, 모험, 놀이와 같은 즐거움을 줄 수 있음을 일깨워준다.

1.2 비형식 과학학습의 정의와 특성

비형식 과학학습(informal science learning)은 전통적이고, 형식적인 학교 영역(일반적으로 대학이전 과정, 대학 과정, 그 이후 전공 심화과정) 밖에서 일어나는 과학 학습에 가장 흔하게 적용되는 용어이다. 이 용어는 일상에서 접하게 되는 인간의 활동과 관련된 실제 세계의 학습 유형을 묘사하는 노력으로 정의되며 나름의 고유한 영역을 지칭한다. 즉, 학교 밖이든 안이든, 공간적 · 시간적 맥락을 포괄적으로 망라한 학습이라고 볼 수 있다. 특히 사람들이 어떻게 과학을 학습하는가를 이해하고자 노력하는 연구자들이 점차 늘어나면서, 이러한 이해에 학교교육경험 이상의 영역을 포함해야 할 필요성이 더욱 명백해졌다.

실제 세계의 과학 학습을 이해하려는 이러한 노력의 핵심에는 학습이 단일 경험으로부터 발생하거나 전개되어가는 일은 드물다는 강한 믿음이 있다. 오히려 학습 그리고 과학 학습은 특히나 누적적인 것으로, 미로와 같은 인간의 경험을 통해서 시간이 지나면서 발현되어가는 것이기 때문에 박물관과 학교에서의 경험 어느 하나에 국한되지 않는다. 텔레비전을 시청하거나, 신문이나 책을 읽거나 친구나 가족들과 이야기를 나누면서, 때로는 인터넷을 통해 상호작용을 하면서 일어나는 모든 경험이 학습에 포함될 수 있다. 이러한 다양한 상황에서 아동 및 성인의 경험들은 역동적으로 상호작용을 하여, 개개인의 과학적 지식, 태도, 행동, 이해를 구성하는 방식에 영향을 미친다. 이러한 관점에서 학습은 개인적 의미를 구성하는 유기적, 역동적, 계속적, 전체론적 현상이라고 볼 수 있다. 즉 이는 학습하고자 하는 고유의 내재적 욕구에 의해 동기 유발되며 다양한 사회적 · 물리적 맥락 안에서 실제 세계의 경험으로부터 유도되는 것임을 인식한다.

역사적으로 학교 밖 과학 학습에 대한 연구의 대부분은 박물관 같은 상황 안에서 주로 이루어졌다. 박물관 또는 비교적 교육적이라 부를 수 있는 여타 기관(동물원, 수족관, 자연센터 등)에서 일어나는 학습은 실제로 이런 유형의 학습이 일어나는 소수의 상황을 대표한다. 그러나 박물관 상황에서의 학습에 대한 연구들이 점차 증가함으로써 자유 선택 학습(free choice learning)에 대한 이해의 중요한 기초가 제공되고 있다. 그럼에도 불구하고 영화, 라디오, 스카우트, 서머캠프, 가정, 친구들, 작업실 등의 지역사회에 기반을 둔 조직들, 인터넷 등을 통해 일어나는 학습에 대한 연구들은 매우 부족한 실정이다.

이런 비형식 상황에서의 학습을 조사 · 연구하려는 의욕이 커질수록 실제 세계, 평생학습에 대한 진보된 이론의 필요성이 부각된다. 이런 형태의 연구에 의해 야기되는 개념론적 · 방법론적 도전은 최근 들어서야 서서히 이해되고 있다. 미국의 전국과학교육연구협회(NARST, National Association of Research in Science Teaching)는 비형식 학습이 사회문화적으로 강하게 매개되고 학교교육의 범주를 넘어 물리적으로도 방대한 상황에서 일어나며 또한 과학 학습의 장기적이고 누적적인 특징을 파악할 수 있는 진보적인 연구를 하는 데 있어서 중요한 역할을 할 수 있다고 보고 있다. 그 결과로 학교 환경의 안과 밖 모두에서 총체적인 학습 과정에 대한 좀 더 전체적이고 큰 규모의 이해를 할 수 있을 것으로 기대된다.

이 분야에서의 연구를 위한 적절한 명칭에 대한 논의가 있었는데 난상토론이 되었음은 두말할 나위도 없다. 예를 들어 학교 밖(out-of-school), 자유 선택(free-choice), 평생(life-long)과학 학습, 과학에 대한 대중의 이해(public understanding of science) 등이 그 후보들이었다. 그러나 이를 주관한 임시위원회(Ad Hoc Committee) 내에서는 어떤 합의도 이루어내지 못했다. 다만, 적어도 현재의 용어인 비형식 과학교육(informal science education)은 문제가 있음을 모두 수긍할 뿐이었다. 여전히 위원회는 이 사안에 대해 논의 중에 있다. 새로운 용어는 학습이 내재적 동기 유발적이고, 학습자의 수요와 흥미에 의해서 안내되며, 학습자의 삶을 통해서 나타나는 학습을 의미하는 표현이어야 할 것이다(*Informal Learning Environments Newsletter*, May/June, 1998; Falk, 1999, 2001; Falk and Dierking, 2002). 이와 유사한 상황이 《*Science Education*》이라는 학술지에서 1997년 81권 6호를 비형식 과학교육 특별호로 지정하면서 나타났는데, 최근 이 분과의 이름은 '일상생활에서의 과학 학습(science learning in everyday life)' 으로 바뀌었다.

학계에서는 과거 5-10년 동안에 이 연구 분야에 대한 관심이 급증하였다. 미국교육연구협회(AERA, American Educational Research Association)는 비형식 학습 환경 연구중점그룹(informal learning environments research special interest group)을 두고 1년에 2회씩 뉴스레터를 발행하고 있으며, 학술지인 《*Science Education*》은 이 분야의 주제만을 다루는 특별 섹션을 영구적으로 두고 있다. 한편 전국과학교사협회(NSTA, National Science Teachers Association)는 이런 유형의 학습에 대한 정책 문서(policy statement)를 발행해오면서 폭넓은 입지를 굳히고 있고 최근에는 두 권짜리 책이 이 분야와 관련되어 출판된 바 있다. NARST는 새로운 연구분야를 'Strand 9' 으로 명명하며 이러한 움직임에 동참하고 있으며 2000년 학회에서 AERA/NARST와 병합 세션을 지원했고, 《*Journal for Research in Science Teaching*》 학술지에 특별호를 제정하여 운영한 바 있다.

비형식 과학교육, 즉 일상생활에서의 과학 학습은 어떤 연구방향으로 나아가게 되는 것일까에 대한 논의 역시 중요하다. 과거 수십 년 동안 사회과학과 자연과학의 연구는 학습이 선험지식과 경험, 흥미, 동기, 사람들이 학습경험을 통해 기대하는 모든 것들에 의해 영향을 많이 받는 것임을 보여주었다. 학습은 또한 누적적인 과정으로 수일, 수주, 혹은 수개월이 걸려야 새로운 경험이 충분히 기존의 선험지식과 융화되어 학습자에게도 눈에 띄는 변화로 나타날 수 있다. 또한 대부분의 학습은 완전히 새로운 지식구조의 창출이라기보다, 이전에 이해된 아이디어의 견고화 또는 정교화와 더 많은 관련이 있음을 새로운 증거자료를 통해 밝혀내었다. 신경과학연구자들은 학습과정만을 살펴볼 때, 동기, 흥미, 감정 등이 매우 중요한 역할을 하는 것으로 밝혀낸 바 있다. 이를 통해 사람이 뭔가에 흥미를 느끼고 호기심을 가지는 경우, 그 감정을 유지하면서 활동으로 이어가게 되어 결국 유의미한 학습에 이르게 할 확률이 훨씬 높다고 제안하였다.

그러한 유의미한 학습을 조사하기 위한 연구의 틀을 만들기 위해 다음과 같은 측면들을 고려할 필요가 있다.

① 비형식 과학학습은 자발적이며, 스스로 동기 유발되어야 하며, 학습자의 필요, 흥미 등에 의해 안내되어야 한다. 그래서 학습의 이러한 측면들이 연구하는 데 매우 중요하게 다루어져야 한다(예를 들어, 흥미의 역할, 선택과 통제 등이 학습과정에서 고려되어야 한다.)

② 이러한 학습이 일어나게 되는 물리적인 상황은 매우 중요하므로 비형식 과학학습의 맥락에서 자연스럽게 조사 · 연구되어야 한다.

③ 이러한 학습은 사회문화적으로 강하게 매개되기 마련이므로 연구 설계에서 사회적 · 문화적 매개인자들을 탐색하는 기회를 제공할 필요가 있다. 즉 대화의 역할, 사회적 학습 네트워크, 문화적 측면, 개인뿐 아니라 집단의 사용 등의 매개인자들이 분석의 단위에서 고려되어야 한다.

④ 학습은 누적적인 과정으로, 사람들이 일상생활 즉 가정, 학교, 지역사회, 직장에서 맞닥뜨리는 다양한 학습경험들 사이의 강화 및 연계 등과 관련이 있다. 연구 설계에서는 학습의 모든 측면과 이들 사이의 연계를 일정 시간에 걸친 다양한 상황에서 조사 · 연구하는 기회를 제공해야 한다. 이러한 연구는 다양한 학습 경험들이 어떻게 사용되는지 이어지는 경험들과는 종적으로 어떻게 연계되는지를 이해할 수 있게 해준다.

⑤ 학습은 과정이며 동시에 결과이다. 그러므로 학습의 결과뿐 아니라 과정도 조사해야 한다.

⑥ 이러한 학습의 특성은 이를 평가하는 데 있어서 여러 상황에서 다양하면서도 창의적인 방법을 필요로 한다. 그리므로 개혁적인 새로운 연구 설계, 분석 방법 등이 요구

된다. 예를 들어, 대화 분석 또는 담화 분석, 개념도 작성 및 분석, 개인적 의미 지도 작성 및 분석, 사회적 학습 그물망 분석, 위계적 선형적 모델 개발 등과 같은 구성주의적 도구들을 사용할 수 있다.

이상의 언급을 통해 일반적으로 논의되는 비형식 교육과 형식 교육의 차이를 정리하면 〈표 1-1〉과 같다.

〈표 1-1〉 비형식 학습과 형식 학습의 특성 비교(Wellington, 1991)

비형식 학습(informal learning)	형식 학습(formal learning)
• 자발적인	• 의무적인
• 우연히, 비구조화된, 비연속적인	• 구조적이고 연속적인
• 평가하지 않는, 과정을 이수하지 않는	• 평가받는, 정규 과정을 이수하는
• 개방적인	• 수렴적인
• 학습자가 주도하는, 학습자 중심의	• 교사가 주도하는, 교사 중심의
• 정규적인 것을 벗어난	• 교실이나 기관 등 정규적인 것 내의
• 계획적이지 않은	• 계획적인
• 의도하지 않은 성과가 많은	• 대부분 의도한 성과를 기대하는
• 사회적 측면이 중요한	• 사회적 측면이 덜 중요한
• 덜 통용되는	• 널리 통용되는
• 지시나 법률에 의한 것이 아닌	• 지시나 법률을 따르는

1.3 비형식 과학학습 환경의 유형

비형식 학습 환경은 종류와 특성이 매우 다양하며, 과학 기술의 발달과 평생 교육의 이념 확산으로 더욱 다양해지고 있다. 비형식 학습 환경을 분류하는 방식에도 여러 가지가 있다. Schauble과 Glaser(1996)는 비형식 학습 환경의 대표적인 예로 박물관, 방과 후 활동, 가족 학습 프로그램을 들었다. Crane 외(1994)는 비형식 학습 매체로 박물관, 수족관, 동물원의 전시와 시범, 텔레비전, 라디오 등과 같은 언론 매체, 그리고 지역사회 기반 프로그램, 책, 잡지, 취미, 신문 등을 들었다. 박물관에는 과학관이나 동물원, 식물원, 수족관 이외에도 어린이 박물관, 산업기술관, 기업체 홍보관, 댐 전시관, 등대 박물관, 김치박물관, 석탄박물관, 공룡박물관, 자연사박물관 등과 같은 다양한 시설이 있다. 또한 지역사회 기반 비형식 과학학습 기회로는 과학 캠프, 문화센터, 동호회, 과학전람회, 과학 탐구대회, 과학 올림피아드 등이 있다. 이상과 같은 분류 방식을 형태에 따른 분류라고 볼 수 있다. 한편 Bell 외(2009)는 비형식 학습 환경을 일상적인 가족 학습 환경, 설계된 환경, 그리고 방과 후와 성인 프로그램으로 분류하였다. Bell의 분류와 Crane의 분류는 거의 유사하다. Bell의 일상적인 가족 학습 환경에는 Crane의 언론 매체를 포함하면서 일상적인 가족 학습 환경을 더 포괄한다. 또한 Bell의 설계된 환경으로는 Crane의 박물관 관련된 영역이 대부분 포함된다. Bell의 방과 후나 성인 프로그램은 Crane의 지역사회 기반 프로그램과 거의 동일한 영역을 다루고 있다. 따라서 이 두 가지 분류를 통합하여 일상적 가족 학습 환경, 설계된 학습 환경, 지역사회 기반 학습 환경으로 구분하여 설명한다.

1.3.1. 일상적 가족 학습 환경

일상적인 학습은 사람들의 일상생활 속에서 일어나며, 평생 동안 상당한 기간에 걸쳐서 일어난다. 예를 들면 가족이나 또래와 놀이, 대화, 토의나 공동 활동, 개인적인 취미, 대중매체 시청, 또는 과학 기술이 사용된 제품의 사용 등이다. Bell 외(2009)에 의하면, 이러한 일상적인 환경 속에서 자연스럽게 일어나는 비형식 학습의 주제나 상호작용 방식은 학습자가 선택하고, 조직하며 조정한다. 따라서 학습 내용이나 방식은 학습자의 특성이나 학습자가 속한 문화나 맥락에 따라서 달라진다. 예를 들면 공룡에 관심이 많은 아이는 공룡과 관계된 텔레비전 프로그램을 찾아서 보게 된다. 과학에 대한 가치를 많이 부여하지 않는 사회나 문화에서는 과학에 대한 방송 프로그램의 수가 적을 것이며, 있다 하더라도 개인들의 관심이 더 낮을 수밖에 없다. 일상적인 가족 환경에서는 상황 속에서 참여자 사이에 즉각적인 피드백이 이루어지면서 학습과 평가가 일어난다. 방송 프로그램 시청시 서로 대화를 통해서 일어나기도 한다. 실행을 통해서 배우고, 배움을 통해서 실행하기 때문에서 이 둘은 서로 어우러져서 잘 구별되지 않는다. 비형식 학습 참여자는 더 높은 역량이나 능력을 갖게 되면 실행 과정에서 더 중심적인 역할을 맡게 된다. 예를 들면 가족과의 놀이에서 처음에는 주변적인 역할을 하지만 잘하게 되면 중심적인 역할을 하게 되는 것이다.

일상적 가족 환경에서 언론 매체는 매우 중요한 역할을 한다. 여기에는 TV와 라디오, 신문과 잡지, 그리고 대중 과학 서적까지도 포함된다. 이 환경은 조사와 연구가 부족한 편이고 따라서 특성도 잘 알려지지 않았다. 그나마 비교적 조사와 연구가 수행된 환경은 텔레비전이다. Chen(1994)은 비형식 과학학습 환경 중에서 텔레비전이 차지하는 중요성을 강조하였다. 즉 아주 어린 나이의 아이에서부터 성인에 이르기까지 상당한 시간을 텔레비전과 함께 보내며, 프로그램의 파급효과도 매우 큰 것으로 보인다.

텔레비전 방영을 위한 과학 프로그램의 개발도 매우 활발하며, 과학전용 채널도 제공되고 있다. 과학전용 텔레비전 채널로는 미국의 디스커버리, 내셔널지오그래픽 등이 있고, 국내에도 최근 사이언스 TV 채널이 생겼다. 세계 주요 공영 방송에서도 많은 과학 관련 다큐멘터리를 제작하여 방영한다. 미국 PBS, 일본 NHK, 영국 BBC, 우리나라의 KBS나 EBS 등을 들 수 있다. 이러한 프로그램 개발은 비디오테이프, CD, DVD, 인터넷과 같은 저장 및 재생 매체의 발달로 보급과 활용이 원활해지면서 더욱 활발해지는 경향을 보인다. 비형식 환경으로서 텔레비전 프로그램은 제작에는 많은 투자를 아끼지 않았던 반면에 평가나 연구에 대해서는 거의 신경을 쓰지 않았다. 그 배경에는 공급자 또는 제작자 중심의 프로그램 개발, 평가나 연구가 어려운 텔레비전 시청 상황의 복합성, 사회과학 연구 성과나 방법이 잘 전달되지 않은 것 등과 같은 여러 가지 이유가 있다.

비형식 학습 환경으로서 텔레비전 프로그램의 성과를 표현하는 기본적인 통계는 시청률이다. 미국에서 1991년에서 1992년 사이에 방영된 여러 과학교육 관련 프로그램의 시청률은 가구 수를 기준으로 하면 평균적으로 0.2~5.6 %, 사람 수를 기준으로 0.5~4.7 %로 나타났다(Chen, 1994). 케이블 텔레비전의 보급은 과학교육 프로그램의 활성화에 기여했다. 케이블 텔레비전의 보급으로 사용가능한 채널의 수가 크게 증가하였으며, 채널의 수가 한 자리에서 두 자릿수로 증가하게 되었다. 또한 과학 전문 방송이 생겼다. 미국의 공상과학영화를 주로 하는 Sci_Fi 채널, 다큐멘터리 중심의 디스커버리 채널은 다시 디스커버리 문명, 디스커버리 어린이, 디스커버리 사이언스 채널 등을 가지고 있다. The Learning Channel, 생태학 채널(Ecology Channel), NASA TV, Knowledge TV, JCN, JEC Knowledge Channel 등이 있다(김명자 외, 1998). 이들은 과학, 자연, 기술에 대한 프로그램을 제공하는 곳으로 자리를 잡았으며 미국의 공영방송(PBS)과 과학 프로그램의 제작과 방영으로 경쟁하는 수준까지 발전하였다. 비디오와 CD, DVD, 인터넷의 보급은 과학교육 프로그램을 시청하는 사람의 수와 기회를 크게 늘리는 역할을 담당하였다.

김명자 외(1998)는 영상매체를 이용한 과학 대중화 방안을 연구하였다. 이 과정에서 TV, 영화와 애니메이션, 인터넷, 컴퓨터 게임과 CD-ROM의 실태를 조사하였다. 그 결과 우리나라 지상파 방송(KBS1, KBS2, MBC, SBS, EBS)의 정기 프로그램에서 과학관련 방송 프로그램은 1995년에서 1997년까지 3년 동안 103개로서 전체의 4.3 %였다. 같은 기간 동안 방영 시간은 3 % 내외로 나타났다. 환경 및 자연재해 관련 프로그램이 38.8 %, 의학 및 생명공학이 21.4 %, 정보통신/뉴미디어기술이 16.5 %, 첨단 응용과학 내용이 10.7 %였다. 이상을 종합하면 우리나라 지상파 방송의 과학 프로그램은 개수와 방영시간이 매우 적고 일부 주제에 치우쳐 있음을 알 수 있다. 또한 외국 제작물이 43.7 %로서 매우 높았다.

우리나라 중학생을 대상으로 TV 과학 프로그램 시청 후 과학에 대한 태도 형성에 관한 연구에 의하면 TV 과학 프로그램 시청은 과학에 대한 태도 형성에 비교적 긍정적인 영향을 주는 것으로 나타났다(문정진, 2009). 과학 태도 중에서도 과학의 유용성, 과학 관련 직업, 과학 흥미에 대한 태도 등이 긍정적으로 형성되었다. 특히 남학생이 여학생보다 더 긍정적으로 나타났다. 이 연구는 중학생 467명을 대상으로 설문조사를 하였으며, TV 과학 프로그램을 보는 횟수는 1주일에 1회 이상 본다는 응답이 가장 많았으며 남학생이 여학생보다 시청 빈도가 더 높았다. 장래 희망이 과학과 관련이 있을수록, 과학 성적이 높을수록, 연예 오락 프로그램보다는 시사, 교양, 드라마 뉴스 보도의 시청 비율이 높았다(문정진, 2009).

1.3.2. 지역사회 기반 비형식 학습 환경

지역사회 기반 비형식 학습 환경의 대표적 예로는 방과 후 활동이나 성인 학습 프로그램이 있다. 여기에는 여름방학 프로그램, 클럽, 과학센터 프로그램, 노인 대학, 자원봉사 등이 포함된다(Crane, 1994). 이러한 프로그램을 운영하거나 지원하는 기관은 자신들의 관심을 구현할 수 있도록 조직되고 설계된 교육과정을 개발하는 경우가 많다. 이 교육과정이나 활동의 주 내용은 지식이나 기능인 경우가 많으나 동시에 태도나 가치 그리고 과학을 이용한 문제 해결에 중점을 두기도 한다. 한편으로는 경제적으로 어려운 아이들이나 어른들과 같이 도움이 필요한 사람들을 위해서 설계된 활동도 많다. 이러한 활동에는 자기 스스로의 선택이나 부모나 교사의 선택에 의해서 참여하게 되며, 참여자들은 다양한 프로그램 중에서 자신의 흥미나 필요와 부합되는 프로그램에 참여한다. 이러한 환경에서는 준비된 교사들이 참여자들을 안내하며, 성과를 점검하기도 한다. 또 이러한 환경의 프로그램에서는, 실제적이고 협동적인 활동 기회가 많이 제공된다. 이러한 프로그램은 상당 기간 동안 지속되면서 심층적인 참여를 요구하는 것에서부터 단기간의 프로그램에 이르기까지 다양하다. 참여자의 성과에 대한 평가는 비교적 자주 이루어지며 프로그램에서 참여자의 위치에 영향을 주기도 한다. 그러나 학교에서와 같이 주관 기관의 기대에 비추어서 개인의 성취나 진전을 판단하는 평가를 실시하지는 않는다(Bell, et al., 2009).

Nicholson 외(1994)에 의하면 청소년이나 성인을 위한 단체에서는 과학이나 과학과 관련된 많은 프로그램을 제공하고 있다. 과학 캠프, 과학 발견 프로그램, 과학기술자 캠프 등이 대표적인 예이다. 이러한 비형식 과학교육 프로그램은 학교 과학교육을 보완해 주기도 한다. 때로는 실험 활동이나 비판적 사고 또는 문제 해결 기회를 제공하는 측면에서 학교 과학교육보다 우수한 경우도 있다. Nicholson 외(1994)는 지역사회 기반 비형식 과학교육 프로그램의 공통점을 다음과 같이 정리하였다.

- 첫째, 자발적이다. 참가자는 참여를 하느냐 마느냐를 통해서 의사를 표현하므로 이 프로그램들은 살아남기 위해서 매력적이고 흥미로워야 한다.
- 둘째, 참여자들은 학습한 내용을 평가받지 않으며, 다음 단계로 넘어가기 위해서 증명서를 필요로 하지 않는다.
- 셋째, 과학에 관심을 가지고 자연을 이해하려는 사람들의 집단을 늘리기 위해서 정답의 제공보다는 흥미와 재미를 불러일으키도록 설계된다.

이상과 같은 공통점 때문에 학교 교육과는 달리 비형식 학습의 성과를 평가하기 어렵다. 지역사회 기반 비형식 과학교육의 특성은 특정 연령대의 집단을 대상으로 한다는 것이다. 흔히 협동 학습을 강조하며, 참여자들은 자연 세계와 관련이 있는 교재나 기구와는 물론 다른 참여자들과도 상호작용을 한다. 수 시간에서 수주 또는 1년에 걸쳐서 진행되기도 한다. 과학과 관련된 직업의 인식이나 일상생활과 과학과의 관련성을 인식하는 것이 주요 목적이다. 과학 전문가가 아닌 어른이나 교재를 준비하고 진행하는 상급학년 학생들이 주도하는 경우가 많다.

상당수의 지역사회 기반 비형식 프로그램들은 과학만이 아니라 여러 가지 내용이 함께 포함되어 있다. 과학에 중점을 둔 지역사회 기반 비형식 프로그램들은 프로그램에 따라 차이가 있지만 과학 탐구 경험 제공, 기회 균등 및 여성과 저소득 계층의 과학 참여 기회 증대, 지속적으로 과학 학습에 참여하도록 함, 과학 탐구 능력 신장, 과학에 대한 열정, 과학 수행 자신감, 과학 관련 직업 선택 등과 같은 목적을 가지고 있다(Nicholson, et al., 1994).

우리나라 과학 관련 캠프 활동은 내용이나 형태에 있어서 현장 체험학습, 과학놀이

마당, 과학 캠프 등으로 나눌 수 있다. 현장 체험 학습은 야외 지질 또는 생물 답사, 환경 정화 시설이나 과학기술 관련 현장답사 등과 같이 특정 분야에 대한 체험이나 경험 및 정보를 접할 수 있는 활동이다. 과학 놀이마당은 과학과 관련된 여러 가지 놀이 활동을 경험하는 것이며, 과학 캠프는 자연이나 수련원, 연구 관측 시설 등을 이용하여 관련된 과학 활동을 하는 것이다. 1994년에 주요 일간지에 광고가 실린 과학 캠프의 실태를 조사한 결과에 의하면, 23곳의 사회단체와 기관에서 51회의 과학 캠프를 실시하였다. 대상은 주로 초등학교이며 중학생도 일부 있었다. 장소 선정의 어려움, 전문적인 과학 프로그램 강사 부족, 캠프의 성격 모호, 프로그램의 체계성 부족, 소양을 갖춘 자원지도자 부족, 단순한 채집이나 관찰 위주 진행, 홍보 부족 등의 문제점이 보고되었다. 그럼에도 불구하고 참여자의 응답은 긍정적이다. 83.7 % 학생이 과학 학습에 도움이 되며, 94.4 %의 학생들이 과학에 대한 흥미 유발에 도움이 되었다고 하였다(김성원, 이현경, 1996).

2000년대에 들어와서는 영재교육의 일환으로 다양한 영재과학캠프가 실시되고 있다(김현정, 유준희, 2006). 과학 영재로 선발된 학생들을 위하여 방학 중에 상당한 기간에 걸쳐서 체험과 관측 및 연구원들과의 대화, 실험실 탐방, 창의력 토론 대회 등의 활동을 경험한다.

과학 캠프 중에서 사이언스 잼버리 활동에 참여한 학생들을 대상으로 과학 태도 변화를 연구한 결과(공임주, 2007) 과학적 사고력, 과학과 일상생활의 연계성에 대한 인식, 과학에 대한 친근감, 과학과 관련된 직업에 대한 인식 등에서 긍정적인 변화를 보였다. 박창용(2002)도 과학 캠프에 참여한 학생들의 과학에 대한 흥미도 증가가 유의미하다는 보고를 하였다.

1.3.3. 설계된 비형식 학습 환경

설계된 환경은 학습을 고려하여 의도적으로 계획하고 설계하며 개발된 비형식 학습 환경을 말한다. 여기에는 박물관, 과학관, 식물원, 동물원, 수족관, 식물 정원(botanic garden), 도서관 등이 해당된다. 이 환경에서는 학습자의 경험을 이끌어가기 위해서 흔히 실물이나 실물에 대한 내용을 전달하는 인공물(artifacts), 매체(media), 신호체계(signage)를 이용한다(Bell et al., 2009). 과학관과 같은 기관에서는 비형식 학습 환경을 설계하고 개발하지만 이 환경에서 무엇을 어떻게 학습하는가는 주로 학습자 개인에 의해서 결정된다. 모든 학생들이 다니는 학교와는 달리 개개인이 스스로 선택하거나 또는 교사와 같은 성인의 선택에 따라서 이러한 환경에 들어온다. 또한 학습자들은 자신의 흥미나 관심과 부합되는 전시나 전시의 부분에 집중함으로써 학습 주제를 결정하며, 학습과 관련된 의미 구성이나 어느 정도까지 학습할 것인가 등을 결정할 때 학습자는 중요한 역할을 한다. 이 환경에서 학습의 또 다른 특징은 대화의 중요성이다. 학습자들은 이 학습 환경을 함께 방문한 동료, 가족, 또는 멘토와 대화를 통한 상호작용을 통해서 정보를 얻고 교환하며, 의미를 구성하고 협상하며, 정교화하는 기회를 가지게 된다. 이 환경에서 학습자는 대개 짧은 시간에 걸쳐서 학습을 하는 경향이 있으며, 학습을 위한 목표 의식이나 지향도 약한 편이고, 학습의 초점도 동료와 상호작용이나 다른 환경에 대한 관심 등과 같이 여러 가지 요인에 의해서 분산된다(Bell et al., 2009).

과학관이나 자연사박물관은 대표적인 비형식 과학교육 기관이다. 과학관 육성법에 의하면 과학관은 과학기술 자료를 수집 · 조사 · 연구하여 이를 보존 · 전시하며 각종 과학기술교육 프로그램을 개설하여 과학기술 지식을 보급하는 시설로서 과학기술자료, 전문직원 등 등록 요건을 갖춘 시설을 말한다.

과학관은 형태가 다양하므로 여러 가지 기준을 이용하여 분류한다. 설립 주체에 따라 국립이나 공립 또는 사설로 구분한다(박승재 외, 2005). 국립과천과학관이나 국립중앙과학관은 국립과학관이며, 서울시 과학전시관은 서울시에서, 서대문 자연사박물관은 서대문구청에서 세운 공립과학관이다. 또한 개인이나 단체가 설립한 경우도 있다. LG 사이언스홀은 사립과학관의 한 예이다. 한편 대학이 설립한 자연사박물관도 있다. 이화여자대학교, 경희대학교 등에서 자연사박물관을 설립하여 운영하고 있다.

분야 기능별 분류에 따라 구분할 때에는 과학과 기술의 대부분의 영역에 대한 전시를 하고 있는 경우에는 종합과학관이라고 하며, 그 밖에는 분야과학관과 주제과학관으로 구분하기도 한다. 분야과학관은 특수 분야의 과학관으로 전문 과학관 또는 교육과학관이 있다. 주제과학관은 구체적인 테마과학관으로 양구 국토정중앙지구과학관 또는 나일성 천문관 등이 있다(박승재 외, 2005). 그 이름에서 테마가 잘 표현된 경우도 많다. 예를 들면 공룡박물관, 석탄박물관, 김치박물관, 등대박물관 등이 그것이다.

전시 내용에 따른 분류도 있다. 예를 들면 과학기술관, 자연과학관, 자연사박물관 등이 그것이다. 자연사박물관은 주로 우주와 지구, 그리고 생명의 진화와 현재에 대한 전시를 하는 곳을 지칭하며, 과학기술관은 과학과 기술 그리고 산업의 발전에 대한 내용을 전시하는 곳이다.

그 밖에도 특성에 따른 분류도 있다. 여기에는 백과사전식 과학관, 국가 정체성을 보여주는 과학관, 특별한 주제 특화 박물관, 소비재를 소재로 한 박물관 등이 있다(Neves, 2009). 백과사전식 과학관이란 과학의 내용 영역에 따라 체계적으로 전시실을 계획하고 학문적인 분류에 따라 내용을 구성한 과학관이다. 국가 정체성을 보여주는 과학관은 한 나라의 자연이나 과학 또는 기술의 발전을 상징적으로 보여주는 곳이다. 예를 들면 일본 첨단 과학의 발전을 보여주는 일본 동경에 있는 미래관을 들 수 있다.

과학관을 비롯한 박물관의 기능은 시대에 따라 달라져 왔다. 르네상스 시대의 박물관들이 수집과 연구 · 보존에 그 기능이 집중되어 있었다면, 이후 산업혁명기로 오면서 과학관과 박물관의 기능은 전시 중심으로 바뀌었다. 20세기에 들어서서는 교육으로 주요 기능이 바뀌고 있다(Gregory & Miller, 1998).

과학관의 이러한 기능 변화는 과학관의 전시에도 많은 영향을 주었다. 특히 20세기에 들어와서는 과학관의 전시는 관람객의 체험과 탐구를 강조하는 경향을 보여준다. 이는

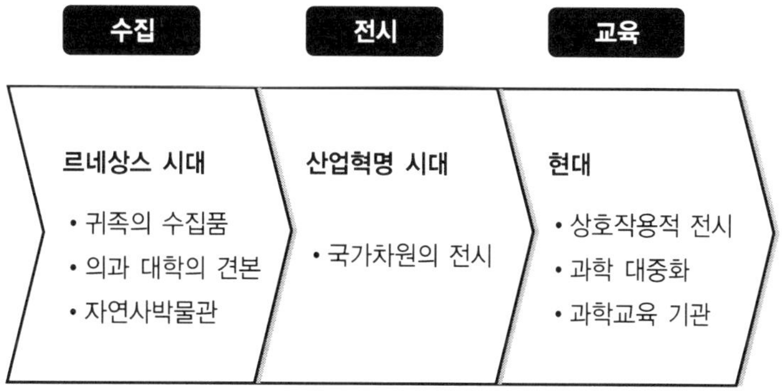

[그림 1-1] 과학관의 시대적 기능 변화(Gregory & Miller, 1998)

새롭게 대두되는 구성주의에 기반을 둔 것이다. 즉 21세기의 과학관은 새로운 기능과 교육이론에 기반을 두고 전시실을 혁신적으로 개선하려는 노력을 하고 있다.

과학관이나 자연사박물관은 전시를 바탕으로 한 과학 학습에 중점을 두고 있다. 이를 위해서 스토리의 전개를 감안한 전시를 시도하고, 도슨트의 활용과 교육을 강화하며, 전시와 관련이 깊은 과학교육 프로그램의 연구개발과 운영을 시도하고 있다. 또한 일정한 시간 간격으로 전시실을 재구성하려는 노력을 하고 있다. 이 밖에도 홈페이지 구축을 통하여 과학관의 관람과 이후의 활동을 연계시키려는 노력도 하고 있다.

1.3.4. 우리나라 과학관의 현황

우리나라에는 다양한 과학관이 있다. 크게 유형을 구분하자면 국립과학관이나 과학 관련 박물관, 교육과학연구원, 천문우주과학관, 해양수산산림박물관, 자연사박물관, 전문 박물관으로 나눈다. 한국과학재단(2008)과 한국과학관협회(2009)의 자료를 종합하여 재구성한 현황은 표 1-2와 같다.

〈표 1-2 a〉 국립과학관

과학관명 \ 현황	개관	위치	과학관명 \ 현황	개관	위치
국립서울과학관	1945	서울	수산과학관	1997	부산
농업과학관	1983	경기 수원	국립과천과학관	2008	경기 과천
국립중앙과학관	1990	대전	국립생물자원관	2007	인천
천연기념물센터	2006	대전			

〈표 1-2 b〉 교육과학연구원

과학연구원명 \ 현황	개관	위치	과학연구원명 \ 현황	개관	위치
제주 교육과학연구원	1955	제주도	전라북도 과학교육원	1975	전북 전주
강원도 교육과학연구원	1959	강원 춘천	대구광역시 과학연구원	1983	대구
충청남도 과학직업교육원	1963	대전	인천광역시 교육과학연구원	1983	인천

충청북도 교육과학연구원	1969	충북 청주	부산광역시 과학교육원	1987	부산
경상북도 과학교육원	1971	경북 포항	대전 교육과학연구원	1989	대전
광주광역시 교육과학연구원	1974	광주	전라남도 교육정보원	2004	전남 나주
경기도 과학교육원	1974	경기 수원	서울시 과학전시관	2006	서울
경상남도 과학교육원	1974	경남 진주			

〈표 1-2 c〉 **천문우주과학관**

현황 천문과학관명	개관	위치	현황 천문과학관명	개관	위치
천문인마을	1997	강원 횡성	지식정보센터(천문우주)	2007	경기 의정부
코스모피아천문대	1997	경기 가평	곡성 섬진강천문대	2007	전남 구례
중미산천문대	1999	경기 양평	예천 천문과학문화센터	2008	경북 예천
대전 시민천문대	2001	대전	무주 반디별천문과학관	2008	전북 무주
영월 별마로천문대	2001	강원 영월	순천 순천만천문대	2008	전남 순천
김해 시민천문대	2002	경남 김해	충주 고구려천문과학관	2008	충북 충주
영양 반딧불이천문대	2005	경북 영양	홍천 생명 · 건강과학관	2008	강원 홍천
서귀포 천문과학문화관	2006	제주도	남원 항공우주천문대	2009	전북 남원
장흥 정남진천문과학관	2006	전남 장흥	영천 보현산천문과학관	2009	경북 영천
옥토끼우주센터	2007	인천	청양 칠갑산천문대	2009	충남 청양
국토정중앙천문대	2007	강원 양구			

〈표 1-2 d〉 **해양수산산림박물관**

현황 박물관명	개관	위치	현황 박물관명	개관	위치
전라남도 완도수목원	1991	전남 완도	화진포 해양박물관	2001	강원 고성
부산 해양자연사박물관	1994	부산	전라북도 산림박물관	2002	전북 순창
충청남도 산림박물관	1997	충남 공주	경상북도 산림과학박물관	2004	경북 안동
전남 해양수산과학관	1998	전남 여수			

〈표 1-2 e〉 자연사박물관

박물관명 \ 현황	개관	위치	박물관명 \ 현황	개관	위치
이화여자대학교 자연사박물관	1969	서울	금강산 자연사박물관	2003	강원 고성
경희대학교 자연사박물관	1978	서울	분당 자연박물관	2003	경기 성남
한남대학교 자연사박물관	1982	대전	목포 자연사박물관	2004	전남 목포
제주도 민속자연사박물관	1984	제주도	계룡산 자연사박물관	2004	충남 공주
영남대학교 자연사박물관	1998	경북 경산	경북대학교 자연사박물관	2004	경북 군위
강화 은암자연사박물관	2001	경기 강화	충남대학교 자연사박물관	2004	대전
해남땅끝 해양자연사박물관	2002	전남 해남	지당 자연사박물관	2004	충남 공주
우석헌 자연사박물관	2003	경기 남양주	고성 자연사박물관	2005	경남 고성
서대문 자연사박물관	2003	서울			

〈표 1-2 f〉 전문박물관

박물관명 \ 현황	개관	위치	박물관명 \ 현황	개관	위치
온양 민속박물관	1978	충남 아산	지질박물관	2001	대전
참소리축음기박물관	1982	강원 강릉	옛터민속박물관	2001	대전
에디슨과학박물관	1982	강원 강릉	익산 보석박물관	2002	전북 익산
LG사이언스홀(서울)	1987	서울	고성 공룡박물관	2004	경남 고성
생각하는 정원	1992	제주도	한국카메라박물관	2004	경기 과천
대전 엑스포과학공원	1993	대전	술문화박물관 리쿼리움	2005	충북 충주
보령 석탄박물관	1995	충남 보령	부천 로보파크	2005	경기 부천
한얼테마박물관	1995	경기 여주	발명교육센터	2005	대전
경보화석박물관	1996	경북 영덕	왈츠와 닥터만 커피박물관	2006	경기 남양주
태백 석탄박물관	1997	강원 태백	생명과학박물관	2006	서울
동산도기박물관	1997	대전	해남 공룡박물관	2007	전남 해남

함평 자연생태공원	1998	전남 함평	인체탐구과학박물관	2007	경기 고양
신라역사과학관	1998	경북 경주	바이오CP박물관	2007	서울
LG사이언스홀(부산)	1998	부산	마이크로과학박물관	2007	서울
문경 석탄박물관	1999	경북 문경	섬진강 어류생태관	2008	전남 구례
철박물관	2000	충북 음성			

1.4 비형식 과학학습을 통해서 무엇을 기를 것인가?

학교 학습과 비형식 학습을 통해서 기르고자 하는 능력은 공통된 부분도 있지만 상당히 다른 부분이 많다. 비형식 학습은 학교 학습과 비교할 때 대상이 성인에서 어린아이에 이르기까지 더 다양하고, 인지적 학습뿐 아니라 흥미와 여가 선용도 중요한 부분을 차지한다. 즉, 비형식 학습을 통해서 기르고자 하는 또 길러지는 능력이나 역량은 학교교육을 통해서 기르려는 것과 차이가 있다. 학교 과학학습의 목표를 정리한 것으로는 과학교육 목표 분류체계와 과학교육 목적군(science education goal clusters)을 들 수 있다. 과학교육 목표 분류체계에서는 학교 과학교육을 통해서 기르고자 하는 능력으로 '지식과 이해' '탐구 과정' '과학적 방법과 지식의 적용' '조작적 기능' '태도와 흥미' '인식' (Klopfer, 1971)으로 정리한 경우도 있고, '지식, 이해' '탐색, 발견' '상상, 창의' '감정, 가치' '사용, 적용' (McCormack & Yager, 1989)으로 나눈 경우도 있다. 또 Harms와 Yager(1981)는 학교 과학교육의 목적을 큰 범주로 모아서 '개인적 필요' '사회적 요구' '학문적 준비' '직업적 인식' 이라는 4가지 목적군으로 나누었다. 학교 과학교육의 목적을 '과학적 소양(scientific literacy)' 의 함양으로 보는 경향도 1980년대부터 일반화되었다. 과학적 소양은 현대 과학문명 시대에서 개인과 사회 구성원으로서 살아가는 데 필요한 과학의 기본 지식과 방법 및 과학과 사회 사이의 관계를 인식하는 능력을 말한다. 최근에는 공공의 과학과 관련된 담화와 토론에 지성적으로 참여하고, 자연 현상에 대한 설명을 할 수 있으며, 이러한 설명을 다양한 방식으로 검증하고, 다른 사람과 자신의 생각을 의사소통할 수 있는 사람(NRC, 1996)으로 과학적 소양의 의미가 확장되고 있다.

비형식 과학학습을 통해서 길러야 하거나 길러질 것으로 기대되는 성과나 영역을 집대성한 것에는 영국의 비형식 학습 연구진이 정리한 총체적학습성과(GLO, Generic Learning Outcomes)와 미국의 과학교육위원회(BOSE, Board of Science Education)가 제시한 비형식 과학학습 영역(Strand)이 있다. 총제적학습성과는 과학관을 포함하여 박물관이나 도서관 또는 기록관까지를 포함하는 일반적인 비형식 교육기관에서의 학습 성과를 분류하는 틀이다(Hooper-Greenhill, 2007). 반면에 BOSE는 비형식 학습 중에서도 과학관에 더 초점을 맞춘 목표 분류라고 할 수 있다(Bell et al., 2009).

1.4.1. 비형식 학습의 총체적학습성과

Hooper-Greenhill(2007)은 박물관, 기록관 그리고 도서관과 같은 비형식 교육기관에서의 학습 성과를 도출하였다. 이를 15개 비형식 기관을 방문한 관람객을 대상으로 시험 적용하고 여러 연구자들이 많은 토의를 통해서 수정하고 보완하여 총체적학습성과(GLO, Generic Learning Outcomes)라고 명명하였다. 총체적학습성과는 비형식 교육기관에서 성취될 수 있는 모든 잠재적인 학습 성과를 충분히 포괄하면서도 이해하기 쉬운 것으로 생각된다. 또한, 비형식 기관의 다차원적인 복합성을 반영한 학습 성과를 이해하는 데 유용하게 활용할 수 있는 언어나 도구를 제공할 수 있는 것으로 생각된다. 총체적학습성과는 ① 지식과 이해, ② 지적 · 실제적 · 전문적 기능, ③ 태도와 가치, ④ 향유, 영감, 창의성, ⑤ 활동, 행동, 발전과 같은 5개의 큰 영역으로 이루어져 있다. 각 영역에 대한 설명은 그림 1-2와 같다.

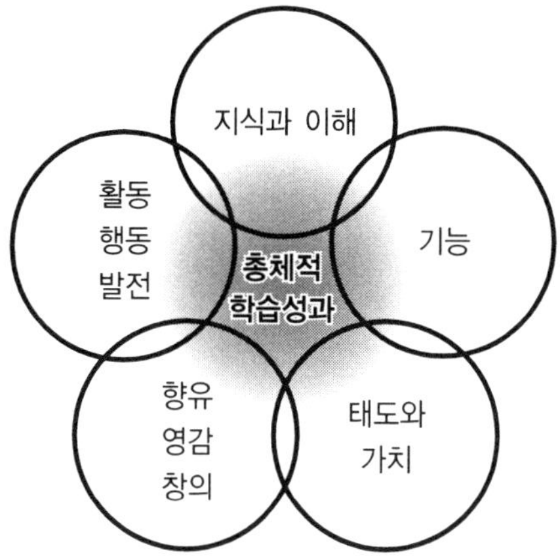

[그림 1-2] 비형식 학습 환경의 총제적학습성과 영역(Hooper-Greenhill, 2007)

1. 지식과 이해 영역

총체적학습성과의 '지식과 이해 영역'에는 사실이나 정보를 알게 되는 것과 이에 대해서 이해를 하는 것이 포함된다(Hooper-Greenhill, 2007). 지식은 읽기, 듣기, 말하기, 보기, 해보기 등과 같은 다양한 방법을 통해서 배우게 된다. 지식은 이미 알고 있는 것과의 유기적인 연결이 되어야 이해가 일어나며 유의미한 학습이 된다. 지식과 이해는 개인마다 상당히 다른 특성을 가지게 된다. 왜냐하면 지식과 이해는 각 개인이 이미 알고 있는 것을 바탕으로 하게 되며, 개인마다 알고 있는 내용과 경험이 다양하기 때문이다. 그럼에도 불구하고 개인들이 가진 공통적인 경험이나 공유하고 있는 문화 때문에 지식이나 이해의 공유도 가능해진다. 비형식 학습을 통해 성취한 지식과 이해에는 과학에 대한 것뿐 아니라 언어, 문화, 심지어는 자신과 가족, 이웃 등에 대한 것도 포함한다.

2. 지적 · 실제적 · 전문적 기능 영역

지식이 무엇인가를 아는 것이라면 기능은 어떻게 하는지를 아는 것이다. 따라서 기능은 무언가를 실행해봄으로써 획득할 수 있다. 기능의 유형은 매우 다양하다. 신체를 이용하는 조작적 기능, 기구를 다루는 조작 기능, 지적인 기능과 관련된 인지적 기능과 감성이나 사회 활동과 관련된 감성적 기능, 사회적 기능 등으로 나눈다(Hooper-Greenhill, 2007). 비형식 학습을 통해서 기를 수 있는 기능은 이 모든 기능의 영역을 모두 포괄하기 때문에 이 영역의 이름을 '지적 · 실제적 · 전문적 기능 영역'이라고 한다. 왜냐하면 비형식 기관에서는 관람이나 교육 프로그램을 통하여 체험 중심적인 활동을 많이 경험하기 때문이다.

3. 태도와 가치 영역

사람들은 정보나 기능에 대한 학습을 할 때 그 정보에 대한 태도도 기른다. 이때 길러진 태도는 겉으로 잘 드러나지는 않지만, 한 개인의 가치의 형성이나 변화에 큰 영향을 주기도 한다. 특히 성장기의 아이들은 태도나 가치가 확고하게 형성되기 이전이기 때문에 태도와 가치가 발달되거나 변화될 여지가 많다. 비형식 학습을 통해서 길러지는 태도의 영역은 매우 넓으며, 여기에는 자기 자신에 대한 태도, 다른 사람에 대한 태도, 공감, 다양한 관점의 존중, 문화적 차이에 대한 이해, 복합성에 대한 관용 등이 포함된다(Hooper-Greenhill, 2007).

4. 향유(enjoyment), 영감, 창의성 영역

관람객들은 박물관이나 과학관과 같은 비형식 교육기관에서 여가를 즐기기도 한다. 아름답거나 재미있고 신기한 전시를 관람하면서 호기심과 미적, 지적인 즐거움을 맛보게 된다. 따라서 비형식 과학학습에서는 방문을 통해서 전시물이나 관람 경험을 향유하는 것도 중요한 성과이다(Hooper-Greenhill, 2007). 향유는 관람객에게 긍정적인 정체성 형성과 재방문하고자 하는 욕구를 불러온다. 또한 비형식 학습 기관은 열린 학습 환경이며, 자유 선택 학습 환경이며 학교와 비교할 때 더욱 다양한 정보와 기회를 제공하므로 창의성이나 혁신적인 사고방식을 자극한다.

5. 활동, 행동, 발전 영역

활동이나 행동은 사람들이 행하는 것이며, 우연의 결과가 아니라 학습의 결과이다(Hooper-Greenhill, 2007). 비형식 과학학습을 통하여 관람객들은 지식, 기능, 태도와 같은 성과뿐 아니라 새로운 활동이나 행동을 할 수 있게 된다. 학습 성과로서의 활동이나 행동에는 비형식 기관에서의 활동뿐 아니라 직장과 가정 그리고 학교 맥락에서 삶을 조화시키고, 관리해나가는 방식이 포함된다. 활동이나 행동은 대체로 장기간에 걸쳐 이루어지는 학습 성과이다. 활동이나 행동의 예로는 전시와 관련된 책이나 작품을 구입하기, 다른 사람을 전시에 동반하기, 또는 그 전시물을 재방문하기 등을 들 수 있다. 어떤 행동을 하려는 의도 역시 학습 성과로 볼 수 있다.

행동의 변화와 관련된 학습 성과는 삶에서 이어지는 큰 변화나 진전으로 이어지기도 한다. 기능의 발전은 행동의 변화를 일으키고 우리의 삶을 바꾸기도 한다(Hooper-Greenhill, 2007). 예를 들면 도서관 활용을 통하여 컴퓨터 활용 능력이 향상된 사람은 나중에는 컴퓨터가 생활의 도구로 변하고, 더 나아가서는 컴퓨터를 다루는 직업을 갖게 되기도 한다.

1.4.2. 미국과학교육위원회의 비형식 학습 영역

미국과학교육위원회(BOSE)의 교육센터(Center for Education)에서는 비형식 과학학습의 중요성을 인식하고 이에 대한 기존의 연구 성과를 집대성하고자 하는 노력을 하였다. 그 결과로 '흥미, 경험, 동기' '지식, 개념, 원리, 모형, 논증의 형성이나 이해, 활용' '탐구' '본성' '과학 언어, 도구 사용 과학 활동 참여' '정체성' 으로 요약할 수 있는 여섯 가지의 비형식 과학학습의 영역을 종합해내었다(표 1-3). 미국과학교육위원회가 제시한 각 영역에 대한 내용은 다음과 같다.

1. 과학 흥미 계발(흥미, 경험, 동기)

이 영역에는 과학 학습에 대한 동기 유발, 감성적인 참여, 호기심, 과학 관련 과제에 대한 집착이 포함된다(Bell et al., 2009). 비형식 과학학습을 통하여 가장 우선시해야 할 목표를 정의적 영역으로 본 것이다. 개인의 과학에 대한 흥미와 열정은 한 개인이 과학 학습에 참여하도록 한다는 점에서 중요하다. 특히 상당한 시간 동안 도전적인 과학 문제 해결을 위해서 노력하는 과학 과제 집착력은 과학에 대한 흥미나 열정과 밀접한 관련이 있다. 따라서 정의적인 영역인 과학에 대한 흥미나 동기 유발은 매우 중요한 목표가 아닐 수 없다.

〈표 1-3〉 미국과학교육위원회(Bell et al., 2009)의 비형식 과학학습의 여섯 가지 영역

영역	주요 내용
1	자연과 물리적 세계의 현상에 대해서 흥분, 흥미 학습 동기 유발 경험
2	과학과 관련된 개념, 설명, 논증, 모델, 사실을 구성하고 이해하며, 기억하고 활용한다.
3	자연이나 인공적 세계를 조작, 시험, 탐색, 예측, 의문 제기, 관찰, 집합적 이해를 한다.
4	앎의 방식으로 과정, 개념, 제도 또는 조직으로서의 과학에 대해서, 현상에 대한 자신의 학습 과정에 대해서 과학에 대한 반추를 한다.
5	과학 언어와 도구를 활용하여 다른 사람과 함께 과학 활동과 학습 실행에 참여한다.
6	과학 학습자로서 자신에 대해서 생각하고, 과학에 대해서 알고 활용하며 때로는 기여하는 사람으로서 정체성을 기른다.

어릴 때부터 과학 활동에 참여하는 것은 앞으로 계속하여 과학을 공부하고 과학과 관련된 진로를 갖도록 하는 동기를 촉발시킬 수 있다. 어린이를 위한 과학 취미나 과학 동아리, 또 잘 설계된 전시나, 방과 후 활동 프로그램은 이 영역의 과학 학습을 지원하는 대표적인 사례이다. 이러한 기회에 참여를 통해서 어린이들은 다양한 과학 관련 주제를 접하고, 흥미를 가지게 되며, 관련된 학습 자료와 피드백을 나누고, 앞으로 학습하게 될 내용을 미리 경험하게 된다. 이를 통하여 어린 시절에 과학 분야로 진출한다는 뚜렷한 생각을 갖게 되는 것이 나중에 과학 분야의 학위를 받는 데 중요한 예측 요인으로 밝혀졌다(Bell et al., 2009).

성인들은 자기 자신의 과학에 대한 흥미와 과학이나 비형식 기관에 대한 구체적이고 흥미로운 정보를 통하여 비형식 환경에 접근하게 된다. 부모나 교사는 자녀나 어린이들에게 과학 관련 활동 측면을 소개하기 위하여 비형식 환경에서 과학을 학습하는 것을 선택하기도 한다.

2. 과학 지식 이해(지식, 개념, 원리, 모형, 논증의 형성이나 이해)

이 목표 영역은 과학의 주요 이론과 모델에 대한 지식과 이해를 다룬다. 사실, 개념, 설명, 논증, 그리고 모델은 과학 탐구의 지적 산물이다. 이들은 잘 개발되고 정립된 이론으로 통합되어 자연 세계의 서술과 설명을 도와준다(Bell et al., 2009). 비형식 학습

환경에서는 전시와 교육 프로그램 운영을 통하여 사람들이 이러한 지적 산물을 알고 이해할 수 있도록 도와준다.

3. 과학적 추론에 참여(탐구)

과학 탐구의 핵심은 문제를 인식하고 이를 해결하는 것과 이 과정에서 얻은 증거를 평가하는 것이다. 과학자들은 계속하여 관찰과 실험 자료를 근거로 하여 이론을 개선하고 새로운 모델을 구성한다. 문제 인식과 증거 평가는 과학 탐구뿐 아니라 일상생활을 성공적으로 해나가기 위해서도 필요하다. 예를 들면, 식료품 고를 때 영양에 대한 안내문을 보는 것, 환경과 관련하여 개인적 전체적 판단의 영향을 이해하는 것, 자신의 건강 문제를 진단하고 대응하는 것, 기술 체계의 오작동을 여러 원인을 시험하는 것 등에서도 이러한 능력이 필요하기 때문이다(Bell et al., 2009). 비형식 환경은 이러한 능력을 기르기에 적합하다. 왜냐하면, 관람객들은 전시물의 관람을 통해서 궁금한 문제를 찾고, 이에 대한 답을 전시나 과학관 전문가 또는 관련된 도서나 온라인 자료 등을 통해서 찾아나갈 수 있기 때문이다.

4. 과학에 대한 반추(본성)

과학은 자연 세계에 대한 사람의 이해를 역동적으로 정교화해 나가는 것이다. 과학자들은 계속해서 새로운 증거를 찾아서 발표하고, 기존의 이론에 대해서 지속적으로 의문을 표시하며, 설명적 모델을 끊임없이 개선하거나 확장시킨다. 또 과학자들은 증거가 어떻게 해석될 수 있는지 논쟁을 한다. 이러한 과정은 과학의 본성을 잘 보여준다. 여기에는 학습자가 자신의 생각이 어떻게 변화되어 왔는지를 인식하는 것뿐 아니라 과학사와 과학자 집단의 생각이 시간에 따라서 어떻게 변화되어 왔는지에 대한 인식까지 포함된다(Bell et al., 2009).

비형식 환경은 어린이, 청소년, 그리고 성인들이 끊임없이 개선되어 가는 과학의 과정, 즉 과학의 본성을 체험할 수 있는 즐거움을 경험하게 하는 데 특히 적합하다. 과학 지식이 어떻게 발전하는지에 대한 이해는 박물관이나 언론 매체에서 과학 이론의 변천이나 첨단 과학의 발전에 대한 소개를 통해서 시작될 수 있다. 과학사에는 많은 흥미로운 과학자들의 이야기가 있다(예: 코페르니쿠스, 갈릴레오 갈릴레이, 아이작 뉴턴, 벤자민 프랭클린, 찰스 다윈, 마리 퀴리, 제임스 왓슨, 프랜시스 크릭, 바바라 맥클린톡). 이러한 과학자가 살았던 당시의 역할을 체험하도록 하는 것은 과학을 앎의 방식으로 이해시키는 훌륭한 방법이다. 이러한 체험을 통하여 과학 탐구에는 다양한 방법과 도구가 사용되고, 같은 증거에 대한 다중적 해석이 가능하며, 여러 이론이 동시에 발전하며, 어떤 사건이나 현상의 핵심적 설명의 탐색 과정에서 자료에 대한 열정적인 수호가 이루어짐을 알게 된다. 최근 크게 발달하고 있는 디지털 영상 기술을 포함한 다양한 매체를 이용하여 과학의 본성을 더 실감나게 체험시킬 수 있게 되었다.

5. 과학 실행에 참여(과학 언어, 도구 사용 과학 활동 참여)

과학 탐구는 한 과학자가 외부와 고립된 상태에서 실험실에서 연구를 통해서 이루어지는 것이 아니다. 과학자 집단이나 사회가 특정한 언어와 절차, 그리고 사회적 실행을 통해서 이루어지는 복잡한 과정이다. 과학자가 과학 공동체에 참여하기 위해서는 언어, 도구, 핵심 가치에 대한 지식을 필요로 한다(Bell et al., 2009). 비형식 학습을 통하여 일반인들이 흔히 갖기 쉬운 고립된 과학자의 과학 활동에 대한 잘못된 생각을 바로잡을 수 있다. 비형식 환경의 학습자들은 과학과 관련된 탐구에 참여하면서 언어, 도구, 과학의 규준에 대해서 스스로 발달시켜 나갈 수 있을 뿐 아니라 과학자들이 과학 탐구 맥락에서 공동체를 형성하고 어떻게 의사소통하는지를 잘 인식하게 해준다.

6. 과학적 활동 파악(정체성)

교육은 개인이나 집단의 지식이나 실행 능력을 향상시킬 뿐 아니라 과학 학습자 그리고 때로는 과학자로서 정체성을 길러주기도 한다(Bell et al., 2009). 모든 것이 과학과 긴밀한 관련이 있는 현대 사회에서 사회 구성원의 한 사람으로서 과학과 관련된 정체성은 중요하다. 즉, 자신이 과학에 흥미를 가지고 과학을 이해할 수 있으며, 현대 사회에서 과학과 관련된 개인적, 사회적 문제에 도전할 수 있는 사람으로 인식하는 것이 중요하다는 것이다.

비형식 학습은 관람객들을 과학과 더 자주 접하게 하고, 과학 관련 쟁점을 소개하고 해결 방안을 모색하게 하여 과학 관련 정체성을 기르는 데 기여한다. 대다수의 사람들에게는 과학에 대해서 잘 알고 흥미를 가지는 것에 편안하게 되는 자신을 파악하는 것이 중요한 목표이다. 또한 과학자가 되지 않는 대다수 사람들뿐 아니라 생의 과정에서 자신을 과학자로 보는 소수의 사람들과도 관련이 있다. 과학자가 된다는 것은 과학자로서 전문적인 정체성을 길러나가는 과정이기 때문이다. 이들을 위해서도 비형식 환경은 큰 기여를 할 수 있다. 특히 어릴 때부터 과학자와의 접촉은 전문적인 정체성 형성에 기여한다.

1.4.3. 비형식 과학학습의 지향 : 요약 및 종합

총체적학습성과와 미국과학교육위원회의 비형식 학습 목표 영역을 살펴보았다. 이 두 목표 영역 구분은 내용과 대상에서 차이가 있다. 총체적학습성과는 과학뿐만 아니라 모든 내용 영역을 대상으로 하며 대상 기관도 박물관, 도서관, 기록관 등이다. 반면에 미국과학교육위원회의 목표 영역은 과학을 주 내용으로 하며, 대상도 과학관을 중심으로 하고 있다. 이러한 차이 때문에 두 영역은 상당한 차이를 보인다. 총체적학습성과는 학교 교육 목표와 유사한 지식이해, 기능, 태도와 가치 영역과 비형식 학습의 영역인 향유나 행동 영역이 조화를 이루고 있으며 내용과 관련된 특징은 나타나지 않는다. 즉 총체적학습성과는 내용과 무관한 비형식 학습 환경을 통해서 얻을 수 있는 성과를 주요 요소별로 잘 나타내고 있다.

미국과학교육위원회의 목표 영역은 철저하게 과학과 관련성이 있다. 지식이나 흥미 태도 영역도 과학이나 자연 현상과 관련지어 서술하고 있으며, 과학 탐구, 과학 본성, 과학 실행, 과학 정체성 등의 영역도 마찬가지이다. 또한 이 목표 분류는 기존의 목표 분류 체계에 포함되어 있는 과학지식, 태도, 본성, 탐구 영역 이외에도 사회문화적 접근을 반영한 과학 실행(언어, 도구, 가치 등)이나 과학 정체성 영역을 설정하고 있다는 점에서 최근의 동향을 잘 반영하고 있다.

2 비형식 과학학습의 이해를 위한 접근

2.1 비형식 과학학습의 교육이론적 이해

인간은 대단히 복잡한 존재이다. 인간의 행동을 기술해보려는 시도에 따라 만들어진 단순한 듯 보이는 이론들이 실제로 매우 복잡하고 어쩌면 우리를 더 큰 혼란에 빠지게 하는 경우가 많은 것도 지극히 당연한 일이다. 그럼에도 불구하고 인간의 행동을 기술하려는 모델들은 쓸모가 있다. 이러한 모델들은 인간의 행동에 대해 면밀히 분석하고 논의하여 교육적 상황을 조직화하는 데 있어서 합리적 근거를 제공하기 때문이다. 이러한 맥락에서 비형식 과학학습에 대한 나름의 이론적 근거로서 구성주의가 많이 언급되어 왔다(Hein, 1998). 그렇다면 어떠한 특징이 비형식 과학학습을 구성주의로 이해하게 하는 것일까? 이 절에서는 이에 대한 정확한 답과 근거를 제시하기는 어렵겠지만, 비형식 과학학습에 대한 과학교육의 이론적 논의를 정리하고자 한다.

비형식 학습의 대표적인 장소인 박물관에서의 학습을 토대로 이야기해보면, 관람객들에게 풍부하고 새로움을 갖게 하는 박물관 경험들은 박물관 종사자나 관람객 모두 의도적이지 않을 때조차도 교육적 잠재성을 갖고 있다고 볼 수 있다. 박물관 종사자들은 박물관의 교육적 역할이 중요하다는 점을 점점 더 주장하고 있다. 하지만 박물관의 교육적 의도가 무엇이고, 교육을 어떻게 고려해야 하는지, 사람들이 학습한다는 사실을 어떻게 믿으며 그리고 어떤 교육으로 구성되어야 하는지 등은 아직까지도 상당히 모호하다.

의도적인 교육의 역할을 성공적으로 그리고 효과적으로 추구하기 위해서, 박물관은 의식적인 교육 정책을 가질 필요가 있다. 만일 교육이론을 채택하기 위한 의식적인 노력이 없다면, 박물관의 전시물 그리고 일반적 환경이 여전히 교육적 관점을 표현하고 있을지라도 그리고 관람객이 강력한 교육적 메시지를 받는다고 할지라도 이러한 것들은 혼합되었거나 모순적일 수 있으며 또는 관람객들로 하여금 혼란을 겪게 할 것이다. 예를 들어 미술관이 학교와의 연계성을 높이기 위해 기획된 프로그램 중에 고등학생들로 하여금 '청소년 학예사(junior curator)' 가 되어서 학생들을 위해서 전시관의 전시물들을 해석할 수 있는 기회를 부여하는 프로그램이 있다. 그러나 동시에 미술관에서는 모든 고등학생들의 출입을 제한하는 정책을 실시하였다. 그 프로그램의 결과는 매우 부정적이었는데, 만일 일관성 있는 교육 정책이 전체 박물관을 위해서 취해졌었더라면 그 결과는 매우 달라졌을 것이다.

가정교육이 하나의 유사한 사례가 될 수 있다. 모든 부모들은 자신들의 자녀들을 교육한다. 모든 부모는 양육스타일이 있다. 대부분의 가정에서 그들의 행위에 기반을 이루는 이론은 의식적이지 않고, 그것은 문화적으로 그리고 부모가 살고 있는 사회의 네트워크와 깊숙한 관련을 맺고 있으며 그 이론의 특성 역시 좀 더 일반적인 문화적 특징 내에 존재한다. 우리의 문화는 우리가 수영하는 바다이며, 바다가 물고기에게 투명한 것만큼 문화는 우리에게 투명한 존재이다.

양육방식에 관해 연구하는 인류학자나 사회학자들에게 부모들이 아동을 가르치는 독특한 방법들은 증거물인 셈이다. 특정한 단어의 선택, 처벌이나 보상을 결정하는 방식, 무시하거나 혹은 혼자 내버려두는 행동, 아이들과 함께 보내는 시간, 가족구성원으로서 수행하는 활동들—이 모든 것들이 특정한 양육방식을 기술해 준다. 이러한 행위들은 행동 범주에 따라 분류되거나 묘사될 수 있다.

유사하게 박물관에서 우리의 교육적 활동들도 어떤 패턴을 추구하거나, 어떤 이론을 고수하며, 그리고 박물관에서 일하는 직원의 신념이나 그들이 포함된 보다 큰 문화의 신념을 반영하여 나타나게 되는 것이다. 인류학자들의 기여에 따라, 우리가 교육적 활동에 기초를 두고 있는 기초적인 원리를 통해서 생각하려는 노력을 기울일 수 있고, 또한 이러한 원리들에 따라서 박물관의 일반적인 교육적 태도를 형성해 나갈 수 있다. 혹은 관람객들에게 어떤 교육적 입장들을 보여주는 정책이나 실천들 중 검증되지 않은 것들을 수행해 볼 수도 있을 것이다.

이 절에서는 비형식 과학학습을 둘러싼 교육이론적 접근을 소개해 보도록 한다.

2.1.1. 비형식 과학학습을 위한 교육이론적인 요소들

Hein(1998)은 비형식 과학학습을 지식에 관한 이론(인식론), 학습이론, 교육이론으로 나누어 설명하였다. 인식론과 학습이론은 박물관이 교육적 기관으로서 해야 하는 것이 무엇인지를 이론적인 측면에서 다루는 것이다. 이러한 논의 이후에는 자연스럽게 총괄적인 교육이론에 대한 논의가 이어지게 된다.

교육이론의 한 축에는 지식에 관한 이론이 있다. 지식이 무엇이고, 어떻게 획득하는가에 대한 질문이라고 보아도 좋다. 이러한 지식의 인식론적 입장을 비형식 과학학습의 측면으로 투영해보면, 박물관의 내용에 관한 존재론적 상태 즉 박물관 전시물들은 세상을 '존재하는 그대로' 보여주는가? 전시물들이 사회적 관습들을 대표하는가? 혹은 전시물들은 관람객들이 원하는 대로 해석할 수 있도록 현상을 제공하는가? 등의 질문으로 나타날 수 있다.

두 번째로 다룰 주제는 학습이론이다. 학습이란 개별적 정보가 정신 속에 누적적으로 첨가되는 것인지 아니면 학습자의 인지 구조와 심리를 변형시키는 능동적인 과정인지에 대한 문제이다.

그리고 이러한 지식이론과 학습이론을 토대로 비형식 과학학습을 위한 교육이론에 대한 논의를 이어갈 수 있다. 일반적으로 교수 스타일과 가르칠 교재들을 조직하는 방법은 인식론과 학습심리학에 따라 다르다. 어떤 교수법이 특정 교육이론의 입장에서 적절한가라는 질문은 비형식 과학학습의 맥락에서는 다음과 같이 표현된다. 만일 사람들이 특정 방식대로 학습한다고 믿는다면, 전시물이나 프로그램의 설계를 위해서 시사하는 바는 무엇인가? '교수행위는 학습이 일어나도록 하는 데 필수적이지 않다' 라고 하는 특정 교육이론들의 입장과 같은 개방적인 논의가 비형식 과학학습에서는 가능할 수 있다.

1. 지식에 대한 인식론적 이해

"지식이 무엇인가"의 문제는 인간이 오랫동안 가져왔던 의문이다. 지식은 개인과 독립적으로, 외재적으로 존재하는가 혹은 우리의 정신 속에만 존재하는 것인가? 이 주제에 관해서는 어느 입장도 문제점을 갖고 있다. 만일 지식이 외재적이라면, 어떻게 우리는 그것을 알게 되는가? 만일 그것이 우리 정신 속에 존재하는 것이라면, 어떻게 우리는 그것을 공유할 수 있는가? 이러한 철학적 딜레마를 해결하는 것은 간단한 문제가 아니다. 여기에 대한 어떤 해답도 비판을 통해 충분하지 않은 것으로 판명되었다. 우리는 인식론적 선호에 관해 걱정하지 않고도 일상생활을 잘 꾸려나갈 수 있다. 그러나 만약 우리가 우리의 일을 반성한다거나 심각하게 따져보고 싶다면 우리가 갖고 있는 신념들에 대해 심사숙고할 필요가 있다. 피할 수 없는 것은 교육자가 사람들이 학습하는 '그것' 이 무엇인지에 관해 어떤 입장을 취하는가이다.

[그림 2-1] 지식이론(Hein, 1998)

그림 2-1처럼 인식론은 두 개의 양극을 갖는 연속선상에서 분류될 수 있다. 일부 연구 집단은 실재(real) 세계가 외부에 존재하고, 따라서 인간이 가질 수 있는 실재의 어떠한 관념들도 독립적이다 라고 주장한다. 그러한 관점들을 실재론(realism)이라고 부른다. 전통적인 실재론자는 플라톤이다. 그는 세상에 대한 우리의 지각 체계는 실재 이데아에 대한 어설픈 모방이며 따라서 대화와 이성(자연에 대한 실험이나 상호작용이 아닌)이 우리로 하여금 참 이데아에 도달할 수 있게 해준다고 하였다. 플라톤의 유명한 동굴에 관한 이야기—동굴 속에서 사람들이 볼 수 있는 것은 햇살이 비친 부분에 불과하고 실재는 볼 수 없다—는 우리의 경험 세계가 현실에 대비해 볼 때 제한적이라는 그의 신념을 날카롭게 보여주는 예시다. 실재론적 관점의 최근 논의는 Harre(1986)에 의해 이루어졌고 이를 Osbone(1996)은 과학 교육에서 구성주의를 비판하는 데 사용해 왔다. Osbone은 과학적 지식이 개인의 정신 속에서만 구성되는 것으로 보는 것은 이해할 수 없다고 하였다. 왜냐하면 과학적 지식은 세상의 실재 대상물들의 행동과 일치해야만 하기 때문이다. 그래서 그는 과학적 연구에서 비교적 영속적인 객관적 대상의 존재를 인정하고, 사람에 의해서 구성되거나 변화하는 이론들과 이론적 구인들과는 거리를 두는

온건한 실재론자 입장(modest realist position)을 지지한다.

반대의 인식론적 입장은 철학자들에 의해 관념론(idealism)이라고 이름 붙은 것이다. 이 관점에 따르면 지식은 사람들의 정신 속에서만 존재하는 것이고 본질적으로 외부에(out there) 존재하는 어떤 것과 필연적으로 일치하지 않는다. 관념, 일반화, 자연의 법칙 등은 이러한 것들을 만들고 지키고 있는 사람들의 정신을 제외하면 존재할 수 없는 것이다. 유명한 선구자인 영국의 철학자인 George Berkely는 세계의 존재에 대한 감각과 인식이 인간의 마음에 달려 있다 라고 주장하였다. 그의 입장을 증명하기 위해서 그는 다음과 같이 말하였다. 만일 숲 속에서 나무가 흔들리는 소리를 듣는 사람이 아무도 없다면, 그 소리 역시 존재할 수 없다는 것이다. 좀 더 일반적으로, 그는 절대적으로 존재하는 물리적 구성체는 없다고 주장하였다. 최근에 좀 더 극단적인 언급은 구성주의자들 중 가장 주목할 만한 급진적 구성주의자로 평가되는 Glasersfeld에 의해 이루어졌다. 그는 다음과 같이 논하였다.

> 지식이 독립적 세계를 표상한다는 요구를 포기하고, 대신에 지식이 훨씬 더 우리에게 중요한 무언가를 표상한다는 점을 인정해야 한다. 우리의 경험적 세계에서 할 수 있는 것, 우리가 물리적 대상이라고 불리는 것들을 성공적으로 다루는 방식 그리고 추상적인 개념에 대해 성공적으로 사유하는 방식 등…… 나는 결코 절대적 실체를 부인하지 않는다. 나는 단지 회의론자들이 하는 것처럼 '우리가 그것을 알 수 있는 방법이 없다' 라는 사실을 주장할 뿐이다. 구성주의자로서 나는 한발 앞으로 나아가 '우리는 존재한다' 라는 의미를 단지 우리의 경험 세계 내에서만 정의할 수 있지 존재론적으로는 정의할 수 없다고 주장한다. (Von Glasersfeld, 1995, pp. 6-7)

인식론에 대한 철학적 특징들이 논쟁거리가 될 필요는 없지만, 박물관에 있는 '물건들' 의 존재론적 지위에 대한 고려는 필요할 것이다. 극단적인 입장 둘 다 문제가 있다. 만일 실재론의 입장을 취한다면 즉각적으로 떠오르는 철학적 문제는 어떻게 개인들이 이러한 지식들을 알게 되며, 현실에 존재하는 그대로 실제의 그림, 실제의 개념들이 어떻게 우리 자신의 지식의 일부로 되는 것인가 하는 점이다. 만일 우리가 반대의 입상을 취하면 작은 사회적 집단이나 세계적인 집단 속에서 개인이 갖고 있는 정신의 내용에 관해 일치에 도달하려고 할 때 문제가 발생한다.

박물관 교육에 관한 인식론적 입장은, 명시적이든 묵시적이든, 박물관이 무엇을 소장할지를 결정하는 방법과 그것이 전시될 방법을 결정한다. 이와 관련해서 다음과 같은 질문을 생각할 수 있다. 어떤 박물관이 특정한 이전 경험, 문화 그리고 관람객의 성향과는 독립적으로 존재하는 진실을 전달하는 것을 자신들의 임무로 생각하는가? 어떤 박물관은 지식이란 상대적인 것으로 문화에 의해 영향 받고, 설명되거나 해석될 필요가 있는 목적, 쓰임 그리고 상황 등에 의존하는 것으로 간주하는가? 만일 그들이 일관성이 있다면, 전시 정책은 전시하는 대상의 구조를 반영하게 될 것이다. 예컨대 전 세계적으로 오래된 많은 과학관들은 과학의 '참' 구조를 묘사하도록 설계되어 있다. 대상은 과학 주제 즉 화학, 물리, 생물, 지구과학으로 배열되어 있다. 그래서 과학의 의문점이나 우주의 법칙을 '정확하게' 묘사하는 것 둘 다 보여주도록 설계되었다.

Louis Agassiz는 종의 조직을 묘사하기 위해 하버드대에서 비교 동물학 박물관을 설계했는데, 이것은 진화에 대한 다윈의 입장과 자신이 믿는 바를 비교해놓은 것이었다(Gould, 1981). 그 박물관은 자연을 있는 그대로 보여줌으로써 다윈을 반박하려는 의도를 갖고 있었다.

역사박물관들은 한 나라 또는 한 시대의 '실재했던' 역사를 묘사하도록 조직될 수 있을 것이다. 전통적인 박물관의 전시를 비판하는 많은 저작들은 묵시적이든 명시적이든 박물관 전시의 노후성을 비판하고 특히 역사박물관에 대해서 그러하다.

역사박물관이 '현실 그대로'의 역사를 보여주어야 한다는 제안은 이상하게 들릴 수 있다. 이것은 많은 역사 전시물에 대해서 최근의 논쟁들이 말해주는 것이며, 어떤 '이야기'가 전시되어야 하는가에 대해서는 명백히 다양한 관점들이 있다. 과학관련 박물관의 내용에 대해서도 유사한 논의가 있을 수 있다. 즉 '실재'를 묘사하는 것인가 아니면 구체적 목적을 위해 인간들에 의해 만들어진 이야기를 제시하는 것인가? 과학 철학에서도 최근에 이러한 문제들을 다루고 있다. 논의의 핵심은 구체적 전시물이든지, 과학, 역사, 인류학 또는 미술이든지 간에 실제로 현실 세계를 묘사하고 있는 것이 아니라(실수할 수도 있고, 오차를 포함할 수도 있다) 전시의 목적이 어떠하든, 진실을 묘사하는 것이다.

미술관의 공통적인 조직 원리는 시대별로 그림을 거는 것이거나 적어도 그림들이 자연스럽게 어울릴 수 있는 내재적 지표에 따라 유사한 타입이나 스타일의 그림을 함께 두는 것이다. 다시 말해 실재론의 입장에서 그러한 배치, 즉 한 방에 인상주의를, 다른 방에는 이탈리아 르네상스 그림을 전시하는 식은 편리성의 문제일 뿐만 아니라 그 분야에 있어서 구조의 절대적 특징들을 반영하는 것이라고 주장할 것이다.

19세기 실증주의의 영향에 따라 등장한 것은 교재의 개발이었다. 전통적으로 교재는 특정 주제의 본질을 중심으로 조직되었다. 가장 단순하게 또는 가장 기본적인 아이디어들이 처음에 등장하고, 그 다음에 그 주제가 가장 높고 혹은 가장 진보된 요소들이 마지막 장에 도달할 때까지 조금씩 형성된다. 주제는 논리적 구조와 관련해서 분석된다. 나아가 실재론자 입장에서 보면 이러한 구조는 그 주제 자체의 본질적 요소들이 고려된 것이지 인간의 정신 활동에 의해서 결정된 지식을 인위적으로 조직한 것이 아니다.

같은 원리들이 종종 박물관 전시에 적용되어 왔다. 가장 단순한 것은 다른 모든 것들이 가정된 기초적이고, 기본적인 아이디어들을 고려하는 것일 수 있다. 대안적으로 가장 단순한 것은 큐레이터나 혹은 다른 전시물 개발자에 의해서 가장 단순하고, 최소한의 정신적 노력이 요구되며, 관람객들이 가장 쉽게 접근할 수 있는 그러한 것들을 고려하는 것일 것이다. 두 경우 모두, 단순함에 대한 정의는 제시되는 자료의 속성에 의해서 결정된 특징들에 의해서만 내려질 수 있는 것이다. 그것은 보는 사람들이 그 자료에 어떻게 반응하는가에 의해서 결정되는 것이 아니다.

비록 인식론과 학습이론이 본질적으로 별개라고 할지라도, 그들은 여전히 밀접하게 관련된다. 만일 단순성이 내용에 대한 논리적 분석 결과로만 간주된다면, 단순성이란 배타적으로 지식이론으로 간주될 것이다. 만일 단순성이 어떻게 학습자의 정신이 작동하는가에 대한 이론과 관련하여 정의된다면, 그 단순성은 학습이론으로 혼입되는 것이다.

실재론적 인식론에서 박물관 내용에 대한 초점은 전시 자료들, 즉 그 대상의 본질에 의해서 이끌어내어지는 것이다. 관람자의 관심 또는 관람자가 그 대상을 보고 형성할 수 있는 의미를 일차적으로 고려하여 조직되는 것이 아니다. 반대로 관념론적 큐레이터는 대상의 의미(또는 전체 전시물의 의미)가 어떤 외적 실체로부터 나오는 것이 아니라, 그것에 대한 큐레이터나 관람객의 해석으로부터 나오는 것으로 판단할 것이다. 그래서 관념론적 인식론을 지향하는 큐레이터는 좀 더 복합적인 전망들을 보여주거나, 혹은 관람객이 전시물과 상호작용해서 다양한 결론들을 얻어낼 수 있도록 전시물을 배열하는 식의 고려를 한다.

2. 학습이론

학습이론 역시 두 개의 분명한 양극의 연속체로 조직될 수 있다. 한 극단은 학습에 대한 전달-수용으로 구성된다. 즉 사람들은 그들에게 전달된 정보들을 일방적으로 수용함으로써 학습한다는 관점이다. 사람들은 부분의 작은 내용을 단계적으로 학습하고, 자신의 정보 저장고에 개별적 정보들을 누적시켜 나간다. 다른 하나의 이론은 사람들이 지식을 구성한다는 신념에 기초한다. 최근의 많은 교육이론들은, 듀이, 피아제, 비고츠키 등의 이론에 따라 학습에서 정신의 능동적 참여를 강조하고, 학습 과정이 단순한 정보의 누적이 아니라 학습자에 의해 인지조직이 변형되는 과정임을 강조한다.

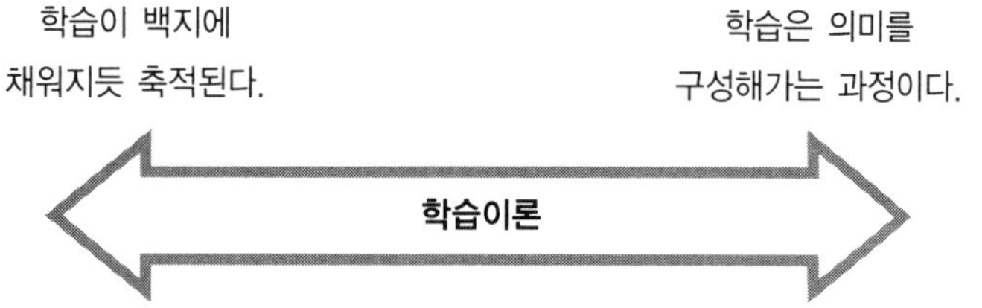

[그림 2-2] 학습이론(Hein, 1998)

만일 학습이 누적적이라고 가정된다면, 주제는 작은 단위로 나누어 제시될 필요가 있다. 지식이론에서 실재론의 경우에서처럼 일차적인 초점은 가르쳐야 할 주제가 된다. 반대로 능동적이고 발달적인 학습이론은 훨씬 더 많은 주의가 학습자에게 기울여져야 함을 요구한다. 이러한 능동적 학습이론에서 현재 받아들여진 하나의 결과는 다양한 학습자 유형이 존재한다는 점이다. 만일 학습이 능동적 과정이고 개인에 의해 결정된다면, 배우게 될 주제가 아니라 오히려 학습자의 특징에 초점을 맞추게 된다.

3. 지식이론과 학습이론

이상에서 언급한 두 개의 연속체는 서로 독립적이다. 어떤 교육자는 실재론자이거나 관념론 중 어느 하나를 취하면서 동시에 여전히 학습은 동화의 수동적 과정이라고 믿는다. 또한 학습자가 정보의 수동적인 수용자이거나 지식의 능동적인 창조가 둘 중에 어느 하나로 간주하면서 지식은 외재적으로 존재한다거나 아니면 일차적으로 학습자의 정신에 존재하는 것으로 생각하는 것 역시 가능하다. 인식론은 학습이론에 의해 조절될 수 있다. 예컨대, 역사의 진실은 엄연히 존재하고, 개별 학습자들의 경험과는 독립적으로 존재한다 라고 믿는 두 명의 교사들은 역사를 다르게 가르칠 수 있다. 한 사람은 가장 작은 사실로 쪼개진 정보를 단계적으로 전달하는 반면, 다른 사람은 학생들에게 그들이 '옳은' 결론을 유도할 것이라고 기대된 일차적인 자료들을 제공할 것이다. 앞서의 두 개의 축을 조합하여 4개의 교육이론으로 전개할 수 있다.

4. 교육이론의 비형식 과학학습을 위한 적용

Hein(1998)은 지식이론과 학습이론을 독립적인 두 축으로 설정하고 4가지 사분면에

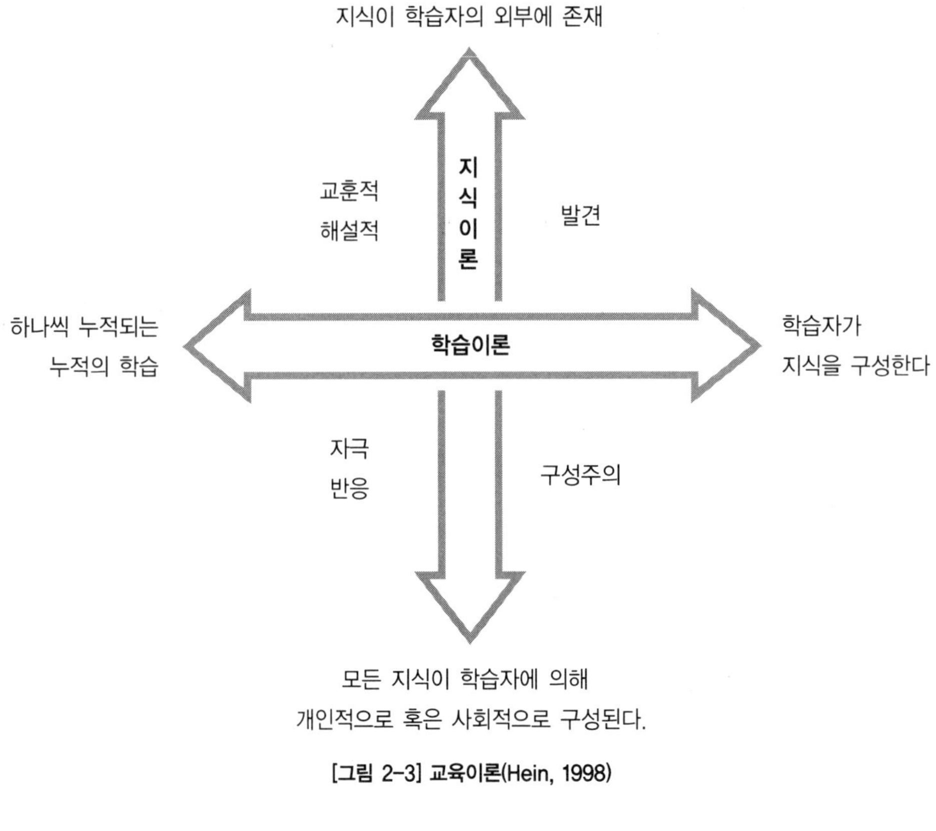

[그림 2-3] 교육이론(Hein, 1998)

서로 다른 교육이론을 배치하였다. 각 사분면에 해당되는 교육이론은 교훈적 · 해설적 교육, 자극-반응학습, 발견학습, 구성주의이다.

(1) 교훈적 · 해설적 교육

그동안 교훈적 · 해설적 교육은 지식이 학습자의 외부에 존재한다는 실재론적 입장과 학습은 누적적으로 일어난다는 전통적인 입장을 취하고 있다. 학교 수업은 지시적이며 설명적인 경우가 많았다. 교사는 교과서를 바탕으로 각 단원과 차시의 구성에 기초하여 내용을 조직하고 학생들을 '가르쳐왔다'(이때 단원과 차시의 구성은 학문 분야의 체계를 따르는 경우가 많다).

교훈적 · 해설적 교육이란 학습의 내용을 가장 단순한 것부터 가장 복잡한 것에 이르는 순서에 따라 작은 단위로 쪼개어 제시하는 것이다. 이러한 접근에서는 지식이 학습자의 외부에 존재한다고 보기 때문에 그 교과의 본질적 구조를 파악하는 것이 중요해진다. 학습이론은 누적적 학습을 중요시하므로 쉽게 배워나갈 수 있는 작은 단위 부분과 그 배열이 중요해진다. 20세기 전반기의 실험심리학의 많은 연구들이 이 교육이론에 기초를 두고 있고 그래서 이러한 교육적 접근을 사용해서 어떻게 가르칠지에 관한 문헌들은 대단히 많다. 교훈적 · 해설적으로 조직된 박물관의 전시는 다음과 같은 특징을 보인다.

- 전시물들이 계열성을 가지며, 시작과 끝이 분명하며, 의도된 순서가 있다.
- 전시물에서 무엇을 배워야 할지를 기술하는 지시적 요소(라벨, 판넬)들이 있다.
- 단순한 것부터 복잡한 것에 이르는 주제의 위계적 배열을 갖는다.
- 전통적인 교육과정을 따르는 학교 프로그램들이 있고, 그것은 단순한 것부터 복잡한 것에 이르는 주제의 위계적 배열을 갖고 있다.
- 배워야 할 내용에 의해 결정된 학습 대상들을 구체화시킨 교육 프로그램이 있다. (Hein, 1998, pp. 27-29)

이러한 접근방식에 기반을 둔 전시물들은 전시에 포함된 내용이 진리라는 입장을 취하게 된다. 따라서 어떤 역사적 사건에 대해서 단 하나의 해석이 있을 뿐이고, 다른 해석은 존재하지 않는다는 식의 인식을 주게 된다. 전시물들은 대안적 설명이 있을 수 있음을 알려주거나 또는 이러한 배열이 임의적인 것으로, 다른 전시관에서 다른 식의 지적 구조로 대체될 수 있는 가능성을 명시적으로든 묵시적으로든 표현하지 않는다.

(2) 자극과 반응 교육

자극-반응(S-R: stimulus-response) 교육이론은 교훈적 · 해설적 교육과 같은 학습이론을 공유하지만, 제시하는 내용이 객관적 진리라고 주장하지는 않는다(Hein, 1998). 교사가 가르칠 것에 대한 분명한 아이디어를 갖고 있는 것이 중요할 뿐이다. 초점은 교육 방법에 있으며 주로 훈련가들이 선호하는 접근이다. 이 접근은 행동주의에 기반을 두고 있으며 비편가들은 뇌를 씻어내기 또는 주입식이라고 부르기도 한다.

교수 방법에만 초점을 둘 뿐 가르칠 내용의 가치에 대해서는 초점을 두지 않는다는 의미에서, 자극-반응 교수의 예는 매우 드물다. 그러나 많은 교육이론 분야의 문헌이 가르칠 방법에 집중되어 있으며, 가르칠 주제에 대한 고려는 충분하지 않다. 학교에서는 매 시간 가르칠 수업목표가 체계적이고 단기적으로 준비되어 있고, 학년에 따라 교과들이 계열성을 가지고 있다. 이러한 점은 모든 교과에 대한 학교 교육의 공통점이다. 때때로 교사가 통합을 시도하기도 하지만 학습단원을 개발하는 과정에서 행동주의에 기반을 둔 교구들을 종종 사용하고, 어린이들이 구체적 자극에 반응함으로써 학습한다고 믿기도 한다.

이러한 접근은 선형적이고 연속적인 전시 요소를 구조화하는 데 초점을 두거나, 인식론을 반영하지 않으며, 어느 교과에나 적용되는 방법이나 학습 교구를 활용하며, 보상을 통한 강화를 강조하는 전시기술을 포함한다. 학습될 내용이나 그것이 적용될 맥락과는 독립적으로 방법만을 고려하는 행동주의적 관점에서 작동되는 것이다. 자극-반응 접근으로 조직된 박물관은 다음과 같은 특징들이 있다.

- 전시물에서 무엇을 배워야 할지를 기술하는 지시적 요소(라벨, 판넬)들이 있다.
- 전시물들이 연속적이고, 시작과 끝이 분명하고 그리고 교수적 목적을 위한 의도된 순서가 있다. (Hein, 1998, p.29)

행동주의적 전시물은 강화 요소를 강조한다. 관람객이 올바른 버튼을 누를 때, 적절한 경첩을 들어올리거나 혹은 올바른 순서로 문항들을 배열할 때 긍정적인 문구나 컴퓨터 스크린의 반응("그래 옳은 답이야!")을 제공하는 것이 좋은 예이다.

(3) 발견학습

발견학습은 학습자가 조작하거나 탐색하고 실험할 수 있는 기회를 주는 능동적인 학습 상황을 필요로 한다. 학습자는 주변 환경이나 물체와의 상호작용을 통하여 새로운 사실과 개념을 알아내고 사고의 폭을 넓혀가게 된다. 도전적 발견학습 이론은 학습자에게 도전적이고 자극적인 환경을 제공하여 기대하는 목표에 도달하게 하는 경험을 갖게 하는 것이다. 여기에서 도전이란 특히 인식론적 도전을 의미한다. 발견적 교수적 접근은 가르칠 아이디어나 개념과 관련된 것들이 학습이나 전시에 포함되도록 한다.

발견적 교육 접근은 학습이란 능동적 과정으로, 학습자가 배우는 대로 변화를 겪고, 학습될 자료들을 흡수만 하는 것이 아니라 그것과 상호작용하며, 학습자가 배우는 과정을 통해 정신이 작동하는 방식이 어느 정도 변화를 겪는다는 아이디어를 수용하고 있다. 학습이 정신의 저장고에 사실과 개념 등을 저장하는 과정을 넘어선다는 가정을 하고 있다. 학습을 함에 따라, 학습할 수 있는 능력이 증가한다고 보며 이는 정신이라는 저장고의 형태와 부피는 새로운 정보를 받아들이는 과정에 의해 변형된다는 것이다.

능동적인 학습이란 학습과 관련된 물리적 활동으로 이해되기도 하며 "hands-on" 학습으로 부르기도 한다. 세계와 물리적으로 상호작용하는 것은 학습자가 그 과정에 능동적으로 참여해야 하고, 그 과제가 어떤 것을 형성하는 것이거나, 퍼즐을 해결하는 것, 물건을 다루는 것이든지 간에, 학습자가 생각하도록 요구한다. 그러나 이들 이론에서 말하는 '능동성' 이란 정신적 능동성으로, 이것은 물리적 활동성에 의해 자극받을 수도 있고 그렇지 않을 수도 있는 것이다. 따라서 물리적 활동성과 정신적 능동성은 동일한 것은 아니다. 단조롭고 반복적인 물리적 활동 혹은 '정신적 활동이 포함되지 않은' 행위들은 정신적 변화를 일으키지 않는다. 그래서 최근의 문헌들은 학습자의 "hands-on" 참여뿐만 아니라 "minds-on"의 필요를 강조해왔다.

'발견학습' 이란 용어는 학습자가 능동적으로 참여하는 교육의 모든 형태에 사용되어 왔다. 많은 과학관들은 발견실(discovery room)이라고 불리는 공간을 제공하고 있고,

관람객이 탐색하고 실험할 수 있는 온갖 종류의 자료들이 준비되어 있다. 때로는 직원들의 안내에 의해 관람이 이루어지기도 한다. 강조점은 특별히 뭔가를 학습하거나 결론에 도달하도록 하기보다는 늘 탐색하는 데 있다. 그러한 탐험관은 구성주의적 교육에서 사용될 수 있다.

발견학습이란 발견에 대해 좀 더 엄격한 의미를 시사하는 것으로, 교육자에게 뭔가 구체적인 기회와 딜레마를 제공하는 것이다. 발견적 교육을 지지하는 사람들은 학습이 능동적 과정이라고 믿으며, 학습자가 능동적으로 참여함으로써 의도한 교육적 성과를 얻을 수 있다고 주장한다. 사람들에게 자연 현상에 대한 실제 자료를 제공한다면, 이들은 올바른 결론에 도달할 것으로 기대된다. 즉, 사람들은 있는 그대로의 세계를 묘사하는 일반화에 도달할 것이다. 만일 학생들에게 진자와 저울을 제공해주면 진자 운동에 관한 공식을 이끌어낼 수 있을 것이라고 기대한다는 것이다.

능동적 학습과 실재론을 관련시키는 것은 학습자가 '스스로 발견해냄으로써' 진실을 발견할 기회와 '행함으로써 배우는' 기회 간의 조합을 강조해온 최근 수십 년 간의 교육이론에 기반을 두고 있으며 상당한 설득력이 있다. 학교와는 달리 박물관은 물리적 대상이나 물리적 대상으로부터의 학습을 가치롭게 여기기 때문에 발견학습의 유용성이 더욱 두드러져 보인다.

그러나 이 접근에도 심각한 문제점이 있다. 학습자에게 일방적으로 정보를 제공하는 체계적 방식이나 학습자의 논리적 인지 구조에 따라 교수법을 적용한다는 전통적인 관점에서 벗어나서 학습자의 능동적인 학습을 받아들였지만, 이 접근은 여전히 어려움을 가지고 있다. 학습이론의 연속선상에서 오른쪽으로 움직일수록, 학습자가 의도한 결과에 도달할 것이라는 기대는 낮아지게 된다.

또 다른 문제는 학습자나 관람객이 제시된 상황에 주의를 기울일 것인지, 또 이때 관람객이 실제 학습을 이루어내며, 이때 관련된 자료를 실제로 이용할 수 있을지의 여부이다. 결과가 뻔히 보이는 실험재료를 이용한 단순한 시범과정들은 자칫 학생이나 관람객의 흥미를 이끌지 못할 것이다. 과학관에서 제시되는 대부분의 간이 실험이나 해보기 활동은 대체로 성공이 보장된 경우이고, 대다수의 관람객도 이를 기대하고 있다. 그러나 과학의 본성을 경험하게 되는 순간은 실험이나 활동에서 예기치 않은 일이 발생될 때이며, 실패의 기회가 없을 때는 무언가를 발견했다고 말할 수 없을 것이다(Glaser, 1966). 적절한 결론을 발견하지 못할 수도 있다는 것은 교훈적 · 해설적 교육과는 다른 발견학습을 하기 위한 필연적인 최소한의 조건인 것처럼 보일 수 있을 것이다.

그럼에도 불구하고, 발견학습은 호소력을 갖는다. 발견학습에 기반을 두고 조직된 박물관에는 ① 탐색을 허용하는 전시물, ② 광범위한 능동적 학습 양식들, 예를 들어, 관람객이 발견하도록 하는 질문을 포함하는 지시적 요소들(라벨, 판넬), 전시물의 '정확한' 해석에 대하여 관람객이 자기만의 해석에 접근할 수 있도록 하는 어떤 수단들, 받아들여진 결론으로 학생들을 이끌기 위한 목적의 활동에 학생들을 참여시키는 교육 프로그램들, 새로운 증거를 제공할 전문가의 워크숍 등이 있다.

발견학습의 관점으로 설계된 전시관의 전시물들은 시작과 끝이 있는 일직선적인 형태를 취할 수도 있고 그렇지 않을 수도 있다. 만일 모든 전시가 관람객으로 하여금 적절한 결론에 이르도록 의도하고 있다면 전시 요소들은 발견 학습의 특성에 맞추어 배치하게 될 것이다. 만일 각 전시물이 독립적으로 배치되어 있다면, 전시물과 전시물 사이의 연계를 일부러 확보할 필요는 없다.

(4) 구성주의적 학습

만일 우리가 현대적 학습 이론들을 받아들인다면, 어느 정도는 지식의 이론으로서의 구성주의적 관점을 받아들일 필요가 있다. 사람들이 경험으로부터 자신만의 의미를 만들어가는 것은 자연스러운 현상이다. 즉 우리 모두는 우리 자신의 배경과 경험에 의존해서 자연과 사회를 다르게 해석한다. 전시 설계자가 특정한 주제의 전시를 기획하였지만 관람객은 완전히 다른 해석을 할 수도 있는 것은 박물관에서는 흔한 일이다.

일반적으로 구성주의 학습 상황은 두 개의 요소를 강조한다고 볼 수 있다. 첫째는 학습자의 능동적 참여를 통해 학습시킨다는 점이다. 그러므로 구성주의적 학교 학습이나 전시는 학습자가 직접 신체적 활동이나 정신을 모두 사용하도록 하여, 세상과 상호작용하고, 대상물을 조작하고 실험하며, 이를 통해 결론에 도달하여 세상에 대한 이해를 증진시키기 위한 것이다. 다시 말해 학습자가 직접 참여하여 관찰된 현상과 조작을 통해 나타난 상황에 대해 일반화를 도출하기 위한 능력을 배양하기 위한 것이다. 여기서 실험은 구성주의 학습에서 매우 중요하며, 가능하고 받아들일 수 있는 결과의 범위 내에 있는 상황을 전제로 한다.

둘째는 구성주의 학습은 학습자가 도달한 결론들이 학습자의 외부에 존재하는 표준적 진실에 부합하느냐의 여부에 의해 그것의 타당성이 확인되는 것이 아니라, 학습자에 의해 구성된 현실 내에서 '이해될 수 있는지'의 여부에 따르는 것이다. 구성주의자들에 따르면 아이디어의 타당성은 어떤 객관적 진실, 즉 학습자나 학습자 집단과 별개로 존재하는 진실에 부합하느냐에 의존하는 것이 아니다. 오히려 타당성은 행위를 주도하는 개념의 가치나 아이디어들 간의 일관성 속에서 확인될 수 있다. 그래서 전통적 교육자들이 학습자의 오개념에 관해 얘기할 때, 구성주의자들은 어설프고, 개인적이며, 사적인 개념에 관해서만 이야기할 것이다.

구성주의자들의 언어에서, 실수와 오차는 증거와 일치하지 않는 결론이나 학습자가 합리적으로 내린 결론과 다른 결론을 지칭하는 용어일 뿐이다. 이것은 특정 교과의 구조에 기반을 둔 외부에 존재하는 표준적 진실에 준거하여 학습자의 대답을 판단하는 것과는 다르다.

따라서 구성주의적 박물관 교육 정책을 따른다고 할 때, 박물관을 교육적 자원으로서 활용하기 위한 모델은 백과사전이나 과학잡지 일지언정 교과서는 아닐 것이다. 즉 내용이나 주제가 교과서처럼 직선적으로 배열될 수 있다는 아이디어는 고려조차 되지 않을 것이다. 그러므로 구성주의 전시는 관람객들이 지식을 구성할 기회를 제공한다. 즉, 관람객이 관람한 전시내용들을 바탕으로 나름대로의 결론을 만들고 이를 타당화하려는 노력을 하게 될 것이다.

즉, 관람객이 전시를 통해 도달하게 되는 결론의 도출과정과 내용은 이러한 전시내용을 제공한 박물관기획자나 학예사의 의도와는 동떨어진 것일 수 있다는 것이다. 구성주의적 전시는 특정한 통로나 시작과 끝이 정해지지 않은 많은 시작점이 있을 것으로 가정할 수 있다. 또한 광범위한 활동 학습 양식과 광범위한 관점을 제공할 것이고, 관람객과 사물 또는 아이디어가 그들의 일상적 경험과 어우러지면서 관련을 맺을 수도 있을 것이다. 아울러 학교 프로그램에서 배운 대로 학생들이 결론을 실험하고, 추측하고 그려보도록 하는 경험과 자료를 제공할 것이다.

구성주의적 전시는 다양한 관점을 제시하고, 사물을 해석하는 여러 방식들을 타당화하고, 제공된 자료에 관한 다양한 관점과 여러 '진실들'을 고려하도록 한다. 이는 전통적인 박물관 전시와는 매우 대조적인 것이다. 구성주의적으로 조직되었다고 할 수 있는 전시 요소의 예로는 많은 박물관에서 사용하는 친숙한 오디오 투어에서 찾아볼 수 있다. 몇 년 전까지만 해도 관람객들은 오디오 카세트를 대여해서 녹음된 메시지를 들으며 관람을 하였다. 최근까지 이러한 오디오 투어는 전시설명을 직선적인 정해진 순서대로 제공했다. 관람객들은 '다음' 그림이나 전시물 등으로 전진하도록 지시받았고, 그 다음 선택된 항목에 대한 해설을 들었다. 그러나 기술의 발달로 자기가 원하는 순서대로 해설을 청취할 수 있게 되었다. 전통적 교육자들은 여전히 특정한 순서대로 전시물을 안내하기를 바랄지 모른다. 그러나 구성주의자들은 미리 결정된 순서로부터 해방되는 것을 환영할 것이다.

구성주의자의 입장을 전폭적으로 받아들인다면 박물관 학습이 의미하는 것은 무엇일까? 박물관이 구성주의 원리에 따라 디자인된다면 전체 박물관은 어떠해야 할까? 요즘 세상에서 기준에 완벽하게 들어맞거나 그렇게 하려는 박물관은 없을 것이다. 구성주의 학습에 기반을 둔 박물관전시의 요소와 특성에 대한 많은 제언과 논의가 포함된 책은 많이 있을 것이다. 구성주의 자체가 추상적인 아이디어들로 이루어져 있고 몇 가지 원리가 통합적으로 제시되어 있으며, 구성주의 학습의 구체화된 학교 학습의 모습도 여전히 탐색 중이다. 이런 것을 고려해볼 때, 구성주의 학습에 기반을 둔 박물관의 모든 요소를 설명하는 실제적인 사례나 실천적인 방향 제시는 가능하지 않을지도 모른다.

결국, 구성주의 학습을 고려한 박물관은 전시를 기획하고 프로그램을 개발할 때 박물관의 역할이 관람객으로 하여금 의미를 구성하도록 하는 데 있다는 것을 깨달을 필요가 있다. 앞에서 논의된 내용들의 핵심은 박물관이 더 넓은 해석과 폭넓은 관중의 접근을 위해 열려 있어야 한다는 의미로 귀결될 수 있다. 또한 구성주의 학습을 강조한 박물관은 전시를 개발하는 데 대중과의 소통을 전제로 하며, 대중을 중요 전시 기획에서 고려할 중요한 요소로 포함하려고 할 것이다. 박물관이 때로 전시물이 개발되는 과정을 전시하는 경우가 그 예이다. 또한 전시물이 만들어지는 과정을 담기 위해 학예사의 말을 인용하거나 박물관에서 전시될 그림을 취득하는 다양한 과정을 담은 내용을 포함하여 취득 방법을 논의하는 예술전시를 설치하기도 한다. 이처럼 구성주의 박물관은 다양한 공동체의 공통분모의 역할을 하며 대중 속에 더 큰 공동체로의 연계 발전을 위한 중요한 역할을 수행할 것을 전제로 하고 있다. 그러므로 관람객이 여러 수준의 의미를 만들 수 있게 하는 것이 구성주의 학습이 박물관에 주는 시사점이다.

2.2 비형식 학습의 상황 모형

학습의 본질적 측면에서 살펴본다면 형식 학습과 비형식 학습은 이분법적 개념이 아니다. 더 형식적인 학습이 있고 덜 형식적인 학습이 있는 것이 아니다. 그보다 형식과 비형식은 서로 다른 맥락, 즉 다른 차원에서 발생하는 상보적인 관계에 있는 것이라고 할 수 있다. 사실 형식 학습의 전형적 맥락으로 여겨지는 학교 과학학습과 비형식 학습의 전형적 맥락으로 여겨지는 일상적 과학 학습은 서로 중첩되어 발생한다. 학습이란 우리 일상의 삶과 따로 떨어져서 일어나는 일이 아니다. 학습은 아무 것도 하지 않을 때나 다른 일을 멈추어야만 하는 어떤 일이 아니기 때문이다(Wenger, 1998). 물론, 우리가 편의상 혹은 개념적 구분을 위해 형식 학습이라고 부르는 학습, 즉 교육의 목적과 방법을 명시한 교육과정이 존재하는 학습은 과제 수행이나 시험을 통해서 학습이 일어났다는 것으로 의식되기도 한다. 이러한 형식 학습은 비형식 학습과 공존하며 서로 영향을 주고받는다. 즉, 학교라고 하는 형식 학습이 이루어지는 물리적 및 추상적 공간 내에서도 다양한 양태와 방법으로 비형식 학습이 이루어지는 것이다. 아이들은 수업 시간 외에 일상적인 언어를 교환하면서, 심지어는 수업 시간 내에도 개인의 머릿속으로 과거 경험과 수업 내용을 연결시켜가면서 실패든지 성공적이든지 간에 끊임없이 학습한다. 특히, 자연 현상을 대상으로 하는 과학 학습은 일상적 경험과 삶 속에서 발생하는 다양한 사건들 속에서 의식적으로 혹은 잠재적으로 이루어진다. 따라서 과학 학습을 보다 본질적으로 이해하기 위해서는 다양한 상황에서 학습자가 어떠한 경험을 하는지, 그 과정 자체를 이해하는 것이 중요할 것이다.

2.2.1. 과학 학습에서 상황의 중요성

1980년대 이후 과학교육에서 활발하게 논의된 학습에 대한 관점은 구성주의였다. 특히 학습은 매우 복잡하고 무수히 많은 변인들이 복합적으로 상호작용하는 과정이므로, 어떤 측면을 강조하느냐에 따라서 구성주의 역시 상당히 많은 이름으로 불리고 나뉘어 왔다[1]. 가장 일반적으로는 '인지적 구성주의'와 '사회적 구성주의'로 나눈다. 인지적 구성주의는 개인의 마음속에서 지식이 구성되는 것을 강조하는 접근이다. 이 관점으로부터 주된 논의의 대상은 개인의 인지 구조나 사고 작용이다. 한편, 사회적 구성주의는 지식이 처음 구성될 때 개인 내에서보다는 개인 간으로부터 형성되고 발달해간다고 보는 관점이다. 이 관점에서는 학습이란 '사회적 상호작용을 통해 문화적으로 형성된 지식이 공동체에 분배되는 것'으로 보고, 과학 학습을 다양한 기호, 특히 언어에 의해 중재된 것으로 본다. 이 관점으로부터 주된 논의의 대상은 과학이라는 사회적 언어가 공동체 구성원들에 의해 어떻게 교환되고 공유되며 내면화되는지에 관한 것이다.

사회적 구성주의 관점에 더하여, 최근 Lave와 Wenger(1998)는 '상황 학습(situated learning)' 이론을 제시하였다. 그들에 따르면, 학습이란 사고를 통한 명제적 지식의 획득이라기보다 공동체의 활동에 '참여'하는 것 그 자체를 말한다. 또, 참여에서의 모든 행동의 교류, 특히 대화를 형성하는 사회적 언어는 학습을 중재하는 것으로 중요하게

---

1) Geelan(1997)은 구성주의의 형태를 Kelly와 Piaget의 개인적 구성주의(personal constructivism), von Glasersfeld의 급진적 구성주의(radical constructivism), Solomon의 사회적 구성주의(social constructivism), Gergen의 사회적 구성주의(social constructionism), Talyor의 비판적 구성주의(critical constructivism), Cobern의 상황적 구성주의(contextual constructivism)의 여섯 가지로 분류하였다. Geelan은 객관주의와 상대주의를 연속된 축의 좌우 극단에 놓고, 사회적 극단과 개인적 극단을 상하로 설정하여 구분된 4가지 영역에 구성주의 입장을 배치하여 분류하였다. 예를 들어, 급진적 구성주의는 개인적이고 상대주의가 교차하는 영역에 해당된다. 이와 같은 분류를 통해, Geelan은 다양한 형태의 구성주의 중에서 가장 좋은 것을 논쟁하기보다는 서로 양립할 수 없는 관점들이 변증법적으로 긴장하고 있는 인식론이 더욱 필요하다고 주장하였다(권성기, 1998).

다루어진다. 우리는 살아가면서 다양한 공동체에 속해 있다. 그 예로, 우리는 누구든지 집, 직장, 학교 그리고 취미생활 내에서 어떤 실천 공동체(community of practice)에 속해 있다(Wenger, 1998). 실천 공동체는 비형식적으로 우리 일상의 삶에 깊숙이 개입하고 있어서 밖으로 드러내기 어려운 경우가 많다. Lave와 Wenger의 이론에서는 개인의 인지 과정을 무시하지는 않지만 공동체 내의 실천 행위에 참여하는 것을 보다 근원적인 학습으로 파악한다. 즉, 공동체의 실천 행위에 참여하면서 지속적이고 암묵적인 경험이 축적되는 과정에서 학습이 일어난다고 본다. 실천 공동체에서 학습이 일어나는 것을 설명하는 데 있어서 중요한 개념은 '의미의 협상'과 '객체화'이다. 우리가 실천 공동체에 적극적으로 참여하고 경험하면서 그 경험 내용이 의미를 갖게 되는 과정을 '의미의 협상(negotiation of meaning)'이라고 한다. 또한 서로의 의미에 관해 협상하고 새로운 의미를 창출하는 데 기준을 부여하는 것은 경험에 형태를 부여하는 '객체화' 과정이라 할 수 있다. 예를 들어, 단어는 의미의 반영물로서 하나의 객체화다. 한편, 면대면 대화에서 주고받는 말은 너무나 순간적이지만 서로가 대화에 참여하는 가운데 단어의 제의미를 알게 된다. 또한 단어가 있음으로써 소통이 원활하게 일어날 수 있는 탄탄한 지름길이 생기기도 한다. 따라서 의미란 객체화, 즉 인공물의 매개를 통해서, 그리고 세상에 직접 참여하면서 세상과 부단히 교류하는 과정에서 창출되어 나오는 것이다(Wenger, 1998).

실천 공동체에서의 학습이란 같은 목표를 공유한 공동체의 활동에 참여 정도를 확대하는 과정이라 할 수 있다. 학습의 주체는 단순히 독립적인 한 개인이 아니라, 공동체의 활동에 참여하고 있는 사람들이며, 공동체가 생산하는 지식과 탐구 방법은 이러한 참여자들에게 분배되고 공유된다. 이때 공동체의 초보자는 주변적으로 참여(peripheral participation)하기 시작하여 점차 그 역할을 확대함으로써 공동체의 성장에 기여함은 물론 자신의 학습을 발전시킬 수 있다. 이러한 자기 발전 및 공동체 성장의 핵심적인 전제 조건은 바로 실제적인 참여와 객체화의 상보적 과정을 통한 의미의 형성이다.

상황 학습 이론에서는 학교 교육, 즉 교실 학습에 참여하는 구성원들을 동질 집단으로 간주하지 않는다. 한 교사가 동일한 교과 내용을 여러 반의 학생들에게 가르친다고 할 때, 각 교실 수업은 각각의 상황에서 학습이 이루어진다고 보아야 할 것이다. 서울의

한 과학 교실과 산간벽지의 한 과학 교실의 수업 상황이 다른 것과 마찬가지로, 서울의 과학 교실 두 개에서도 각기 다른 상황을 갖는 것이다. 수업 시간이 다르고(점심을 먹기 전과 먹은 후가 다르고), 교실 환경이 다르고(조도, 공기, 공간 등의 물리적 환경), 학생들이 다르다. 특정 시공간에서 과학 교사의 신체적이고 정신적인 컨디션도 다르다. 특히, 학생들이 어떤 태도와 의도를 가지고 학습에 임하는가, 교사와의 상호작용이 순간순간 어떻게 변화하는가 등의 관계로부터 발생하는 상황은 특유한 학습 과정 자체를 형성하게 된다. 따라서 학습을 하나의 결과로 보는 관점보다는 과정 자체로 보는 관점이 부각되며, 학습 과정 내에서 학습자가 실질적으로 어떻게 수행하는가를 중요하게 다루게 된다.

이러한 학습의 사회문화적 관점 혹은 상황 학습의 이론은 비형식 학습 상황인 박물관에서 이루어지는 관람자의 학습을 이해하는 큰 틀을 제공해줄 수 있다. 상황 학습에서의 학습은 환경이 개인의 행동과 사고과정에 영향을 주어 형성되는 것으로 간주하기보다는, 보다 넓은 환경과 개인 간의 상호작용 속에서 일어나는 것으로 보기 때문이다(Greeno et al., 1996). 더 나아가 학습은 개인의 개인적, 사회문화적, 물리적 상황이 시간이 경과함에 따라 상호작용하는 과정 및 그 결과로서도 간주된다(Falk & Storksdieck, 2005). 이런 점에서 학습은 '상황화' 되어 있다(Lave & Wenger, 1991). 즉, 학습은 항상 특정 상황에서 일어난다는 의미이다. 따라서 상황 학습 관점에서 지식이란 우리가 말하고 행동하면서 우리 자신에게 일어나는 것을 역동적으로 구성하는 것이라 할 수 있다.

2.2.2. 과학박물관의 상황 학습 모형

박물관은 관람객들이 서로 놀고, 말하고, 배우는 장소이다. 관람객은 주로 가족 단위이거나 친구 혹은 학교 단체이다. 물론 혼자 방문하는 사람도 있지만, 대부분은 두 명 이상이 무리지어 방문한다. 그들이 전시물을 관람하면서 무엇을 학습하는가? 이 질문에 답하기 위해서는 먼저 학습이 무엇인가에 대한 관점이나 개념적 정의는 중요하다. 학습을 보는 관점이나 개념에 따라서 관람자의 어떤 행동이 교육적으로 가치로운가를 조명할 수 있으며, 이를 토대로 하여 전시물 기획이 가능하기 때문이다.

박물관과 같은 비형식 공간에서의 자유 선택 학습은 사회문화적으로 중재된다. 따라서 비형식 공간에서 이루어지는 학습에 관한 연구는 사회적 · 문화적으로 중재된 요소들을 고려하는 것이 필요하다. 예를 들어, 관람객간 대화(conversation), 사회적 학습 네트워크, 문화적 차원, 개인뿐 아니라 집단의 특성 등을 고려한다(Rennie et al., 2003). 특히 대화를 살펴보는 것은 교실 연구에 있어서 새로운 것이 아니지만, 보다 맥락적이고 자유 선택 학습의 기회가 풍부한 비형식 학습 연구 상황에서는 비교적 다루어지지 않았다(Ash, 2003; Falk & Dierking, 2002). 그러나 관람객들의 학습은 전시에 대한 복잡한 경험을 반영하므로, 관람자 간 역동적 상호작용 속에서 공유되는 대화를 이해하지 않고서는 관람객의 학습을 논하기 어렵다.

보통 '상황(context)' 이라고 하면 물리적 환경으로 이해하기 쉽다. 그러나 상황 학습에서의 상황은 학습이 이루어지는 모든 맥락, 즉 복잡한 정신적 · 물리적 맥락을 모두 포함한다. 또한, 상황 학습에서 말하는 상황이란 상태(사태, situation)와 구별된다. 사전적 의미로, 상태는 사물 및 현상이 놓여 있는 모양이나 형편을 의미한다. 또는 자연 현상의 관측에 의하여 가능한 한 완전히 기술된 계의 존재 상황, 예컨대 중력이나 광도 등을 의미한다. 이와 차별되게, 상황은 다양한 속성에 따른 일반적 구성 개념이다. 예를 들어, 언어가 사회문화적이고 거시적인 상황으로 존재한다면, 세미나 등은 지엽적인 상황으로 존재한다(Rohlfing et al., 2003). Lave와 Wenger(1991)와 여러 상황 학습 연구자들에 따르면 상황은 학습되는 것에 영향을 줄 뿐 아니라 그 자체가 학습되는 것의 일부라고 주장한다(Botelho & Morais, 2006). 특정한 상태에서, 단일한 상황은 존재하지 않고, 다소 여러 가지 다양하면서 겹쳐진 상황들이 존재한다.

과학을 학습하는 것은 개인적이고도 사회적인 과정 모두를 포함하므로 상황의 중요성이 강조된다. 즉, 개인 경험, 언어, 사회화 간의 상호작용이 과학을 학습하는 과정에 존재한다는 것이다(Botelho & Morais, 2006). 비형식 학습 연구에서, '상황(맥락, context)' 은 학습을 이해하는 중요한 구인이다. 학습은 개인의 내적(정신과 육체) 경험과 외적(물리적 세계와 사회문화적 연계) 경험 모두로부터 구성된, 개인적이고 상황적인 고유의 경험이다(Falk & Dierking, 2002). 이에 따라, Falk와 Dierking(2002)은 학습의 상황 모형(Contextual Model of Learning)을 제안했는데, 그 모형에 따르면 의미 있는 학습은 세 맥락의 융합을 통해 구성된다(그림 2-4). 세 맥락은 개인적 맥락(personal context), 개인이 처해 있는 물리적 맥락(physical context), 개인이 속한 사회문화적 맥락(sociocultural context)을 뜻한다. 이 모형에 따르면, 학습이란 개인 자신과 그가 살아가는 물리적이고 사회문화적인 세계와의 관계 맺음과 그 관계 맺음의 역동적 변화 과정이다.

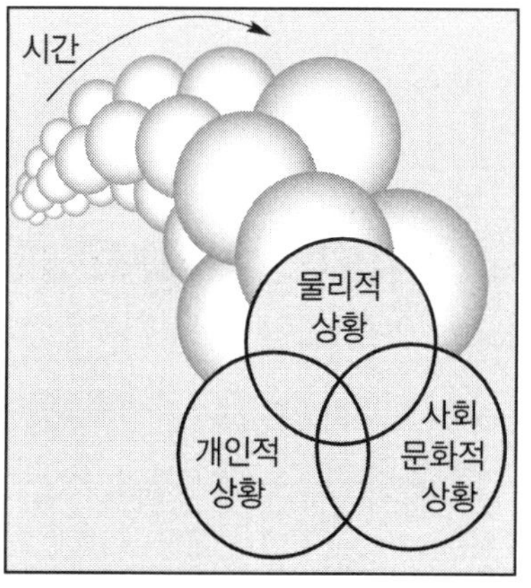

[그림 2-4] 학습의 상황 모형(Falk & Dierking, 2002)

앞서 언급한 바와 같이, 내적 경험은 개인 내 맥락(intra-context)에 해당되고 외적 경험은 개인 간(사회적) 맥락(inter-context)에 해당된다. 개인이 환경과 상호작용하거나 혹은 개인 간에 상호작용이 일어날 때, 그들은 상호맥락을 형성한다(Rohlfing et al., 2003). 상호맥락성(intercontext)은 하나의 사회적 현상으로 개인이나 독립된 환경이 형성할 수 없으며, 특정 상태에서 개인이나 환경이 적절하게 상호작용하는 방식으로 형성된다. 예컨대, 개인의 행동 선택과 같다고 할 수 있다. 따라서 상호맥락성은 개인이 특정 상태에서 행동하고 의미를 부여하는 방식을 보여줄 수 있다. 개인이 구체적인 상호맥락 내의 특정한 상태에서 상호작용함으로써 개인 내 맥락을 확립하는 한편, 그 상태에 대해 의미를 부여할 수 있다. 여기서 개인 내 맥락은 상호맥락성의 일부이다. 그림 2-5는 상호맥락성과 개인 내 맥락을 보여주는데, 이들은 서로 영향을 준다. 한편, 사람들은 사물 및 다른 사람들과 상호작용하는데, 이 상호작용은 상호맥락성을 확보한다.

마찬가지로, 개인은 상호맥락성의 일부인 개인 내 맥락을 구축한다.

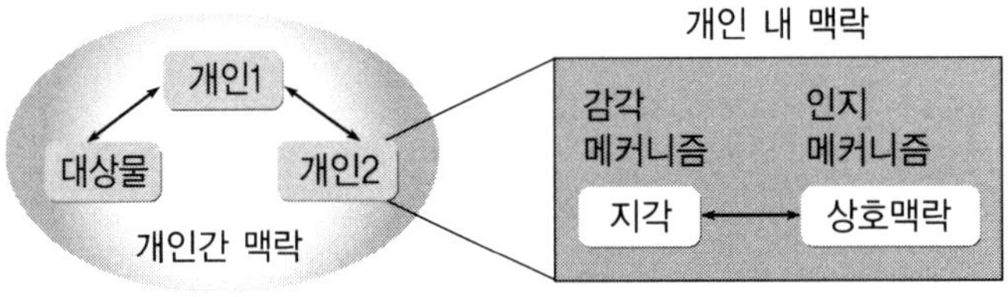

[그림 2-5] 개인 간 vs. 개인 내 맥락(Lee & Kim, 2007)

2.3 사회적 구성주의와 비형식 과학학습

사회문화적 관점이나 사회적 구성주의가 학습의 담론에 있어서 새로운 관점을 제공하고 개인 간 상호작용의 중요성을 부각시켰지만, 효과적인 학습을 위한 구체적인 지침이나 방향을 제시하지는 못하였다. 이러한 한계에 대한 비판이 사회적 구성주의자들 내에서도 자각됨에 따라, 특히 Vygotsky의 후계자들은 교수학습 장면과 관련하여 Vygotsky의 관점을 더욱 발전시켰다. Vygotsky는 사회적 상호작용이 어떻게 내재적으로 인지 발달의 한 부분이 되는가를 강조하였다. Vygotsky의 이론 중에서 학습과 관련이 깊은 근접발달영역과 스캐폴딩, 그리고 언어적 중재에 대해서 서술한다.

2.3.1. 근접발달영역

학습의 과정은 복잡하고 역동적인 방식으로서 발달의 과정을 앞서는데(Vygotsky, 1978), 이때 학습은 아동이 옛것을 반복할 때가 아니라 새로운 능력을 발달시키는 도전을 수용할 때 일어난다. 그러므로 학습의 필수적인 특성은 근접발달영역(ZPD, Zone of

Proximal Development)이다. Vygotsky(1978)의 정의에 따르면 근접발달영역이란 '아직 성숙되지 않았지만 현재 배아 상태로 있는 기능과 관계된 것' 으로, '독립적인 문제 해결에 의해 결정되는 실제적인 발달 수준과 성인의 안내나 유능한 또래와의 협력에 의한 문제 해결을 통해 결정되는 잠재적 발달 수준 간의 차이' 를 뜻한다(그림 2-6).

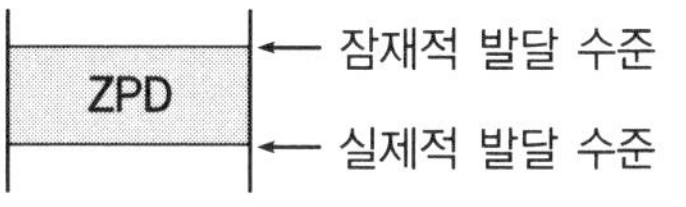

[그림 2-6] 근접발달영역(ZPD)

즉, 근접발달영역이란 아동은 혼자서는 할 수 없지만 어른이나 보다 유능한 또래의 도움을 받아 더 높은 발달 단계에 도달할 수 있는 잠재력의 영역을 의미한다. 이 영역에서 아동은 어른이나 보다 유능한 또래가 그들 문화에서 적절하다고 판단되는 도구(언어, 숫자 체계, 기억전략 등)를 제공하는 사회적 활동에 참여한 후에 그 활동으로부터 구성된 지식이나 기술을 점차적으로 내면화하게 된다. 각 사회 구성원들은 이러한 사회적 활동의 공동 참여를 통해 인지 경험을 공유하고 실습할 수 있게 되며, 이러한 공유된 활동을 통해서 현재의 사고 구조를 수정하여 보다 높은 사고 단계에 도달하게 된다. Vygotsky(1978)의 주장에 따르면, 모든 고차적 심리 기능은 현재 진행 중인 사회화 과정에서 발생한다는 것이다.

근접발달영역 개념은 최근 발달 · 인지심리학자들 사이에서뿐 아니라 과학교육에서도 관심이 높은 영역이다. 점차 많은 과학교육 연구자들이 학습을 근접발달영역 관점에서 보고 해석하고 있으나, 근접발달영역 개념은 일반적으로 진술될 뿐 방법론적인 지침을 제공하지는 못한다. 즉, Wertsch(1984)의 글에서 나타나듯이, 근접발달영역 내에서 지적 성숙인의 안내에 따라 공동으로 문제 해결을 하는 그 실체와 과정이 구체적으로 밝혀져 있지 않다. 이에, Vygotsky 후계자들은 근접발달영역을 구체적인 방식으로 정의하고 개념적으로 체계화하려는 노력을 기울였다.

Wertsch(1984)가 제안한 근접발달영역의 구성요소는 상황정의(situation definition), 상호주관성(intersubjectivity), 기호매개(semiotic mediation)이다. 상황정의란 과제가

놓여있는 상황 아래서 참여자가 그 상황 혹은 맥락을 표현하는 방식을 의미한다. 예를 들어, 어른과 아동이 협동 과제를 수행하는 상황이 있다고 가정해보자. 과제는 조각들을 조립하여 하나의 모형을 만드는 것이다. 이때, 아동과 어른이 그 과제를 해결하기 위해 정의하는 상황에는 차이가 있다. 아동은 모형을 염두에 두지 않은 채 조각들을 선택하고 쌓는다. 즉, 아동의 목표는 조각들을 맞추는 것에 있다. 보통 아동들은 이런 상황에서 모형을 전제하지 않고 물체를 조립하는 것을 목표로 하는 것이다. 이것은 아동의 상황정의가 어른과 다르다는 것을 말해준다. 이처럼 동일한 상황에서 각각의 상황정의가 다를 때, 지적으로 성숙한 어른이 아동에게 개입하여 과제의 목표와 목표에 맞는 행동을 다시 설정하도록 돕는다. 이때, 어른과 아동이 과제 상황에서 목표를 공유하게 되는데, 어른과 아동이 독자적으로 정의한 상황과는 차이가 있는 상황 재정의(situation redefinition), 즉 제3의 상황정의가 형성되는 것이다. 상황 재정의 과정에서 어른과 아동의 상호주관성이 나타난다. 아동과 어른이 상호작용을 통해서 협의를 통해 과제의 목표를 재설정하게 된다. 이때 상호작용은 언어, 기록(notations), 도구(tools) 등의 적절한 언어적 기호로 매개된다.

2.3.2. 스캐폴딩

Wood 외(1976)는 학생의 근접발달영역 내에서의 효과적인 교수학습을 위해 교사가 학생과의 상호작용 중 도움을 적절히 조절하며 제공하는 것을 나타내기 위해 '스캐폴딩(Scaffolding)' 이라는 은유를 사용하였다. 스캐폴드(scaffold)의 사전적 의미는 '건물을 지을 때에 높은 곳에서 딛고 일할 수 있도록 장나무나 널을 써서 걸쳐 놓은 시설' 이다. 스캐폴드는 작업자를 떠받쳐주고 활동범위를 넓혀주어 작업수행을 가능하게 한다. 건물을 다 지으면 스캐폴드(구조)는 사라지고 보이지 않지만 스캐폴딩하는 방법은 건축가에게 남아 다음 건물을 지을 때 효과적으로 적용된다. 학생의 지식구성과정에서 적절하고 효과적인 교사의 스캐폴딩도 이와 마찬가지이다.

이러한 스캐폴딩에 대해서는 다양한 정의와 해석이 공존한다(오필석, 2005). 스캐폴딩의 기호학은 복잡한 동시에 대화적 암시, 예변법(prolepsis), 전제적 발단

(presuppositional triggers) 같은 의사소통적 기제 및 몸짓, 휴지(pause) 등과 같은 다른 비언어적인 기제도 포함된다. 특히 예변법은 화자 입장에서 어떤 정보의 전제를 나타내는 의사소통적 행동이다. 전제는 화자가 의도하는 담화 내용을 해석하기 위해 청자가 어떤 가설을 세우는 데 중요한 역할을 한다. 그러므로 의사소통적 기제는 담화 상황에서 청자나 학습자가 문제 해결에 대한 서로의 다른 견해를 이해하기 위하여 상호작용하도록 격려하는 발화라고 할 수 있다. 이는 상호주관성과도 비슷한 개념으로 숙련자와 관점을 공유하도록 해준다고 할 수 있다.

스캐폴딩은 학생이 근접발달영역을 통해 나아가고자 할 때 교사가 학생에게 제공하는 일시적인 지원이기도 하다(Langer, 1984). 스캐폴딩 개념을 보다 적극적으로 반영한 대표적 수업 전략으로는 '예변법 수업'과 '안내된 참여'를 들 수 있다. '예변법 수업(proleptic instruction)'은 교사의 안내 하에 학습자가 참여하는 것으로(Rogoff & Gardner, 1984), 학습자는 한 걸음 앞선 사람이 문제를 해결하는 활동을 지켜보고 실제로 그 과제에 가담함으로써 문제 해결에 참여하게 된다. 즉, 예변법 수업은 '설명' 수업과 '시범' 수업 모두를 통합할 뿐 아니라 특히 학습자의 직접적인 수업활동 참여에 역점을 둔다(김억환, 1998).

한편 Rogoff(1990)는 아동의 인지적 성장을 자극하기에 효과적인 사회적 경험의 유형을 중재하는 것을 안내된 참여(guided participation)라 하였다. 안내된 참여는 학습자가 상호작용자와 함께 과제에 참여하는 의도적인 상황보다는 오히려 쌍을 이루어 함께 과제를 해결하는 동안 자연적으로 일어나는 사회적 과정을 의미한다. 따라서 안내된 참여는 보다 숙달된 타인이 아동의 활동에 언어적으로나 혹은 비언어적으로 참여하는 과정으로 사용되기 때문에 '도제정신(apprenticeship)'이라는 의미로 이해되기도 한다.

> 중재 과정은 일상적인 문제 해결 활동 내에서, 공유된 이해력을 포함하는 것으로 다음과 같은 역할을 한다. 첫째, 관련된 활동에 참여를 안내한다. 둘째, 이해력을 새로운 상황에 적용하도록 돕는다. 셋째, 문제 해결 시도를 구조화한다. 넷째, 문제 해결을 처리하기 위해 아동이 책임지는 것을 도와준다. 결과적으로 중재과정은 학생들에게 적절한 참여를 하도록 안내하는 것이다.

이상과 같이 스캐폴딩의 관점과 해석, 수업에의 적용 방식이 다양하지만, 궁극적으로 스캐폴딩이란 근접발달영역에서 학습자 활동을 자극하여 학습자가 외적 지식을 내면화하고 보다 독립적인 학습자가 되도록 하는 것이다. 교사는 학생들이 지닌 과학 지식을 이해하여 이를 바탕으로 학습 맥락을 잘 이해하고 통제하면서, 학생들이 할 수 있는 과제 완수에 대한 책임을 단계적으로 줄여가야 하는 것이다. 즉, 수업에서 교사는 스캐폴딩을 통해 점차 학습의 책임을 학습자에게 이양하여, 학습자는 보다 능동적이고 독립적으로 문제를 해결하는 주체가 되도록 하는 것이다. 그림 2-7의 스캐폴딩 모형은 이 과정을 가시적으로 나타내준다.

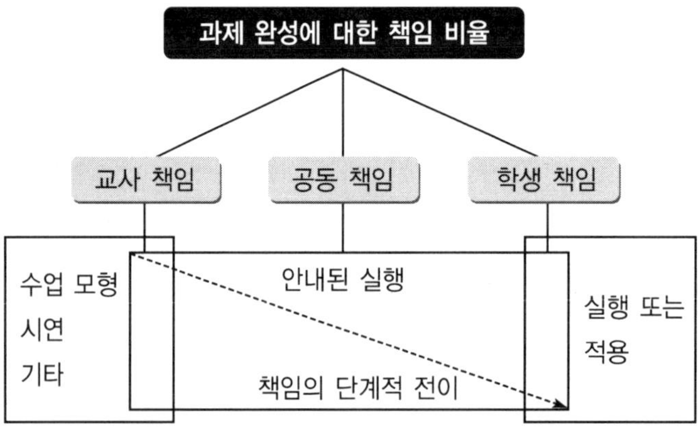

[그림 2-7] 스캐폴딩 모형(Cazden, 1988, p. 104; Fleer, 1992)

스캐폴딩은 코칭의 과정에서 과제 수행을 보조하기 위해 제공되는 것으로, 교사와 학습자가 공동으로 과제를 수행할 때 학습에 도움을 주는 디딤돌의 역할을 한다. 아울러 학습자가 학습한 지식과 기능을 통합적으로 활용할 수 있도록 모델링과 피드백을 통한 구체적인 도움을 제공한다. 스캐폴딩은 꼭 필요한 경우에만 제공하고, 과제 수행이 익숙해짐에 따라 점차적으로 감소시켜(fading) 더 이상 필요가 없는 경우 제공하지 않는다(조영남, 1998). 따라서 교수학습 과정 중에 교사가 해야 할 역할은 더욱 어려워지고 또한 중요해진다고 할 수 있다.

2.3.3. 사회적 상호작용과 언어적 중재

사회적 구성주의자인 Gergen은 지식을 얻는 방법이 개인의 경험이나 인지적 능력이 아닌 언어에서 시작하는 한편, 언어 의미의 정당성은 사회적 상호작용에 있다고 한다. 교실 수업 과정에서는 듣고, 질문하고, 자신이 이해한 바를 설명하는 등으로 대화가 활발하게 일어나고 대화의 폭이 넓혀질 때, 개인 간 의미 이해의 구성적 과정이 이루어진다. 특히 사회문화적 이론으로부터 교수학습은 '대화적인 것' 으로 개념화된다.

이렇게 교수학습을 '대화' 로 개념화하면, 지식이란 교사와 학생이 함께 활동에 참여함으로써 공동으로 구성하는 것을 의미하며, 일방적으로 전달하기보다는 협상하는 것으로 이해된다. 이 개념에 따르면, 교육의 일차적 목표는 문화적 자원을 도구로 사용하여 개인적이고 사회적 중요성을 갖는 탐구에 참여하게 함으로써 지식의 이해를 성장시키는 데 있다(Engeström, 1991). 교수학습의 실제를 '대화' 로 개념화하고 해석하는 관점은 지식을 공동 구성하는 탐구공동체의 창출과 지원을 요구한다. 즉, 대화적 탐구란 교사가 학생의 근접발달영역 부분을 스캐폴딩하고 지속적으로 지원함으로써 학생들이 학습 주제를 더 잘 이해하고 공유하는 수단인 점진적(progressive) 담화 장르에 참여하는 것을 의미한다.

대화 참여(dialogicality)가 함의하는 것은 말로 하는 의사소통이나 글로 쓰인 의사소통 모두 말하는 사람으로부터 그 말을 받는 사람으로의 일방적 정보 전달일 수 없다는 것이다(김억환, 1996). '이해' 란 하나의 대화인데 "우리가 이해하고 있는 말 한마디 한마디에 대해 우리는 대답할 말들을 준비해 놓는다."(Wertsch, 1991, p. 73) 이러한 시각에서 볼 때, 수업 시간에 이루어지는 대화는 스캐폴딩의 중요한 특징이 된다(Fleer, 1992). 학생과 교사 간 대화는 이해를 협상하는 과정이기 때문이다. 따라서 보다 많은 학생들을 대화에 참여시키는 것은 종종 스캐폴딩의 중요한 조건으로 간주된다(Palinscar, 1996). 그럼에도 불구하고 교실 대화에 관한 연구에 따르면, 교사의 역할은 협상적이기보다 주도적이기 때문에, 학생 참여는 교사에 의해 결정된 형태로 나타난다는 사실은 중요한 교육적 논제를 제기한다.

전통적 방식의 학교 교육은 교사를 통한 사회적 교환만을 허용한다. 이에 대하여 우리는 구조화된 언어적 교환의 차원을 넘어, 교사와 학생, 학생과 학생이 서로 대화할 것을 강조한 Vygotsky(1978)로부터 대화 스캐폴딩에서 그 해법을 찾고자 한다. 대화 스캐폴딩은 여러 가지 면에서 전통적인 교실 대화와 다르다. 첫째, 대화 스캐폴딩은 교실 대화를 위한 것이다. 둘째, 학생들로 하여금 대화를 시작하는 법을 배우도록 허용한다. 더욱이 대화 스캐폴딩은 학생들을 대화 속으로 끌어들임으로써 학생의 기여를 지원한다.

스캐폴딩으로서의 대화(dialogue)는 두 가지 기능을 할 수 있다. 첫째, 정신적 과정을 나타내는 인지적 도구로서의 역할을 한다. 언어는 중재 도구이기 때문에 공유지식(co-knowledge)의 구성을 관찰해야 한다고 주장한다. 둘째로 대화는 학습 기회가 된다. 공유지식의 구성은 제3의 공간(third space)(Bhabha, 1994)에서 이루어지는 대화 참여자들 간 의미의 협상을 의미한다. 그림 2-8은 청자와 화자가 의미 있는 방식으로 대화를 진행하면서 공유 지식을 생성하고 창출하는 공간인 제3의 공간을 도식화한 것이다. 과학 교실 수업에서 한 발언에 대한 교사의 의미나 학생의 의미는 정확한 의미가 아니지만, 학습은 의미의 상호성 혹은 혼성적 의미(hybrid meaning)가 구성될 때 의미의 협상을 포함한다. 즉, 언어가 제3의 공간을 통과하여 돌아다니기 때문에 화자나 청자의 언어와 이해 상태는 어느 쪽도 우월권을 갖지 못한다. 제3의 공간 내에서 다양한 장르의 담화(multiple discourses)는 화자의 경험과 세계관의 중요성을 해치지 않고 협상될 수 있다. 수업에서 교사의 시나리오와 학생의 발언이 의미 있는 방식으로 협상된다면 학습의 풍부한 영역, 즉 제3의 공간을 형성할 수 있다(Gutierrez et al., 1999).

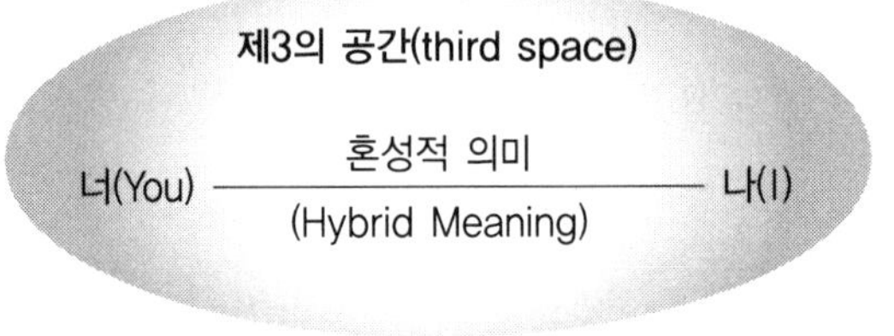

[그림 2-8] 제3의 공간 (유은정 외, 2008)

3 비형식 과학학습 환경의 특성

3.1 전시의 특성과 비형식 과학학습

3.2 전시요소와 관람객의 관람행동

3.3 비형식 교육기관에서의 교육 프로그램과 과학 학습

3.1 전시의 특성과 비형식 과학학습

3.1.1. 전시특성연구의 이해

박물관이나 과학관에서의 전시가 가진 특성은 연구자들이 매우 오랫동안 관심을 가져온 연구 주제이다. 박물관 전시물 개발자, 박물관 관장, 박물관 연구자들은 관람객의 관심을 끌어 교육적 효과를 주기 위한 전시의 특성을 찾아내는 연구들을 수행해왔다. 특히 최근에는 이를 교육적인 시각에서 찾아보려는 시도 또한 생겨나고 있다. 이들의 연구에 의해 수많은 전시특성들이 제시되었다. 대표적인 전시특성들은 '전시물의 다면성(multisided)' '전시물의 접근성(accessible)' '다매체 사용을 통한 기술적 흥미(technological novelty)' '열린 전시(open-endedness)' '다형적인 설명문 제시(multimodal)' '적절한 설명문 제시(relevant)'로 나뉜다. 아울러 교육적인 측면을 강조한 Hein(1995)의 4대 분류도 함께 다루고자 한다.

1. Borun과 Dritsas(1997)의 연구에 의한 분류

(1) 전시물의 다면성(multisided)

다면성이란, 전시물을 놓고 여러 사람이 둘러서서 같이 이야기를 나눌 수 있는 것을 말한다. 일반적인 평면 전시물과 달리, 삼차원의 다면적 전시물은 관람객들 사이의 토의나 대화를 이끌어내고 전시물에 대한 관심과 흥미를 증가시킬 소지가 더 많이 있다.

(2) 전시물의 접근성(accessible)

접근성은 성인과 아동 모두가 전시물을 둘러볼 수 있게끔 배려된 것을 말한다. 즉, 전시물이 너무 높이 제시되어 작은 키의 아이들이 바라보기 힘들다면, 접근성이 떨어진다고 할 수 있다.

(3) 다형적 전시(multimodal)

다형적 전시란 다양한 학습 형태와 지식을 가진 여러 집단의 관람객 모두에게 호소력을 지니는 것을 특징으로 한다. 즉 하나의 설명문만 제시하는 것이 아니라 그 외 다른 보조 전시를 한다든가 보조 설명문, 그림과 그래픽 등을 이용한 것으로 정의한다.

(4) 적절한 전시(relevant)

적절한 전시란 관람객의 기존 지식과 경험을 충분히 살린 전시로 실제 생활의 예를 함께 보여주어서 이해를 돕는 경우가 이에 해당된다.

2. Sandifer(2003)의 연구에 의한 분류

(1) 열린 전시(open-endedness)

열린 전시란 다양한 관람객의 목적에 부합하게 전시하는 것을 말하며, 전시물을 보았을 때 다양한 해석과 경험의 여지가 있는 것을 의미한다. 광물 하나를 제시하고 그에 대한 간략한 특성을 제시한 경우 관람객에 따라 다양하게 이해하고 경험했다고 보기는 어려울 것이다.

(2) 기술적 흥미(technological novelty)

기술적인 흥미란 전시물에 대한 설명을 말과 설명문으로만 제시하는 데서 그치지 않고 시청각자료, 컴퓨터 등을 이용해서 관람객의 이해를 돕는다는 것이다. 덧붙여 이러한 요소는 전시물의 관심도를 높이는 데 많은 기여를 한다.

3. Hein(1995)의 연구에 의한 분류

과학 학습에서 지식의 생성과정에 대한 이론은 박물관의 전시특성에도 적용된다. 교육에 대한 다양한 이론적 입장의 차이는 박물관의 전시특성을 다음의 네 가지 형태로 나누어볼 수 있다(Hein, 1995).

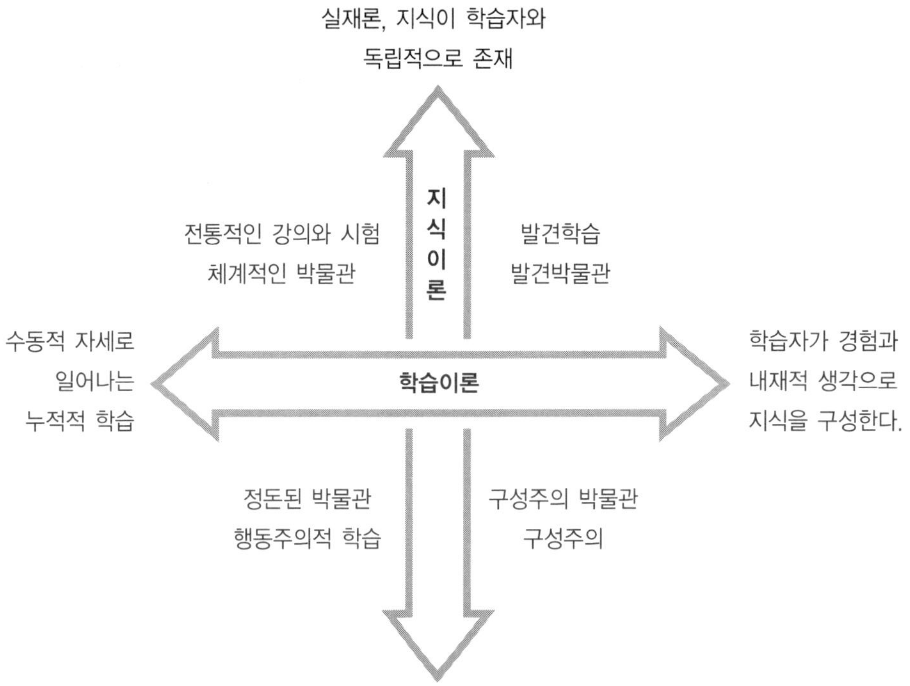

[그림 3-1] 박물관 교육이론의 네 가지 입장(Hein, 1998)

(1) 체계적 박물관(systematic museum)

체계적 박물관은 전통적 강의와 교재 위주의 학습적 접근을 강조하는 것으로, 광물을 제시할 때, 간단한 분류상의 구조에 대한 간략한 설명문이 함께 제시되는 경우를 예로 들 수 있다.

(2) 행동주의적 박물관(orderly museum)

행동주의적 박물관은 지식이 구성되는 것으로, 학습을 수동적이고 점진적인 것으로 이해한다. 간단한 예로 광물을 제시하며 그 광물이 발견되고 분류되는 과정을 일목요연하게 제시하는 경우가 이에 해당된다.

(3) 자기발견적 박물관(discovery museum)

자기발견적 박물관은 지식이 관람자와 무관하게 독립적으로 존재한다고 믿고 학습은 능동적으로 이루어진다는 입장이다. 예를 들면, 광물을 제시할 때, 일상생활에서 광물이 포함된 물건을 제시하고, 특성과 쓰임을 설명하는 경우가 이에 해당된다.

(4) 구성주의 박물관(constructivist museum)

구성주의 박물관은 지식이 구성되는 것이고 이러한 지식을 학습하는 방법 역시 관람객의 생각과 경험을 바탕으로 한 것이어야 한다고 가정한다. 예로, 고대의 곤충이 살았던 당시의 생태환경을 설명문이 아닌 실제에 가까운 모형이나 디오라마로 재현하는 경우이다. 이는 그 곤충 하나를 독립적으로 제시하지 않음으로써 환경이나, 다른 종들과의 관계까지 이해할 수 있는 기회를 제공한다.

3.1.2. 전시특성연구의 사례

다음의 사례연구는 다음과 같은 분석틀을 이용하여 국내 자연사박물관을 분석한 것이다.

① 다면성 : 평면적이다. / 다면적이다.
② 접근성 : 어른의 눈높이에 맞추었다. / 어른과 아이 모두 관람에 불편이 없다.
③ 열린 전시 : 전시물의 설명이 일방적이다. / 전시물에 대한 다양한 해석이 가능하다.
④ 기술적 흥미 : 다중매체를 사용하지 않았다. / 다중매체를 사용하였다.
⑤ 다형성 : 설명문만 제시하였다. / 다른 전시형태가 하나의 전시물에 같이 사용되었다.
⑥ 적절성 : 전시물과 그 설명이 학문적이어서 일반인의 이해가 어렵다. / 전시물의 이해를 돕기 위해 일상의 예를 함께 제시하였다.
⑦ Hein의 분류 : 체계적 / 행동주의적 / 자기발견적 / 구성주의적

위의 분석틀에 의한 분석 내용을 보다 명확히 하기 위해 몇 가지 예시를 우리나라 국립중앙과학관의 상설 전시관을 대상으로 제시하면 다음과 같다.

그림 3-2는 고생대에 관한 전시물이다. 어린아이도 쉽게 화석을 관찰할 수 있게 전시높이를 충분히 고려하였기 때문에 접근성이 높다. 또한 단순한 화석의 전시로 그친 것이 아니라 그 화석과 관련한 고생대의 환경을 디오라마로 생생하게 재현함으로써 다형

적인 전시와 구성주의적 박물관의 형태를 잘 보여주고 있다. 비록 진열된 화석에 대한 지식이 없는 관람객이라도 당시의 자연환경이 어떠한 모습으로 존재하였는지를 쉽게 떠올릴 수 있을 것이다. 그러나 관람객들에게 이 전시는 화석을 보다 구체적으로 묘사한 것에 불과하기에 열린 전시라고는 볼 수 없을 것이다.

[그림 3-2] 고생대의 전시

그림 3-3은 암석과 지층에 관련된 전시물이다. 이 두 전시물은 동일한 전시물이라도 전시특성에 따라 교육적 효과가 어떻게 달라지는가를 잘 나타내 주고 있다. 만약 암석에 대한 자료를 필요로 하여 방문한 학생이라면, 좌측의 전시물은 그 학생의 과제를 위해 체계적으로 암석을 분류하도록 도와줄 것이며, 과제의 해결에 필요한 시간을 절약해 줄 것이다. 동일한 관점에서 볼 때 우측의 전시물은 오히려 학생의 과제를 해결하는 면에는 큰 도움을 주지 못할 것이다. 어쩌면 그러한 목적으로 방문한 학생은 이 전시물을 흘끔 보고 지나쳐 버릴지도 모른다. 하지만 학습을 능동적인 것으로 보는 입장에서 본

[그림 3-3] 암석과 지층구조의 전시

다면, 이 전시물은 학생들로 하여금 자신이 밟고 있는 땅이 어떤 모습인가를 상상하게 만들며, 각각의 암석들이 모여 어떻게 지층을 이루는가에 대해서 기존의 지식과 경험을 이용하게 만들 것이다. 이러한 면에서 좌측의 전시물은 체계적인 박물관의 형태를 보여주며, 우측의 전시물은 자기발견적 박물관의 형태를 보여준다.

그림 3-4는 공룡화석에 관한 전시물이다. 이 전시물은 다형적 전시를 잘 보여주는 전시물 중의 하나이다. 공룡의 화석이라는 전시물을 설명하기 위해 영상물을 비롯한 여러 가지 다양한 설명방법을 제시하고 있다. 즉, 전시물 앞에서 이 공룡에 대한 간략한 설명문을 제시하고 있고, 컴퓨터 화면을 통하여 전시물에 관련된 보다 자세한 내용을 영상으로 설명하고 있다. 뿐만 아니라 좌측의 전시물에서 볼 수 있듯이 공룡의 계통표도 제시되어 있다. 이와 같은 전시물은 다양한 전시방법을 통해 관람객의 이해력을 증가시킬 수 있다.

[그림 3-4] 공룡의 계통도와 공룡 모형의 전시

그림 3-5는 국립중앙과학관의 조류와 어류에 관련된 전시물이다. 이 두 전시물은 하나의 주제 아래 여러 전시물을 나열하였다는 점에서 비슷해 보이지만, 과학교육적 견해로 본다면 차이점이 나타나고 있다. 좌측의 조류의 전시물에서는 여러 전시물을 체계적으로 나열한 형태에 불과하다. 그러나 우측의 어류에 관한 전시물들은 전시물의 나열만으로 그치는 것이 아니라 생존환경을 구체적이고 입체적으로 제시하고 있다. 즉, 좌측의 전시물은 체계적인 박물관의 형태를 나타내고 있고, 우측의 전시물은 구성주의 박물관의 형태를 나타내고 있다.

[그림 3-5] 조류와 어류의 전시

그림 3-6은 보석과 보석의 가공에 관한 전시물이다. 좌측의 전시물에서는 각 광물이 실생활에서 어떠한 의미로 사용되는지에 따라 분류하여 나열하였고, 우측의 전시물에서는 보석이 어떠한 방법으로 가공되는지에 대하여 설명하고 이러한 과정에 필요한 기구를 함께 제시하였다. 이러한 의미로 볼 때, 좌측의 전시물은 체계적인 박물관의 형태를 보여주며, 우측의 전시물은 행동주의적 박물관의 형태를 보여주고 있다.

[그림 3-6] 광물과 보석의 전시

그림 3-7은 화석에 대한 전시물들이다. 다수의 전시물을 큰 연관성 없이 동일 시대라는 주제 하나만으로 모아놓은 형태이다. 또한 한쪽 벽면을 이용하여 진열하는 방법이기에 다면성이 부족하다고 할 수 있다. 이러한 전시는 과학교육적인 분류에 의하면 대표적인 체계적 박물관의 형태가 될 것이다. 하지만 전시 특징에 대한 논의를 떠나서, 전시물 앞에 설치해 놓은 간이 책상은 나름대로의 과제를 해결하기 위해서 전시물들에 대한 정보를 기재해야만 하는 학생들에게 싱딩히 유용하게 이용될 수 있다. 이러한 세

세한 부분들은 박물관이 관람객을 위해 많은 배려를 한 것을 보여주는 좋은 예가 될 것이다.

[그림 3-7] 화석의 전시

그림 3-8은 암석에 관련된 전시물이다. 전시물의 좌측 부분은 기술적인 효과를 통하여 관람객이 지구의 변동과 연관하여 각각의 화성암이 어떠한 지역에서 만들어지는지 알아볼 수 있게 하였다. 전시물의 우측 부분은 이와 같은 암석들이 실생활에서 어떻게 쓰이는가에 대해서 부가적인 설명을 하고 있다. 따라서 이 전시물은 접근성, 기술적 흥미, 다형적 전시, 적절성에서 높은 점수를 받을 수 있을 것이다.

[그림 3-8] 암석의 전시

그림 3-9는 석유 생산 모형과 물의 순환 모형에 관한 전시물이다. 이러한 전시물 형태는 관람객의 흥미를 유발시키는 형태 중의 하나이다. 파노라마를 이용하여 연속적인 주제를 관련성 깊게 전경으로 펼쳐서 표현하였고 관람객에게 넓은 시야의 실제 경관을 보는 듯한 느낌을 준다. 또한 기술적인 효과를 이용하여 그 과정이 어떠한 모습으로 진

행되는지를 효과적으로 보여준다. 이러한 생생한 과정을 통하여 관람객은 관련된 지식을 쉽게 구성해나갈 수 있다. 따라서 이러한 전시는 다형적 전시, 적절한 전시에 대해 높은 점수를 받을 수 있으며, 과학교육적인 분류로는 구성주의 박물관의 형태를 나타내고 있다.

[그림 3-9] 전경(파노라마)을 통한 전시

그림 3-10은 곤충의 분류에 대한 전시물이다. 그림에서 보이듯이, 여러 곤충의 표본과 이를 위한 설명 및 도식들이 이용되어, 곤충의 분류에 대한 개념을 말하고 있다. 그러므로 다형적 전시라고 할 수 있다. 그러나 전문적인 설명의 나열로 이루어진 흔치 않은 표본들의 전시는 실생활과 연관된 적절한 전시로 볼 수 없다. 과학교육적인 분류로는 체계적 박물관의 형태를 나타낸다.

[그림 3-10] 곤충 분류 전시

그림 3-11은 해양 생태에 관련된 전시물이다. 이 두 전시물은 비슷한 주제를 가지고 있지만 전시 형태에 있어서 큰 차이를 보이고 있다. 좌측의 전시물은 표본의 전시와 간

략한 설명만을 제시한 기존의 전통적인 체계적 박물관의 대표적인 형태이고, 우측의 전시물은 생존환경을 구체적이고 입체적으로 제시함으로써 해양 생태에 대하여 관람하는 사람의 경험, 이해, 등에 따라 다양한 이해를 허용한다는 점에서 구성주의 박물관의 대표적인 형태이다.

[그림 3-11] 서대문 자연사박물관의 전시: 디오라마 전시

3.1.3. 전시물의 물리적 특성 분석: 표현 방식, 매체, 기술, 설명, 활동유형 영역

자연사 표본을 수집해서 전시하는 것은 방문객들이 생각하는 것보다 훨씬 복잡하고 역동적인 활동이라고 볼 수 있다(Asma, 2001). 전시물의 물리적 특성과 관련하여 다양한 전시요소가 고려될 수 있다(표 3-1). 첫 번째는 전시의 표현 방식이다. 물론 매우 다양한 표현 방식이 있으나 전시 규모와 전개의 순서에 따라 표본이나 모조품, 또는 실물에 가까운 재현물 등이 포함된 대상물과 개별 표본이 아닌 사건과 상황을 함께 제시하여 이야기화한 사건, 그리고 보다 포괄적인 시스템으로 구분하였다. 두 번째 전시와 관련된 항목은 전시매체이다. 이는 전시내용을 어떤 방식으로 전달하는가를 일컫는 것으로 자연물로부터 패널이나 동영상까지 다양하다. 전시의 특성상 전시매체는 두 개 이상의 전시매체가 동시에 사용되는 전시물도 고려할 수 있을 것이다. 세 번째는 전시기술이다. 전시기법이라고도 하는데 흔히 오래된 박물관의 전시형태에서 나타나는 전통적 기술과 보다 첨단의 기술이 사용된 첨단기법으로 크게 나누었다. 첨단기법의 예로는 최첨단 장비를 원격으로 조정하여 실시간으로 천문 관측을 가능하게 한다거나 과학자들

로부터 자료를 받아 처리되는 과정을 경험한다거나, 시뮬레이션 등이 있다. 즉, 최신의 과학기술을 박물관전시에 도입하여 자연사 혹은 현대 과학연구의 방법을 경험하게 하는 것이다(Rosner, 2005).

〈표 3-1〉 전시 표현 방식, 전시매체, 전시기술의 분석틀

영역	전시 표현 방식	전시매체		전시기술
세부범주	① 대상물 ② 사건 ③ 시스템	① 자연물 ③ 디오라마 ⑤ 패널	② 인공조형물 ④ 동영상 ⑥ 기타	① 전통적 기술 ② 첨단기법

네 번째로 전시설명을 들 수 있다(표 3-2). 전시설명이란 전시물의 내용을 효과적으로 전달하기 위해 전시물과 함께 제시된 설명보조 자료를 뜻한다. 그 대표적인 형태는 텍스트로부터 컴퓨터 소프트웨어까지 여섯 가지로 구분된다. 마지막 다섯 번째로 기존의 자연사 전시가 관람객에게 수동적으로 전시물을 보는 양태에서 벗어나 직접 만져보고 자연사 연구의 과정을 직, 간접적으로 체험할 수 있는 기회를 제공하는 형태로 나아가고 있음을 고려하여 전시물이 수반되어 제시하는 활동의 유형을 제시할 수 있다.

〈표 3-2〉 전시설명과 활동유형 분석틀

영역	전시설명	활동유형	
세부범주	① 텍스트 ② 그림 ③ 오디오 ④ 비디오 ⑤ 컴퓨터 소프트웨어 ⑥ 기타	① 고정전시 ③ 생물관찰 ⑤ 필름 ⑦ 전시물 작동버튼 ⑨ 컴퓨터 ⑪ 현미경,망원경 이용	② 스스로 작동하는 전시 ④ 시범실험 ⑥ 기타 ⑧ 전시물 조정버튼 ⑩ 관람자 신체이용, 탐구 활동 ⑫ 기타

3.2 전시요소와 관람객의 관람행동

3.2.1. 전시요소 분석

김찬종 외(2006)에 따르면 표본 자체가 매력적이고 아주 세세한 역사를 담고 있다 하더라도, 이러한 부분들이 제대로 표현되지 못한 채, 박물관에 보관되는 경우가 많으며, 어떻게 전시하고 표현하는가에 따라 동일한 전시물이 관람객에게 다르게 전달될 수 있다. 특히 전시물이 교육적인 의도를 내포한다면, 다양한 방식으로 표본이나 전시물에 숨어 있는 역사와 이야기를 충분히 잘 전달할 수 있어야 하기 때문이다. 즉 전시요소는 관람객의 행동과 상당한 연관성을 가질 수 있는 것으로 이해된다. 관람객의 행동에 영향을 미치는 전시요소를 분석하기 위한 틀은 앞서 언급한 특성을 종합하여 표 3-3과 같이 정리될 수 있다.

〈표 3-3〉 전시요소 분석틀

영역		세부항목
전시매체		① 자연물 ② 인공조형물 ③ 디오라마 ④ 동영상 ⑤ 패널 ⑥ 기타
전시설명		① 텍스트 ② 그림 ③ 오디오 ④ 비디오 ⑤ 컴퓨터 소프트웨어 ⑥ 기타
활동유형	수동적	① 고정전시 ② 스스로 작동하는 전시 ③ 생물 관찰 ④ 시범실험 ⑤ 필름 ⑥ 기타
	능동적	⑦ 전시물 작동 ⑧ 전시물 조정 ⑨ 컴퓨터 활용 ⑩ 관람자 신체 이용 ⑪ 돋보기 등의 도구 사용 ⑫ 기타
관람행동		① 보기 ② 쓰기 ③ 말하기 ④ 작동 ⑤ 사진찍기 ⑥ 읽기 ⑦ 설명하기 ⑧ PDA듣기

전시매체는 전시내용을 어떤 방식으로 전달하는가를 일컫는 것으로 자연물에서부터 패널이나 동영상까지 다양하다. 전시의 특성상 두 개 이상의 전시매체가 동시에 사용되는 전시물도 고려할 수 있을 것이다. 또한 전시설명이란 전시물의 내용을 효과적으로 전달하기 위해 설명보조 자료가 같이 전시된 것을 말한다. 그 대표적인 형태로는 텍스트에서부터 컴퓨터 소프트웨어까지 여섯 가지로 선정하였다. 활동유형에 있어서는 관람객이 수동적으로 전시물을 보기만 하는 양태에서부터 직접 만져보고 직 · 간접적으로 자연사 연구의 과정을 체험할 수 있는 기회를 제공하는 형태의 능동적인 유형까지 제시하였다. 마지막으로 전시물을 관람하는 데 있어 나타날 수 있는 관람객의 관람행동을 ① 보기, ② 쓰기, ③ 말하기, ④ 작동, ⑤ 사진찍기, ⑥ 읽기, ⑦ 설명하기, ⑧ PDA듣기로 구분할 수 있다.

3.2.2. 관람빈도 분석예시

다양한 전시요소에 따른 관람객의 관람행동을 분석하기 위해 일반적으로 관람빈도를 우선 연구자료로 수집하는 경우가 많다. 관람빈도 분석의 예시를 국립중앙과학관에서의 연구 예시를 통해 알아보도록 한다. 먼저 각각의 전시실에서 1시간 동안의 관람객 행동을 분석해보면 다음과 같다(표 3-4). 이때 유의미한 관람행동의 기준은 관람객이 전시물 앞에서 5초 이상 머문 경우를 의미한다.

한국의 지질(2A) 전시실은 총 263명의 관람객이 지나갔으며 이 중 69명(26.2 %)이 유의미한 관람행동을 하였고, 지구과학(4A) 전시실은 총 430명의 관람객이 지나갔으며 이 중 75명(17.4 %)이 유의미한 관람행동을 한 것으로 볼 수 있다.

〈표 3-4〉 한국의 지질(2A) 전시실과 지구과학(4A) 전시실의 전시물별 관람 빈도

전시코드	관람객 수(n=263*)	관람빈도(%)	전시코드	관람객 수(n=263*)	관람빈도(%)
2A-1	56	21.3	2A-5	46	17.5
2A-2	46	17.5	2A-6	21	8.0
2A-3	47	17.9	2A-7	29	11.0
2A-4	51	19.4	2A-8	36	13.7

전시코드	관람객 수(n=430*)	관람빈도(%)	전시코드	관람객 수(n=430*)	관람빈도(%)
4A-1	46	10.7	4A-4	5	1.2
4A-2	2	0.5	4A-5	7	1.6
4A-3	13	3.0	4A-6	23	5.3

*은 해당 전시실을 지나간 총 관람객 수

〈표 3-5〉 전시실별 주요 관람행동 최빈조합

전시실	최빈조합	유의미한 관람행동을 보인 관람객 수	%
2A(n=263)*	2A-1,2,3,4,5,6,7,8	17	6.46
	2A-1,2,3,4,5	17	6.46
	2A-1,8	6	2.28
4A(n=430)	4A-1	35	8.14
	4A-6	13	3.02
	4A-1,6	8	1.86

*은 해당 전시실을 지나간 총 관람객의 수

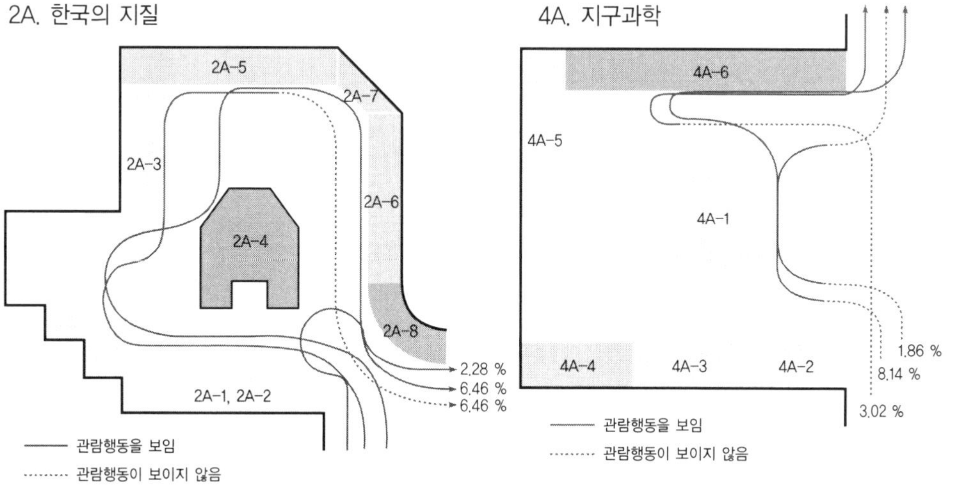

[그림 3-12] 전시실의 관람행동 주요 유형

3.2.3. 관람행동 분석

앞서 언급한 바와 같이 관람객의 관람행동을 ① 보기, ② 쓰기, ③ 말하기, ④ 작동, ⑤ 사진찍기, ⑥ 읽기, ⑦ 설명하기, ⑧ PDA 듣기로 구분하여 조사한 예는 표 3-6과 같다.

전시물별 평균관람시간을 조사한 결과 한국의 지질(2A) 전시실에서는 지진의 세기(2A-7) 전시물에서 34.2초로 가장 긴 관람시간을 보였으며 한반도 생성과정(2A-1)이 24.9초, 한국의 화석(2A-2)이 24.0초로 나타났다(그림 3-12). 지구과학(4A) 전시실에서는 태양, 지구, 달의 운동(4A-1) 전시물에서 49.3초로 가장 긴 관람시간을 보였으며 대기(4A-6) 전시물이 21.2초로 나타났음을 알 수 있다.

〈표 3-6〉 전시물별 관람행동 분석의 예

전시실	전시 코드	관람행동 빈도(%)								평균 관람시간
		① 보기	② 쓰기	③ 말하기	④ 작동	⑤ 사진 찍기	⑥ 읽기	⑦ 설명 하기	⑧ PDA 듣기	
2A (*n*=69)*	2A-1	81.2	0	63.8	0	0	0	0	0	24.9
	2A-2	72.5	0	55.1	0	0	0	0	0	24.0
	2A-3	68.1	0	43.5	11.6	0	0	0	0	20.7
	2A-4	73.9	0	59.4	31.9	0	0	0	0	20.0
	2A-5	66.7	0	39.1	0	0	0	0	0	14.1
	2A-6	30.4	0	23.2	0	0	0	0	0	11.3
	2A-7	42	0	31.9	0	0	0	0	0	34.2
	2A-8	52.2	0	33.3	0	0	0	0	0	12.5
4A (*n*=75)	4A-1	61.3	0	41.3	38.7	10.7	0	32	0	49.3
	4A-2	1.33	0	0	1.33	0	0	0	0	0.3
	4A-3	10.7	0	6.67	16	0	5.33	0	0	6.3
	4A-4	1.33	0	5.33	6.67	0	5.33	0	0	0.8
	4A-5	9.33	0	0	8	0	0	0	0	1.5
	4A-6	24	0	5.33	18.7	0	0	10.7	0	21.2

*은 전시실을 방문한 관람객 중 관람행동을 보인 관람객의 총 인원을 뜻한다.

전시요소와 관람객 행동을 연관지어 정리해보면 다음과 같다. 과학관의 지구과학(4A) 전시실에서 나타나는 전시매체는 주로 패널(64.3 %)에 의존하여 전시되고 있었으며 부가적으로 자연물과 인공조형물(35.7 %)이 함께 이용되어 전시되고 있었다. 전시설명에 있어서는 대체적으로 텍스트(92.9 %)와 그림(71.4 %)을 사용하여 설명하고 있으며 오디오(35.7 %), 비디오(28.6 %), 컴퓨터 소프트웨어(7.1 %)가 부분적으로 이용되었다.

관람객 관람행동 분석결과 관람객들은 한국의 지질 전시실의 광물(2A-4) 전시물과 태양, 지구, 달의 운동에서 보다 다양한 관람행동을 보여주었다. 또한 관람시간 분석결과 지진의 세기(2A-7)와 태양, 지구, 달의 운동(4A-1)에서 보다 많은 시간 동안 관람하는 것으로 나타났다.

전시요소가 반영된 전시물들을 관람행동 분석결과와 비교한 결과 전시설명이 4가지로 제시되어 보다 다양한 방법으로 설명된 지진의 세기와 분포(2A-7), 전시물과 설명방법이 5가지로 제시된 대기(4A-6) 전시물은 관람평균시간이 각각 34.2초, 21.2초로 평균 이상의 관람시간이 나타났다. 이는 전시에 있어 보다 다양한 방법을 통한 전시가 관람객의 관람시간을 증가시키고 있음을 보여준다.

그러나 이러한 결과와 더불어 연구결과를 일반화하는 데 몇 가지 문제점이 있다. 첫 번째로 관람객의 행동분석이 관람객의 학습활동에 대한 구체적인 분석이 아닌 행동관찰을 통한 표면적인 조사이며, 관람동선을 비롯하여 제한된 행동만을 분석하였기에 전시요소와의 관계에 대한 정확한 분석을 하는 데 어려움이 있다. 두 번째로 조사당시 과학관에 450여 명의 학생 단체 관람객이 있었고 이들이 관람객 행동분석에 포함되었기에 과학관의 관람객 행동을 일반화하는 데 어려움이 있다.

3.3 비형식 교육기관에서의 교육 프로그램과 과학 학습

20세기 말에 이르러 박물관이나 과학관은 관람객이 전시물에 흥미를 갖고 지식을 습득할 수 있도록 효과적인 전시에 노력을 기울일 뿐만 아니라 강의, 학생들을 대상으로 한 특별 프로그램 및 일반/특정인을 대상으로 한 아웃리치(outreach) 프로그램 등을 운영하기 시작했다(Melber & Abraham, 2002). 이러한 교육적 목표나 프로그램의 형태는 현재에도 여전히 존재하고 있지만, 박물관이 갖는 고유의 특성을 살려 관람객의 경험을 넓히고 활동을 촉진하기 위해서는 뚜렷하고 세부적인 교육 목표를 세우고, 그 교육 목표에 따른 구체적인 프로그램의 내용 개발과 수행이 중요하다고 할 수 있다.

박물관에서 교육 프로그램의 활성화에 대한 관심은 그 교육적 잠재성 때문이다. McLeod와 Kilpatrick(2001)의 주장에 따르면, 박물관에서의 학습은 일반 대중 및 학생들이 과학에 더 큰 흥미를 갖게 되는 기회가 된다. 박물관의 방문은 무언가를 배우기 위한 목표를 갖고 이루어지고 때문에 학습 동기가 자발적이어서 방문자의 요구와 흥미를 충분히 이끌어낼 수 있다(Rennie et al., 2003). 또한 박물관과 같은 비형식 과학교육은 학교 교육이 그 물리적 환경과 통제적인 분위기로 인하여 자연스럽게 실제 문제 상황을 유도하기에 충분하지 않은 점을 보완할 수 있는 큰 장점을 갖는다. 박물관에서 제공하는 풍부한 프로그램은 학교 교육과정과의 연계를 통해 과학, 수학, 역사, 예술, 사회 등의 다양한 교과에서 탐구 지향적으로 개념을 탐색할 수 있는 기회를 제공할 수 있다. 따라서 박물관은 일반 대중, 학생, 그리고 학령기 이전의 아동들을 대상으로 적절한 교육 프로그램을 제공하여 교육적 잠재력을 충분히 발휘하고 그 기능을 최대화할 필요가 있다.

1990년대 박물관 환경에서 교육 및 학습과 관련된 다양한 논제를 탐구하고자 하는 학문적 요구와 관심이 증가하기 시작했다. 미국박물관협회(AAM, American Association of Museums, 1984)는 출판물인 《*Museums for a New Century*》에서, “박물관 공동체는 박물관이 인간 경험의 질적 향상에 기여할 수 있는 중요성에 대해 적절하게 서술한 적이 없다."(p. 29)고 하면서 이 점을 특히 지적했다. 그동안 국내의 여러 연구자들이 박물관 환경에서의 교육의 중요성을 인식하고 외국 박물관의 소개와 전시 및 프로그램에 관한 연구를 일부 수행해왔다(예를 들어, 교육철학연구회에서 1997년, 1999년 두 해에 걸쳐 박물관과 교육, 문화개방과 문화교육이란 주제로 학교 외 교육기관의 교육적 기능에 대해 집중적으로 조명한 바 있다).

오랜 역사를 갖고 발전해 온 선진국의 박물관이나 과학관이 다양한 프로그램을 제공하고 있으나, 우리나라 박물관은 대학 내 연구중심으로 이루어진 것이 대부분으로 물적, 인적 자원에서 규모가 작을 뿐만 아니라 학생 대상의 과학 탐구 활동 및 환경 탐구 등의 한정된 프로그램을 제공한다. 예를 들어, 이화여자대학교 자연사박물관에서 운영하는 자연사 교실 프로그램(2003년 5월 기준)은 그 대상이 유치부 아동들과 초등학생에 제한되어 '소금물로 글씨 쓰기', '물 위에 떠서 사는 식물', '간이콘덴서 만들기'가 제공되었으며, 이 프로그램들은 기존 과학관에서 운영하는 프로그램과 차별화되는 특징을 발견하기 어렵다. 일반 대중 및 학생들을 대상으로 박물관이나 과학관의 교육적 기능을 활성화하기 위해서는 다양하고 구체적인 교육 프로그램을 계획적으로 개발하고, 교육적 효과를 지속적으로 검증하고, 프로그램을 개선해나가는 과정이 필요하다고 보인다.

3.3.1. 교육 프로그램을 대상으로 하는 연구 사례

이선경 외(2004)는 외국의 주요 여섯 개 자연사박물관인 미국 워싱턴 D.C.에 소재한 미국 국립자연사박물관(NMNH), 시카고의 필드박물관(FM), 뉴욕의 미국 자연사박물관(AMNH), 영국의 런던 자연사박물관(NHM), 시드니의 호주박물관(AM), 캐나다의 왕립티렐박물관(RTM)을 대상으로 교육 프로그램을 조사하였다. 조사한 자연사박물관은 오랜 역사와 전통을 갖고 있으며 다양한 교육 프로그램을 제공한다. 이 사례 연구에서는 이들 자연사박물관이 2003년 4월-5월에 운영한 교육 프로그램을 조사분석하였다.

자료는 박물관의 인터넷 홈페이지에 소개되어 있는 교육 프로그램에 관한 정보를 중심으로 수집하여 분석에 사용하였고, 그 외에 박물관에서 간행한 책자, 홍보자료, 연감 등을 참고하였다. 각 박물관에서 수집한 자료의 종류와 인터넷 자료 출처인 박물관의 웹사이트 주소는 표 3-7과 같다.

〈표 3-7〉 자연사박물관의 분석

박물관	위치	웹사이트
American Museum of Natural History(AMNH) 미국 자연사박물관	New York, U.S.A.	http://www.amnh.org/
Australian Museum(AM) 호주박물관	Sydney, Australia	http://austmus.gov.au/
Field Museum(FM) 시카고 필드박물관	Chicago, U.S.A.	http://fieldmuseum.org/
Natural History Museum(NHM) 런던 자연사박물관	London, England	http://nhm.ac.uk/
Royal Tyrrell Museum(RTM) 캐나다 티렐박물관	Alberta, Canada	http://www.tyrrellmuseum.com/
National Museum of Natural History(NMNH) 미국 국립자연사박물관	Washington D.C, U.S.A	http://www.smithsonian.org/

수집된 자료는 다음의 단계를 거쳐 분석되었다. 우선, 분석 범주를 결정하기 위해 자연사박물관에 관련된 문헌연구와 임의로 선정한 두 박물관(AMNH과 NHM)의 교육 프로그램을 대상으로 초기 분석을 수행하였다. 문헌 연구를 통해 설정된 박물관 교육 프로그램의 구성 범주와 두 박물관의 전체적 분석을 통해 얻어진 분석 범주를 통합, 조정하여 분석틀(표 3-8)을 개발하였다. 다음 단계로서, 분석틀을 이용하여 나머지 4개 박물관의 교육 프로그램을 분석하였다. 자료 분석은 정량적 측정이나 구체적인 프로그램의 내용 자체보다는 프로그램의 유형과 전반적인 특징을 파악하는 데 초점을 두었다.

〈표 3-8〉 교육 프로그램을 분석하기 위해 개발된 분석틀

분류	하위분류	분류	하위분류
유형	이동식 박물관 워크숍 강좌/강연 축제/이벤트 탐구 활동 과학탐구/연구프로젝트 야외조사 청소년 학예사/인턴과정 자료대여 캠프/투어 기타	안내자	O: 학예사/자원봉사자/ 교육자/연구자 X
		시간	1시간 이내 1-2시간 3시간 이상 하루 이상
			상시 주중: 방과후/특정시간대 주말
테마	자연과학 인류학 과학의 본성 종의 다양성/환경보존	장소	박물관 내부 박물관 외부
		전시물과의 관련성	O X
대상	일반대중 미취학아동/학생/성인	교육과정과의 관련성	O: 학습 중심 X: 과제 중심
참가단위	개인 가족 학교	활동 수준	Level 1: 듣기만 한다 Level 2: 핸즈온 활동 Level 3: 과학적 탐구

1. 교육 프로그램의 유형

자연사박물관에서 제공하는 교육 프로그램은 크게 이동식 박물관(moveable museum), 워크숍(workshops), 강좌/강연(lectures/courses), 페스티벌/(특별)이벤트(festival/events), 탐구 활동(discovery activities), 과학적 활동/연구 프로젝트(scientific exploration/research projects), 야외조사(field trips), 청소년 학예사/인턴 과정(youth curators/internship), 자료대여(loan materials), 캠프/투어(camp/tours)의 열 가지 유형으로 범주화할 수 있었으며, 구체적인 프로그램의 예를 살펴보면 다음과 같다.

(1) 이동식 박물관

이동식 박물관은 소장품을 차로 이동하여 박물관을 이용하기 어려운 지역이나 효과적인 교실학습을 위해 학교로 운반해주는 것을 의미한다. 미국 자연사박물관과 티렐박물관이 이동식 박물관을 운영하고 있다(표 3-9).

〈표 3-9〉 이동식 박물관의 사례

박물관	프로그램
AMNH(미국 자연사박물관)	이동식 박물관 • 공룡의 고생물학 • 구조와 문화 우주를 발견하다
RTM(티렐박물관)	조개껍질 탐구 벤 • 시간여행 • 공룡 소풍 • 친구와 화석 만들기 • 움직이는 파충류 • 황무지에서의 야영 • 백악기의 범죄현장 • 황무지, 옥토

미국 자연사박물관은 이동식 박물관이라는 이름으로 생물종, 상호작용적 컴퓨터, 전시물을 학교로 운반하며, 세부 프로그램은 유치원 아동부터 8학년 학생들을 대상으로 공룡의 고생물학, 4학년부터 8학년 학생들을 대상으로 구조와 문화, 5학년부터 12학년 학생들을 대상으로 우주의 발견이 마련되어 있다. 티렐박물관은 조개껍데기 탐구 벤(Shell Discovery Van)을 운영하여 화석을 학생들에게 제공하고 해설자가 따라가서 학생들이 창의적이고 핸즈온(hands-on)의 발견 활동을 하게 함으로써 실제 인류학자로서 체험할 수 있는 기회를 제공한다. 표 3-9에 제시된 다양한 세부 프로그램은 매회 참여인원을 30명 단위로 제한하고 있고, 대상은 제한되어 있지 않으며, 박물관에서 워크숍 형태로도 마련되어 있다(표 3-10).

(2) 워크숍

워크숍은 전시나 소장품에 관련된 활동이나 연구방법 등에 대한 것으로 방과후, 오후, 주말, 여름방학 등에 아동, 일반 대중 및 학생들을 대상으로 이루어진다. 워크숍은 각 박물관마다 그 수가 많고, 주제가 다양하며, 학령기 이전의 아동들이 이야기를 듣고 간단한 조작 활동을 하는 수준(허풍: 너의 증거는 뭐야?, 런던 자연사박물관)에서부터 다윈의 진화 계도를 완성해보면서 과학자들이 생물을 발견하고, 명명하고, 계통화하는 등의 과정을 탐구하는 활동(생명나무 완성하기, 필드박물관)에 이르기까지 활동 수준이 다양하다. 이처럼 주제와 활동 수준의 다양성 및 체험 활동의 특성을 살려 워크숍은 학생들의 흥미에 부합하는 방과후 활동으로 구성(예술과 과학에서의 방과후 창의적 표현하기 프로그램, 미국 자연사박물관)되기도 한다. 각 박물관에서 제공하는 워크숍의 예는 표 3-10에 제시하였다.

워크숍은 박물관에 전시되어 있는 인류학적, 민속학적 유물들을 활용하여 다른 문화를 이해하고 체험하는 데 매우 효과적인 교육 활동 유형이다. 구체적인 활동 내용으로는 아동들을 대상으로 하여 직접 연을 디자인하고 만들게 하여 공원에서 날려보게 하는 활동(아동을 위한 연 만들기, 호주박물관), 서예 체험(중국 서예 워크숍, 호주박물관), 아프리카의 타악기를 탐구하고 직접 만들어 연주해보는 활동(아프리카의 리듬, 필드박물관), 여러 나라의 의상, 공예품, 예술작품을 통해 다양한 문화를 배워보는 활동(세상 이야기, 필드박물관)을 찾아볼 수 있다. 가족 단위로 이루어지는 워크숍 활동으로는 멕시코 전통을 학습하고 장식품을 만들어보는 활동(죽은 자의 멕시코의 날, 필드박물관)이 있으며, 일반 대중 대상으로는 Tiwi 섬의 예술가들이 직접 조각과 작품을 만들어 보여주는 활동(이카니-티위 예술가 워크숍, 호주박물관)과 아시아 국가의 유령 인형과 가면의 전통에 관해 배우고 직접 만들어보는 활동(무대 뒷얘기: 꼭두각시와 가면, 필드박물관)을 찾아볼 수 있다.

타 문화를 이해하고 체험하는 활동 이외에도 워크숍은 자연 및 전시물 탐구와 연구방법에 관한 다양하고 심층적인 탐구 활동으로 이루어질 수 있다. 직접 자연을 탐구하는 활동으로서, 런던 자연사박물관은 학생들 대상으로 박물관에 인접해 있는 야생 정원에서 다양한 식물의 잎과 연못에 사는 무척추동물을 채취하여 탐색하는 미니 괴물 사파리, 녹색 잎 샐러드, 연못 파괴자 등의 프로그램을 운영하고 있다.

〈표 3-10〉 박물관에서 제공하는 워크숍의 사례

박물관	프로그램
AMNH(미국 자연사박물관)	예술과 과학에서의 방과후 창의적 표현하기 프로그램 • 약 50개의 워크숍 우주 속의 인간 아프리카 포유동물 그리고 칠하기
AM(호주박물관)	아동을 위한 연 만들기 중국 서예 워크숍 이카니-티위 예술가 워크숍
FM(시카고 필드박물관)	죽은 자의 멕시코의 날 무대 뒷얘기: 꼭두각시와 가면 광물, 암석 그리고 화산 조개껍질 축하하기! 아프리카의 리듬 세계의 이야기들 핸즈온 자연과학 실험실에서: 박물관 연구의 숨겨진 이야기 생명나무 완성하기
NHM(런던 자연사박물관)	허풍: 너의 증거는 뭐야? 작은 괴물 사파리 녹색 잎 샐러드 연못 파괴 2003년 여름 지구과학 워크숍 2003년 여름 생명과학 워크숍
RTM(캐나다 티렐박물관)	시간여행 공룡 소풍 친구와 화석 만들기 살아 움직이는 파충류 황무지에서의 야영 백악기의 범죄현장 황무지, 옥토 변화에서 살아남은 자들 공룡 파헤치기

전시물 탐구 활동으로서, 전문가의 도움을 받아 광물, 암석, 화산에 대하여 탐구하는 핸즈온 활동(광물, 암석, 그리고 화산; 필드박물관), 6세부터 14세와 그 가족들을 대상으로 해안에서 발견되는 고대와 현대의 조개껍데기를 비교하는 방법에 관한 핸즈온 활동(조개껍질 축하하기!, 필드박물관), 학령기 이전의 아동부터 2학년 학생을 대상으로 다양한 생물의 피부, 이빨, 발 등의 특징을 조사하는 활동(핸즈온 자연과학, 필드박물관)이 있다. 연구 방법에 관하여, 인류학, 지질학, 식물학, 동물학 분야의 박물관에 종사하는 연구자들의 연구 활동에 대한 이야기를 청취하고, 발견물과 과학적 탐구 접근을 직접 탐색하며, 발견 기법과 정보를 통합하여 직접 활동을 해보는 워크숍(실험실에서: 박물관 연구의 숨겨진 이야기, 필드박물관)을 들 수 있다.

자연환경의 특성으로 화석 발굴을 활발하게 실시하고 있는 티렐박물관은 독특하고 흥미 있는 소재와 이야기를 구성하여 화석을 통한 자연의 역사 및 고생물 탐구에 관한 워크숍을 제공한다. 예를 들어, 타임머신을 타고 과거의 생물을 만나서 선사시대 생활을 탐사하는 활동(시간여행), 초식동물의 소풍 가방을 조사하여 육식동물의 먹이와 차이를 알아보는 활동을 통해 먹이와 치아의 관계 및 천적을 알아보는 활동(공룡 소풍), 날카로운 치아와 발톱을 탐색하고 맹수의 특징을 통해 공룡의 모형을 만들어보는 활동(살아 움직이는 파충류), 변호사처럼 증거를 찾는 과학자 활동으로서 화석의 관찰과 탐침 기술을 통해 과거의 비밀을 벗겨내는 활동(백악기 범죄현장), 초기 탐험자들이 황무지에 도전하여 탐험하여 알아낸 비밀을 게임쇼에 도전해가며 밝혀보는 활동(황무지, 옥토), 그리고 활동 중심의 생존 게임을 통해 진화 과정에 대해 학습해보는 활동(변화에서 살아남은 자들)을 들 수 있다.

(3) 강좌 및 강연

강좌 및 강연은 일정한 주제에 따른 강의 형식을 취하여 편성한 교육 프로그램을 의미한다. 미국 시카고에 있는 필드박물관은 대부분의 강좌 및 강연 프로그램을 성인 혹은 일반인 대상으로 제공하며, 프로그램 내용으로는 자연과 사회문화에 대한 다양한 내용, 과학과 과학자의 활동에 관한 내용 등을 흥미롭게 전개하는 방식으로 구성된다. 표 3-11에 제시한 구체적인 강좌 및 강연으로는, 고대 일본 사회에 대해 말해주는 점토 인물 모형 및 도자기 등을 다루고 현대에 대한 시사점에 초점을 둔 분의 강연(Boone lecture)과, 광대한 해양에 대한 모험을 다룬 강연(파란개척자: 미국의 살아있는 바다를 살리다), 박물관 인류학의 배경 뒤에 있는 유령인형과 가면을 볼 수 있는 기회를 제공하는 강연(국제 꼭두각시 인형: 예술과 전통), 해저 발견물인 보물에 관한 이야기(선켄 헤라클레이온 Sunken Heracleion: 이론과 전설 사이), 유명한 방송인의 야구 메이저 리그에 관한 견해를 듣는 강연(Bob Costas와의 저녁), 브라질 인디언의 우림지역인 고향을 되찾기 위한 서사적인 법정 싸움에 관한 흥미진진한 이야기(퇴거와 홈커밍: 브라질 파네라 인디안의 이야기), 자연사박물관 과학자가 고대 Puerto Rico 생활에 대해 발견한 것에 관한 강연(고대 프에르토리코에서의 사회적 계층), 세계의 뛰어난 과학자의 인간 기원에 대한 통찰력에 접해보는 강연(루이스 리키의 백년제), 아인슈타인의 예를 이용한 인간 두뇌 크기의 진화, 인간의 구조와 발달 등에 관한 새로운 견해를 알아보는 강연(인간의 두뇌 발달), 블랙홀의 신비를 탐색하고, 아인슈타인 이론이

〈표 3-11〉 주요 자연사박물관의 강좌와 강연의 사례

박물관	프로그램
AMNH(미국 자연사박물관)	예술과 과학에서의 방과후 창의적 표현하기 프로그램 • 약 40개 강좌 하이든 천체투영관 강좌와 강연 • 가상 우주 천체의 하이라이트
FM(시카고 필드박물관)	분(Boone)의 강연 파란 개척자: 미국의 살아있는 바다를 구하다 국제 꼭두각시 인형: 예술과 전통 선켄 헤라클레이온: 이론과 전설 사이 Bob Costas와의 저녁 퇴거와 홈커밍: 브라질 파네라 인디안의 이야기 고대 프에르토리코에서의 사회적 계층 루이스 리키의 백년제 인간의 두뇌 발달 마다가스카르의 사진전
NHM(런던 자연사박물관)	일일 수업 • 지구과학의 날 수업 • 생명과학 워크숍

공상과학처럼 보이는 실재를 어떻게 설명하는지를 듣고, 컴퓨터의 진보가 보여주는 시뮬레이션(마다가스카르의 사진전) 등이 제공된다. 뉴욕에 있는 미국 자연사박물관은 예술과 과학에서의 방과후 창의적 표현하기 프로그램이라는 이름으로 40개 이상의 다양한 강좌를 개설하고 있으며, 그 외에 하이든 천체투영관 강좌와 강연으로서 각 4개 강좌인 가상 우주와 천체 하이라이트를 제공한다. 런던 자연사박물관은 성인 대상으로 일일 수업들을 개설하여 9가지 단계적인 구성을 갖는 지구과학 및 생물학 강좌를 제공한다.

(4) 페스티벌 및 (특별) 이벤트

페스티벌 및 (특별) 이벤트는 국경일이나 방학 혹은 특별한 행사나 전시 등에 맞추어 다양한 문화나 이벤트들을 축하할 수 있는 기회를 제공함으로써 새로운 방문객을 박물관으로 끌어들이는 장점을 갖는 프로그램이다(표 3-12). 호주박물관의 경우, 5월 중 한 주간을 국가 고고학 주간으로 설정하고 이 기간의 주말에 '주말 고고학자 파헤치기!'를 주관하여 재구조화된 고고학적 유물의 채굴장을 훈련받은 박물관 구성원의 도움을 받아 엄밀히 조사하여 실제 유물을 찾고 확인하는 경험을 제공하는 이벤트를 마련하고 있다. 또한 방학기간에 학생들이 악어와 기타 양서류 등을 직접 보고, 정보를 듣고, 만들어보는 활동(7월 휴가 프로그램- 악어와 다른 파충류), 벽화그림 작업을 하는 활동(토착 벽화 그리기), 얼굴 페인팅 활동(페이스페인팅-토착 예술 스타일), 가족의 날인 매주 목요일에는 5세 이하의 아동들을 위한 공간에 방문하여 재미있는 활동을 해보는 것(5세 미만을 위한 프로그램) 등의 이벤트를 마련한다. 국가 과학주간에는 가장 포괄적인 과학 이벤트를 열고 있는데, 그 내용으로는 다양한 과학 주제의 이야기, 과학쇼, 워크숍과 핸즈온 활동, 박물관 전시물 배후에 있는 과학자들의 활동을 볼 수 있는 투어로 구성되어 있다. 필드박물관은 필드에서의 과학자 페스티벌을 개최해 미국 농림부의 과학자들과의 만남, 전시되지 않는 생물종 관찰, 박물관 과학자들과의 질의응답, 아마존 강의 거북이를 보호하기 위해 에콰도르의 코판공동체와 공동으로 일하는 박물관 과학자들이 도전하는 이야기를 청취하는 등 다양한 주제로 구성하고 있다.

〈표 3-12〉 주요 자연사박물관의 축제나 이벤트의 사례

박물관	프로그램
AM(호주박물관)	주말 고고학자 파헤치기! 7월 휴가 프로그램-악어와 다른 파충류 토착 벽화 그리기 페이스페인팅-토착 예술 스타일 5세 미만을 위한 프로그램
FM(필드박물관)	필드에서의 과학자

(5) 탐구 활동

탐구 활동은 박물관의 특정 공간에서 전시물을 이용하여 일반 대중 및 학생들이 하는 핸즈온 활동을 의미한다. 주로 학생들의 탐구 활동을 위해 호주박물관은 탐구관(Exploration area), 런던 자연사박물관은 탐구관(Investigate), 미국 자연사박물관은 디스커버리 룸(Discovery Room)의 공간을 마련해놓고 있으며, 미국 국립자연사박물관은 여러 탐구 장소에서 디스커버리 카트(Discovery Cart) 프로그램을 운영한다(표 3-13).

호주박물관의 탐구관에서는 새로운 화석 활동과 실제 유물을 다루어 호주에 대한 학습 기회를 제공하는데, 세 가지 특정한 주제를 가진 프로그램으로 구성되어 있다. 즉, 자연과학, 환경, 토착 연구에 대한 정보 및 자원 센터인 '조사 및 발견' 센터(Search & Discover)에서 교사는 교수학습 준비를 위해, 학생들은 과제 등의 다양한 목적을 갖고 핸즈온 활동을 할 수 있다. 동물의 과거와 현재에 관한 활동 공간인 '동물의 과거와 현재 핸즈온 방'에서는 화석, 공룡, 분류, 서식지에 초점을 둔 다양한 활동을 할 수 있다. 그리고 토착민들의 유물을 다루어보는 상호작용적 학습 환경인 '원주민 연구 핸즈온 방'에서는 도구, 기술, 악기, 예술, 실 등에 초점을 두고 다양한 활동이 이루어진다.

런던 자연사박물관의 탐구관에서는 주로 7-14세 아동들이 핸즈온 형식의 상호작용적이고 끝열린 과제 중심으로 활동을 할 수 있도록 하고 있다. 탐구관은 7개의 개별 특성을 갖는 공간으로 구성되어 각 장소에 준비된 질문 카드(Q card)를 가지고 참여자들은 탐구 활동을 하게 된다. 즉, 실제 표본들을 보관해놓은 표본 벽/ 표본들을 가져와 컴

〈표 3-13〉 **탐구나 탐험의 사례들**

박물관	프로그램
AMNH(미국 자연사박물관)	탐구방
AM(호주박물관)	탐험지역 • 탐색과 탐구 • 동물의 과거와 현재 핸즈온 방 원주민 연구 핸즈온 방
NHM(런던 자연사박물관)	조사하기 • 표본 벽 • 워크스테이션 • 라이브 전시 공간 • 커뮤니케이션 센터 • 끈끈이 벽 • 시골 정원 이달의 활동
NMNH(미국 국립자연사박물관)	탐구 바구니 • 고대인류학 • 세계의 문화 • 생명과학, 지질학과 고생물학

퓨터, 돋보기, 현미경, 측정장치와 같은 도구들을 사용하여 직접 관찰하고 조사할 수 있도록 고안된 워크스테이션/ 각 계절마다 다른 종류의 동물과 식물들을 관찰할 수 있는 라이브 전시 공간(Live display area)/ 가상현실의 탐험가가 되어 미지의 세계 속으로 여행해보는 곳인 커뮤니케이션 센터/ 사람, 동물, 식물, 먹이그물 등을 구성해보는 곳인 끈끈이 벽/ 정원과 연못이 있어서 살아 있는 식물과 동물들을 탐험할 기회를 제공하는 시골 정원/ 화석 찾기, 동물 치아 맞추기 등 다양한 활동이 수시로 바뀌는 이달의 활동으로 이루어져 있다.

뉴욕에 있는 미국 자연사박물관의 디스커버리 룸은 다양한 소장품의 샘플을 모아 5-12세 아동들을 대상으로 발견의 경이로움을 경험하고 핸즈온 활동을 할 수 있는 공간으로서 박물관의 주요 과학 및 연구 분야를 생생하게 탐색할 수 있게 고안되었다.

미국 국립자연사박물관의 디스커버리 카트 프로그램은 유치원 아동부터 12학년 학생들까지 6-12명을 한 집단으로 구성하여 디스커버리 룸에서 하는 핸즈온 활동을 박물관에 전시되어 있는 실물을 대상으로 할 수 있도록 고안된 것이다. 디스커버리 카트 프로그램은 고대인류학/ 세계 문화/ 생물학, 지질학 및 고생물학의 각 공간마다 안내자가 방문자에게 특정 주제(예, 인류기원/ 북미 인디언 문화, 고대 문화, 아프리카/ 공룡 탐색, 화석, 포유류)에 대하여 실물을 토대로 문제 해결 기회와 경험을 할 수 있도록 안내한다.

(6) 과학적 활동/연구 프로젝트

과학적 활동/연구 프로젝트는 학교 교육을 확장하거나 장기간의 과학 탐구 기회를 제공하여 학생들이 직접 과학적 활동에 몰두해볼 수 있다. 이와 같은 프로그램은 중학생 이상의 특정 연령을 대상으로 소수 인원으로 제한하는 것이 일반적이다. 미국 자연사박물관은 중등 학생들을 대상으로 장기간의 심층적 과학 활동에 참여해볼 수 있는 프로그램을 몇 가지 마련하여 운영하고 있다(표 3-14). 구체적으로 살펴보면, 미국 자연사박물관의 랭 과학팀 프로그램(Lang science team program)은 중학생 10명을 대상으로 박물관에서 종사하는 연구자, 과학자, 학예사 및 교육자들과 공동작업하면서 학생들의 지적 성장과 삶에 대한 선택에 도움을 주는 것을 목표로 한다.

교외에 거주하는 소수집단의 11학년 청소년 35명을 대상으로 2년 동안 심화 과학 활동을 제공한다. 이 프로그램에 참여하는 학생들은 다양한 범위에서 과학 지도 선생님과 프로그램의 과학 교육자와 공동 연구하면서 과학 연구 프로젝트를 개발, 수행 및 제출해야 한다. 고등학교 과학탐구 프로그램은 11-12학년 학생들 60명을 대상으로 2년간 박물관 및 관련기관에서 수행하는 과학적 연구에 참여하도록 지원한다. 특히, 여학생,

〈표 3-14〉 미국 자연사박물관의 과학적 활동/ 연구 프로젝트의 사례

박물관	프로그램
AMNH(미국 자연사박물관)	AMNH 랭 과학팀 프로그램 도시 소외 청소년을 위한 대학전 과학 협동 프로그램 고등학교 과학탐구 프로그램

소수민족, 장애학생, 혹은 시설 및 인적 한계 때문에 과학에 대한 흥미를 발전시킬 기회를 갖기 어려운 학생들을 중심으로 이루어진다. 생태학 클럽은 10대 청소년들이 자연환경을 탐구하고 조사한 후 환경 논제에 관한 컨퍼런스를 여는 등의 과학적 활동을 수행하도록 하고 있다.

(7) 야외조사 · 현장답사

야외조사 또는 현장답사는 현장체험을 의미하며, 박물관 내에 전시물 사이를 이동하며 학습하는 것 혹은 자연의 동식물 체험, 유물 발굴 등의 자연을 직접 접하고 배우고 경험하는 것의 두 가지로 분류할 수 있다. 조사한 대부분의 박물관이 관 내외의 다양한 야외조사를 운영하고 있다(표 3-15). 박물관내 현장답사는 특정 주제를 중심으로 전시물을 효과적으로 활용하여 일반 관람객 혹은 학생들의 학습을 목표로 하여 안내원이나 전문가의 도움으로 이루어진다. 미국 자연사박물관은 주제별, 특별 전시, 우주쇼 및 IMAX 필름 등의 안내자의 인도에 따라 그룹으로 이동하거나 자원봉사자와 함께 개별적으로 이동하는 관내 야외조사를 운영한다. 이 박물관의 프로그램인 '보트로 하는 지질학: 허드슨 강 위로의 석양 크루즈' '동부 뉴욕 항구의 외지와 틈새'는 일반 대중에게 강의 기원, 동식물 환경, 지역사, 환경 문제 등에 관해 학습할 기회를 제공하며 이때 환경 프로그램 코디네이터가 함께 한다. 미국 국립자연사박물관의 '오딧세이 야외조사'는 4-8학년 학교 단체 학생들을 대상으로 관내 전시물을 이동하면서 7-8개의 특정 주제에 관하여 안내자의 인도로 관찰하고 대상물의 단서를 해석하고, 그룹 토론을 하는 협동적 학습 경험을 제공한다. 필드박물관은 안내자가 전통적인 포니족 오두막의 실제 크기로 복원한 전시장에 참여자를 안내하여 포니족들의 사냥도구, 장난감, 담요 등과 관련된 역사를 설명해주며 1800년대 대평원에서의 생활을 발견할 수 있는 프로그램인 '포니족의 지구오두막', 박물관에서 고대 유물의 비밀을 해독한 후에 필드박물관을 방문하여 이러한 유물의 배경이 되는 문화를 탐구하는 프로그램인 '인공물의 여행' 등을 제공한다.

박물관 외 야외조사는 자연적 지리적 환경 탐사, 동식물 및 생태학적 환경 조사, 화석 발굴 등 다양한 주제를 가지고 적절한 장소에서 탐방 및 연구 활동을 하는 것으로 대부

〈표 3-15〉 주요 자연사박물관의 야외조사의 사례

박물관	프로그램
AMNH(미국 자연사박물관)	예술과 과학에서의 방과후 창의력 표현하기 프로그램 • 약 27개의 야외 답사 보트로 하는 지질학: 허드슨 강 위로의 석양 크루즈 동부 뉴욕 항구의 외지와 틈새
FM(시카고 필드박물관)	이집트 파헤치기 지하 탐험 북미 왜가리 북미 왜가리의 귀환 메종 강 안내 투어 • 포니족의 지구 오두막 인공물의 여행
NHM(런던 자연사박물관)	런던 도보 여행 관광: 2003 하계 지질 안내 여행 식물 안내 여행 어른들의 하루 나들이 알가브의 꽃들 레스보스의 조류학 대표적 이태리 화산 바바도스에서의 지질학과 고생물학 전통 영국 지질학 남서 영국 아이슬랜드의 지질학 일본의 지질과 고생물학
RTM(티렐박물관)	Day digs 하루 지질 탐사 공룡발굴 황무지 발견 황무지 크루즈 황무지 하이킹 야외조사 경험하기: 1단계, 2단계 교육투어: 1일, 2일
NMNH(미국 국립자연사박물관)	오딧세이 야외조사

분 하루 혹은 그 이상의 일정으로 계획된다. 필드박물관은 3-8학년 학생들 30명을 대상으로 미이라를 통해 이집트 사람들의 사후 세계에 대한 전통과 신념을 탐색할 수 있는 프로그램(이집트 파헤치기), 1-8학년 학생 30명을 대상으로 토양학 과학자가 되어 자신의 옥상 정원을 고안해보는 활동(지하탐험), 성인 대상의 프로그램으로서 가을에 수천 마리의 북미 왜가리의 휴식처로 유명한 인디아나의 습지로 가서 새들을 관찰하며 자연 보존의 여행을 떠나보는 활동(북미 왜가리의 귀환) 등이 마련되어 있다. 또한 가족 중심으로 세계적으로 유명한 메종 강에서 화석을 찾아보는 야외조사도 제공된다.

런던 자연사박물관은 런던 도보여행이라는 프로그램을 통해 다양한 나무와 관목을 확인하고 생태적 환경에 대해 탐색(2003년 하계 식물원 여행)하거나 다양한 건물과 석조물에 대해 학습(2003년 하계 건물 암석 여행)할 수 있는 기회를 제공한다. 또한 지질학 혹은 식물학에 대한 일반적인 흥미를 가진 대중을 위해 하루 일정의 여행으로 안내 및 설명하는 프로그램인 '안내 여행: 2003년 하계 지질학 안내 여행' 은 해안, 화석, 교회 및 성당 지질학 탐색 등 6가지 탐방 프로그램들로 마련되어 있다. 식물학 안내 여행은 Savill and Valley Garden과 Oxford Gardens에서 각각 다양한 식물에 대한 탐색 학습을 할 수 있도록 한 프로그램들을 제공한다. 또한 일반 성인 교육 프로그램으로서 어른들의 하루 나들이는 생물학(8개 프로그램) 및 지질학(2개 프로그램)과 관련하여 여름 기간에 인근 공원이나 특정 장소를 관찰한다. 이 프로그램들은 하루 혹은 한나절 일정으로 계획되어 있으며 참여자의 특별한 사전 지식을 요구하지 않는 반면, 기본 지식을 요구하며 이를 확장하여 자연을 심화 탐구할 수 있도록 하는 일주일 이상의 영국 및 해외 원정 체험 여행 프로그램도 준비되어 있다. 특정 장소를 여행하면서 그곳의 생물학적 지질학적 특성과 자연 현상의 과학적 탐색을 목표로 하며 숙련된 지도자가 함께 하는 여행으로 총 여섯 종류가 계획되어 있다.

티렐박물관에서 제공하는 대부분의 야외조사는 관외에서 공룡 화석이나 뼈를 발굴하는 주제(Day digs/ 공룡탐사지역) 혹은 황무지에서의 화석 발굴을 통해 고대 생물 및 고대인의 생활을 이해하는 주제(황무지발견/ 황무지 크루즈/ 황무지 하이킹)로 구성되며, 관외 활동을 체계화하고 심층적으로 하기 위해 관내에서 이론적으로 교육 및 테크닉을 습득한 후에 관외 야외조사를 하도록 고안된 프로그램(야외조사 경험: 1단계, 2단계)도 있다. 그 외에 교육여행(교육투어: 1일, 2일) 프로그램은 유치원 아동부터 12학년까지 참가할 수 있으며 첫째 날은 공룡 화석 답사, 핸즈온 워크숍, 박물관 전시실 탐색 등의 활동을 하고 둘째 날은 관내에서 파충류 및 보아 코끼리 관람, 그리고 오락 활동으로 구성되어 있다.

(8) 청소년 학예사/인턴 과정

청소년 학예사/인턴 과정은 박물관의 전문가 양성을 위한 프로그램으로, 참여자는 소수의 졸업예정자로 제한되며 장래 안내원 및 학예사으로서의 자질을 향상시키는 교육을 받게 된다. 미국 자연사박물관은 11-12학년 학생들을 대상으로 하는 과정(내부 살펴보기: 고등학교 인턴 프로그램)과 뉴욕 청소년들을 대상으로 4주 동안 자연과학, 인류학, 행성학, 교육, 박물관 관리 및 기초적인 직업 능력을 훈련하고 투어 가이드로서 경력을 쌓는 박물관 교육과 취업 프로그램(박물관 교육자와 취업 프로그램)이 있다(표 3-16).

〈표 3-16〉 주요 자연사박물관의 자료대여, 청소년 학예사/ 인턴, 캠프, 투어 사례

박물관	프로그램
AMNH(미국 자연사박물관)	청소년 학예사/인턴 • 내부 살펴보기: 고등학교 인턴 프로그램 박물관 교육과 취업 프로그램
AM(호주박물관)	자료 대여 상자 속의 박물관
FM(시카고 필드박물관)	캠프와 투어 2003년 여름 세계 투어
RTM(티렐박물관)	자료 대여 • 쉐브론 발견 여행 가방

(9) 대여 자료

대여 자료는 학교나 지역사회의 그룹들에게 대여할 수 있도록 슬라이드, 비디오, 사진, 영화필름, 기록물, 지도와 그 복사물 등의 아주 다양한 방법으로 구성하고 조직하여 준비된 것을 의미한다. 트렁크, 상자, 봉투에 준비된 자원이 되는 자료들은 학교 교과과정을 위해 박물관에서 학교로 대여되어 유용한 학습자료로 사용한다(표 3-16). 호주박물관의 '상자 속의 박물관'은 실제 전시물(생물종, 유물, 디오라마), 사진, 비디오 및 오디오 자료, 게임, 책, 컴퓨터 소프트웨어 등의 20여 가지 이상의 다양한 자료 상자로 구성되어 있다. 상자에 담긴 다양한 자료를 이용한 아동 활동은 교사의 설명과 정보로 안내되며 이 활동들은 학교 교수요목과 연관된다. 티렐박물관은 고생물학, 공룡, 화석, 무척추동물 및 지질학의 특징을 갖는 '쉐브론 발견 여행 가방'을 마련하여 학생들을 위한 학습자료로 제공한다. 교사의 교수 자료, 학생들의 활동지, 기타 참고자료가 포함되어 있다.

(10) 캠프/투어

캠프/투어는 주로 방학이나 휴일을 이용하여 한 주제의 다양한 탐색이나 관련된 주제를 엮어 계획되며, 학생들에게 다양한 문화적 체험과 자연세계를 현장에서 학습할 수 있는 기회를 제공한다. 필드박물관은 5-10세 아동들에게 이집트 문화 탐구, 필리핀 열도 해안에 출현하는 상어 탐구, 그리고 외계의 생명 존재 탐구 등의 2003년 하계 세계 여행을 제공한다(표 3-16).

(11) 기타

기타로는 특정 문화의 춤을 보여주는 퍼포먼스, 화석을 정교하게 채집하는 과정을 보여주는 시범실험, 그리고 박물관에서의 교육적 기능을 높이기 위해 전시와 교육 프로그램에 관한 관련 정보를 제공하는 간행물 등이 있다.

2. 교육 프로그램의 특징

교육 프로그램의 특징을 주제, 참여 수준, 전시와의 연관성, 학교 교육과의 연계, 활동 수준으로 나누어 살펴보고, 대표적인 예를 제시하면서 교육적 의미를 탐색하고자 한다.

3.3.2. 박물관의 교육 프로그램의 주제

자연사박물관에서 다루는 교육 프로그램의 주제는 크게 자연과학, 인류학, 과학의 본성, 생물다양성으로 나누어볼 수 있다. 자연사박물관은 자연과학 분야 중에서 주로 생물학과 지구과학 영역에 집중되어 있으며, 1960년대에는 인류학적 주제가 활발하게 진행되어 왔다. 최근에 자연사박물관은 과학의 본성 측면에 관한 훌륭한 학습장소이며 또한 인류의 진화 및 다양한 생물종을 학습할 수 있는 현장으로서 그 중요성이 부각되고 있다. 자연사박물관의 교육 프로그램은 학제적 성격을 갖기 때문에 한 주제만을 다루는 것은 아니라 하더라도, 교육의 목표가 되는 주제는 크게 다음의 네 가지로 나누어 생각해볼 수 있다.

1. 자연과학

자연사박물관은 일반 대중들이 생물학과 지구과학에 대한 개념을 전시물을 이용하여 효과적으로 학습할 수 있는 교육 장소이다. 생물학 분야로는 크게 고생물 분야와 계통학을 들 수 있다. 고생물 분야는 지구의 생명 역사를 대변하며, 계통학은 멸종되거나 현존하는 유기물질의 진화적 연관성을 밝혀준다. 이들 분야는 멸종 생물들의 복원과 생물들의 연관성을 추구하다 보면 진화론으로 귀결된다. 지구과학 분야는 수많은 지질관련 자료를 통해 광물과 암석, 지질구조, 지질환경에 대한 올바른 이해를 통해 생명 진화에 영향을 미친 지구의 진화과정을 밝힌다. 이와 관련된 교육 프로그램 소재로는 화석(예, 고대와 현대의 조개껍데기 비교), 미화석, 공룡, 광물/화산/암석, 동식물 등이 있다. 프로그램의 활동 종류로는 화석의 경우에 관찰하고 비교하는 활동에서부터 직접 현장에서 발굴하는 활동에 이르기까지 다양하게 구성될 수 있다. 또한 자연을 과학적으로 심화 탐구하기 위하여 특정 현상의 생물학적, 지질학적 특성을 조사하는 데 초점을 둔 현장 탐구 프로그램이 고안될 수 있다.

2. 인류학(문화 및 민속학)

자연사박물관이 다른 박물관과 구별되는 중요한 특징은 자연과 인간의 관계라는 관점에서 인류의 진화 및 문화에 대한 연구와 증거를 보존하고 이에 관한 일반인의 이해를 위해 다각적인 교육적 노력을 기울인다는 점이다. 박물관에서는 인류가 이룩한 문화를 올바로 이해하고 인류의 기원, 유사 이전의 생활, 인류와 자연의 관계 등을 다루는 인류학 분야의 전시실을 마련하고 있으며 이와 관련된 교육 프로그램을 제공한다. 예를 들면, 미국 국립자연사박물관의 인류학 분야 전시실에는 아프리카, 아시아, 태평양, 북미와 중남미의 문화 유물이 전시되어 있으며, 고인류학 및 세계 문화 발견 스테이션이라는 공간을 마련하여 안내자가 방문자에게 특정 주제(예, 인류 기원, 북미 인디언 문화, 고대 문화 등)에 대하여 실물을 토대로 문제 해결 기회와 경험을 할 수 있도록 안내한다. 또한 다양한 국가의 전통 문화 유물(예, 의상, 공예품, 예술작품, 연, 서예, 유령인형, 가면, 아프리카 타악기, 역사적 현장의 재현, 도자기, 점토 인형 유물 등)을 이해하고 직접 만들어보는 워크숍이나 핸즈온 활동 등의 프로그램을 들 수 있다.

3. 과학의 본성

최근 자연사박물관은 과학 이론의 다면적 관점을 포함하고 과학의 본성이 단순히 결과라기보다는 과정의 중요성에 초점을 두는 전시 및 교육에 관심을 갖는다. 과학의 본성(nature of science)은 내용특이적 개념 탐구와 가치중립적인 과학적 사실을 넘어서서 사회와의 상호작용을 포함한다. 과학의 본성은 과학의 사회적 측면과 연관하여 과학이 무엇인가, 과학이 어떻게 작동하는가, 과학자는 사회적 집단으로서 어떻게 행동하는가, 사회 자체가 어떻게 과학적 노력을 이끌어내고 그 노력에 반작용하는가에 대한 풍부한 서술과 관련이 있다. 자연사박물관에서의 교육적 노력은 프로그램과 전시물을 통해 이러한 과학의 본성 측면을 반영한다(Hawkey, 2001). 필드박물관은 공룡 Sue의 전시와 함께 Sue 뼈 발굴에서 전시하기까지에 이르는 과정을 동영상물로 볼 수 있도록 설치하고 과학자와 연구자들의 실험실 공간을 통합하여 개방하였다. 대중을 과학자의 현장 연구에 초대하는 박물관 여행 프로그램 격으로 방문자는 Sue의 전시물을 통해 공룡에 대한 생물학적, 생태학적 지식뿐만 아니라 과학의 과정 및 과학자의 활동에 대해서도 느끼고 생각할 수 있게 된다. 이와 관련해서, 앞에서 살펴본 다양한 야외조사는 과학의 본성 측면을 반영하고 있다고 볼 수 있다.

4. 생물다양성 및 환경 보존

대중교육에 대한 자연사박물관의 역할은 서식지 및 종 파괴와 같은 생태학적 논제가 부각됨으로써 대중이 생물종을 만나는 것뿐 아니라 생물다양성의 보존과 같은 논제를 다룬 교육적 역할이 강조되고 있다. 자연사박물관의 연구 및 대중교육 등의 노력으로 인해 미래 환경(종다양성 보존) 조성에 일익을 담당할 수 있다. 21세기 자연사박물관은 종다양성 위기를 해결하고, 다양한 생물 현상을 해석하고 다루는 교육적 문제에 직면하여 환경 문제의 교육 및 전시 프로그램을 제공하는 과제에 당면해 있다(Krishtalka & Humphrey, 2000). 생물다양성은 학교 교육과정에서 찾아보기 어려운 주제이며 비전문가가 이해하지 못하는 용어임에도 불구하고, 현대 자연과 인간의 관계에서 중요하게 다루어지는 학술적이며 사회적인 논제이다. 이와 연관해서 박물관에서 연구하고 보관하는 생물 진화의 증거를 다루는 프로그램 혹은 특정 생물이 살고 있는 지질학적 장소나 습지 등의 탐방 프로그램은 생물다양성의 중요성 및 자연생태의 문제를 인식하고 자연을 통한 미래의 비전을 제시하는 데 도움이 된다. 호주박물관은 11-12학년 생물학을 수강하는 학생들이 실제 생물을 다루면서 다양성을 확인해보는 Diversity 프로그램을 마련하고 있다. 이 프로그램은 교육과정 중 '지구상의 생물' 주제와 밀접한 관련이 있으며, 학생들은 이 프로그램을 통해 전시물의 생물종을 관찰하고 정보를 얻는다. 미국 자연사박물관의 Biodiversity Hall은 생물다양성에 관한 다양한 활동을 할 수 있도록 만들어놓았으며, 그 외에도 과학자들의 연구를 대중과 공유할 수 있는 실험실 여행 등의 프로그램을 마련하여 생물다양성에 대한 인식뿐만 아니라 개인으로서의 과학자 및 인간 노력으로서의 과학에 대한 생각을 더 구체적으로 접근할 수 있게 된다.

3.3.3. 프로그램의 참여 수준

교육 프로그램의 수준은 단순 프로그램과 심화 프로그램으로 나누어볼 수 있다. 단순 프로그램은 1-2시간의 전시에 대한 단순한 설명이 일반적이며, 전시와 관련하여 마련된 프로그램에 따라 학예사, 교육자, 과학자, 혹은 안내원 등이 동행하거나 도움을 준다. 학교 학생들 단위로 구성되는 프로그램은 교사 혹은 박물관의 교육 담당자의 지도로 이루어지는데 방문한 학생이나 교사에게 많은 도움이 되기 위해서는 방문 전 관련 자료의 학습이 이루어지도록 권장된다. 또한 박물관에서 일반 대중 및 학생들의 관심을 집중시키기 위한 교육적 노력으로 강연, 이벤트, 페스티벌, 방과후 활동 등이 포함된다.

심화 프로그램은 단계별의 지속적인 참여, 참여자의 선지식을 요구하는 참여, 장기간의 집중 탐구 프로그램 등이 있다. 교실 학습을 보조하고 심화하는 프로그램이나 연속 프로그램은 방문 준비를 위한 자료의 활용과 방문전 학습–박물관 방문–방문후 학습의 체계적인 과정을 통해 프로그램 참여 효과를 극대화할 필요가 있다. 교실 학습뿐만 아니라 일반인을 위한 심층 주제를 다룬 강좌가 개설되기도 하며, 하루 이상의 시간을 요구하는 박물관 내외 프로그램은 주제에 대한 발견 및 탐구를 체계적으로 실현하고 지식을 확장시킬 수 있도록 돕는다.

3.3.4. 전시와의 연관성

교육 프로그램이 전시물과 적절하게 연관될 때 교육적 효과는 높아진다. 전시물이 주변에서 보기 힘든 낯선 것일 때 학예사의 설명이나 자원봉사자의 안내는 전시물을 친숙하게 만들어준다. 박물관 방문시 학습이 이루어지기 위해서는 박물관 경험이 낯선 것이 아닌 친숙한 느낌을 갖도록 하는 것이 중요하다. 친숙한 범주와 연관성 없이 무언가를 학습한다는 것은 어려울 뿐만 아니라 거의 불가능한 일이다. 박물관에 진열된 자연과 인간에 관한 역사적 전시물들은 학생들이 실세계와의 관련성을 증진시킬 수 있는 가치 있는 도구이며 의미 있는 학습을 촉진할 수 있다. 따라서 안내자의 설명이나 특정 주제 전시와 관련된 프로그램의 참여는 낯설게 느껴지는 전시물과 방문자를 연결해주는 매개 역할을 한다. 또한 광범위한 전시물을 소장하고 있는 박물관에서 학습이 이루어지기 위해서는 특정 주제의 전시 관람 및 학습을 목적으로 한 방문이 효과적이다. 따라서 박물관에서는 전시물의 전시에서 그치지 않고 방문객의 지적 흥미를 지속시키고 능력을 발달시킬 수 있는 다양한 전시와의 연관 활동을 고안해야 한다. 전시와의 연관성을 고려한 교육 프로그램으로는 관내 주제별 야외조사, 전시물 그림 그리기, 전시물을 이용한 과학 탐구 활동, 관내에서의 캠프, 전시관에 비치된 다양한 수준과 형태의 활동, 전시물에 대한 설명 강좌 및 워크숍 등이 있다.

3.3.5. 활동 수준

21세기 박물관은 발견을 통한 탐색과 학습 공간이고, 전시물이 상호작용적이고, 모든 답을 제공하기보다는 방문객들이 질문을 제기하도록 자극하는 공간이다(Abungu, 1999). Anderson에 따르면, 박물관 교육 운동은 과거의 엄격함, 공급 측면 모형에서 벗어나 다양한 맥락에서 개인의 학습 선택과 책임을 향하여 가는 신호가 되었다. 박물관의 자원을 효과적으로 활용하여 계획하는 교육 프로그램은 이러한 박물관 교육의 특성을 살려 이루어진다.

박물관에서 이루어지는 교육 프로그램은 세 가지 수준에서 생각해볼 수 있다(Tran, 2003). 수준 1은 참여자들이 활동 없이 주로 청취하는 것으로 정의한다. 전통적인 교수 실제는 정보제공이라는 목적을 갖고 주로 교사 중심의 강의나 설명 등의 언어적 행동의 비중이 높았으며, 박물관 교육 프로그램에서도 이러한 수준의 설명 및 강의 등이 이루어진다.

수준 2인 핸즈온 활동은 감각 기관을 이용한 활동 중심으로 이루어지는 것을 의미하며 단순히 물리적 조작을 요구하는 활동을 포함하여 피드백을 통한 상호작용적 특성을 갖는 것으로 정의한다. 박물관 교육 프로그램은 강의 등의 수동적이고 제한적인 교육 접근의 틀에서 벗어나 활동 중심으로 구성함으로써 학생들의 능동적인 참여를 이끌어 낼 수 있다. 연구 대상이 된 여러 박물관의 프로그램은 교육적 효과를 극대화하기 위해 핸즈온의 다양한 활동을 고안하고 있는 것으로 보인다. 미국 국립자연사박물관에 있는 '디스커버리 룸(Discovery Room)' 은 전형적인 핸즈온 경험을 할 수 있는 특별 전시실이다. 이들 전시실 내부에는 잘 정돈된 진열장, 표본실, 책상, 의자가 있고, 살아있는 양서류와 파충류를 비롯하여 공룡 화석, 사람의 골격, 박제된 동물들과 식물 표본, 어류, 보석, 암석, 그 밖의 보조 자료들과 실험 기구들이 구비되어 있어서 누구나 원하는 것을 만져보거나 가지고 탐구할 수 있다. 발견 공간에 대한 교육적 의미는 방문객들이 설교식 수업이 아니라 스스로의 상호작용을 통해 사물의 의미를 발견하도록 하는 데 있다.

수준 3인 과학적 탐구 수행은 학생들이 직접 과학적 활동에 참여하거나 스스로 계획하여 수행하는 수준으로 정의한다. 이 수준에서는 학생들이 박물관 과학자의 활동에 직접 참여하거나 학생들끼리의 주제별 모임을 조직하여 문제를 제기하고 해결해나가기 위해 필요한 과학 활동을 할 수 있다. 학생들은 주제를 정하고, 실험을 계획하여 수행하고 분석하며, 결과를 발표하고 평가하고 토의하는 등의 일련의 활동을 박물관 연구자 및 교육 담당자의 도움 하에 능동적으로 수행한다. 교육 프로그램 유형에서 과학적 활동/연구 프로젝트, 자연 탐사 및 발굴을 목표로 한 야외조사가 이 수준의 활동을 요구한다고 볼 수 있다. 또한 과학 활동의 참여 기회를 갖기 어려운 고등학생들의 경우 학교에서 좀처럼 접하기 어려운 도제 학습 모델(apprenticeship model)을 박물관에서 경험할 수 있다(Abraham, 2002). 도제 학습은 참여자에게 사회적 경험과 함께 효과적으로 과학을 학습할 수 있는 모델로서, 실제 학습 환경을 제공함으로써, 많은 현 교육 체제에서 부딪치는 문제에 대한 해결 방법을 제공한다(Cox, Lafferty, & Abraham, 1998). 도제 학습의 예는 미국 자연사박물관의 고등학생을 위한 과학 연구 프로그램(High School Science Research Program)을 들 수 있다.

4 비형식 과학학습 환경과 과학의 본성

'과학의 본성에 대한 이해(understanding the nature of science)' 는 과학교육의 주요 목표 중의 하나이다. 미국과학교육기준(NRC, 1996)은 "학생들은 과학 혹은 과학이 아닌 것은 무엇인가, 과학이 할 수 있는 일은 무엇이고 할 수 없는 일은 무엇인가, 과학이 어떻게 문화에 공헌하는가에 대해 충분히 이해하여야 한다."(p. 31)라고 서술함으로써, 과학의 본성에 대한 이해가 과학교육에서 중요한 위치를 차지하고 있음을 명시하고 있다. 따라서 과학의 본성을 효과적으로 학습할 수 있는 방법은 많은 과학교육 연구자들의 논제로 다루어져 왔으며, 이 중 가장 설득력 있게 제시되는 것은 과학적 탐구 활동을 통해야 한다는 것이다. Schwartz 외(2004)는 과학자들의 실제 활동이 복잡하며 교실과 학과는 다르기 때문에, 학생들이 과학의 본성을 이해하는 데에 있어서 가장 바람직한 방법으로 과학 탐구의 경험을 제안한 바 있다. 또한 학생들을 활동(activity), 탐구조사(investigation), 그리고 역사적 사례(historical examples)의 맥락에 끌어들여 토론, 안내된 반성적 사고, 구체적 질문 등에 기반을 둔 접근을 통하여 학생들 스스로가 과학의 본성에 대해 생각하도록 만들어야 한다고 주장하였다. 이런 맥락은 일차적으로 학교 과학에서 활발히 마련되어야 하겠지만, 더 나아가 다양한 자원과 기회를 제공하는 학교 밖 교육으로도 그 지평을 넓혀야 할 것이다. 이는 학교 밖 과학 교육으로의 지평 확장을 통해 탐구의 이론적 논의를 확대할 수 있음은 물론, 비형식 교육의 경험적 자료 축적을 통해 과학교육의 주요 목표로서 탐구에 대한 교육적 이해를 깊게 할 수 있을 것으로 기대되기 때문이다. 본 장에서는 과학의 본성을 인식론적 측면, 즉 '지식의 성격' 과 '탐구' 의 선상에서 살펴보고, 학교 및 비형식 맥락, 특히 과학박물관의 맥락에서 어떻게 구현할 수 있는지에 관해 기존의 이론과 최근의 연구를 정리해보고자 한다.

4.1 과학의 본성 이해의 중요성

과학자들이 하는 활동의 본질적인 측면은 과학의 본성 혹은 탐구 과정으로 일컬어진다. 즉, 과학의 본성은 보다 인식론적인 측면을 강조한 것이고 탐구는 활동 자체의 본질을 강조한 것으로서, 탐구에는 과학의 본성의 중요한 부분이 담겨 있다고 봐도 될 것이다. 일반적으로 '앎'에 대한 이론을 인식론(epistemology)이라고 한다. 그러므로 '과학의 인식론'은 과학이라는 학문을 통해서 생성되는 '앎'에 대한 이론이다. 과학의 인식론은 크게 두 가지 질문에 대한 이해를 추구한다. 첫 번째 질문은 '과학은 무엇을 알고자 하는가?'이며, 두 번째 질문은 '과학은 어떠한 방식으로 앎을 추구하는가?'이다.

우선, 첫 번째 질문은 '과학은 무엇을 알고자 하는가?'이다. 이 질문에 대해 과학이 취급하는 대상은 자연에 '존재하는 실재(being reality)'라고 답할 수 있다. 여기서 '실재'가 과연 무엇인가에 관해서는 여러 관점의 철학적 논의가 있어왔다. 우선, 전통적 관점에서는 인간의 정신 외부에 절대적이고 변치 않는 것이 실재한다고 보며, 이는 오랫동안 철학자들과 과학자들의 정신을 지배해왔다. 이 관점에서 과학이란 인간의 정신 외부에 존재하는 실재를 '있는 그대로' 알아가는 활동이다. 즉, 실재를 객관적으로 관찰하고 정밀하게 측정하는 등의 활동을 통해 지식을 생성하며, 그 지식은 확고하고 불변의 속성을 갖는다. 그러나 과학사적으로 과학을 통해 생성된 지식이 항상 확고하고 불변적 속성을 갖는 것은 아니라는 깃이 증명되있다. 과학사에서 실세 과학 지식의 생성 과정을 살펴볼 때, 과학 지식은 점진적으로 변화해오기도 하였으나, 기존 이론과 완전히 다른 패러다임을 갖는 새로운 이론으로 대체된 경우도 있었다(Kuhn, 1970). 대표적인 예로, 고전역학 패러다임이 상대성 이론으로, 열소설이 분자운동설로 대체되어왔다. 이에 따라, 과학자들이 자연 세계를 이해하기 위해 생성한 지식은 항상 변화하는 과정 중에 놓여 있는 것으로 이해할 필요가 있다. 즉, 현재 과학의 지식과 이론이 실재를 이해하는 완성된 체계가 아니라는 점이다. 또한 이러한 이해는 과학적 지식이 실재를 그

대로 반영하는 것으로 보는 것의 위험성을 지적한다. 혹은 더 나아가 '실재란 무엇인가, 과연 인간이 실재를 객관적으로 알 수 있는가'의 근본적인 문제에 대한 의혹을 제기한다. 진정 객관적인 관찰이 존재하는가? 결코, 그렇지 않다는 것이 현대 과학철학적 관점이다. 예를 들어, 무지개는 일반적으로 빨주노초파남보의 일곱 가지 색으로 이루어졌다고 하지만, 빨강과 주황의 색의 경계에는 인간이 인식하지 못하는 혹은 규정하지 않은 색이 얼마든지 존재할 수 있다. 한편 색에 대한 인식이 세분화되지 않은 문화권에 사는 인간의 눈에는 무지개가 대략 서너 가지 색으로 이루어진 것으로 인식하기도 한다. 따라서, 관찰은 이론과 무관(theory free)하게 이루어지는 것이 아니라 이론 의존적(theory-laden)으로 이루어진다고 할 수 있다(Hanson, 1958). 인간은 사물이나 현상에 대해 객관적으로 관찰하지 못하고, 자신이 지닌 생각과 이론의 토대 위에서 관찰하기 때문이다. 즉, 'Seeing is believing'이 아니라 'Believing is seeing'인 것이다.

이렇듯 '실재'는 인간이 인식할 때 비로소 존재한다. 인간이 인식하지 않는 객관적 실재는 우리가 알 수 없다는 의미에서 존재하지 않는다. 달리 말하면, 인간이 인식하는 방식으로 실재가 존재한다. 즉, 과학은 인간 외부에 존재하는 실재를 있는 그대로 객관적으로 이해하는 활동이 아니라, 인간의 선입견, 이론, 편견에 의해 정신(마음, mind)이 실재를 구성하는 것이다. 그렇다면, 과학 지식은 자연 세계에 대한 믿을 만한 체계가 아니라는 뜻인가? 이쯤에서 과학의 확실성에 대한 전통적인 믿음이 무너질 수도 있다. 극단적으로는 과학이 주는 것이 모두 환상일 수 있으며 실재와는 완전히 다른 체계일지도 모른다는 회의를 갖게 될 수도 있다. 그러나 과학이 지식으로서 다루는 대상은 인간이 알 수 있는 실재이며, 이러한 실재에 대한 지식 생성 과정에서도 다양한 방법론을 통해 그 합리성과 타당성을 추구한다. 따라서 인식론자들과 과학철학자들은 모두 '실재'란 인간이 이해하는 것으로 규정한다. 즉, 인간의 인식 범위 밖에 있는 '실재'의 존재 유무는 의미가 없다. 혹은 '실재'는 인간이 인식할 때 그 존재로서 의미를 갖는다.

다음으로, 둘째 질문은 '과학은 어떠한 방식으로 앎을 추구하는가?'이다. 이 질문에 대해, 과학은 '탐구(inquiry)'를 통해 실재 및 자연 세계에 대한 앎을 추구하는 과정이라고 대답할 수 있다. 또한 자연 세계를 이해하기 위해 과학자들은 한 가지 방식이 아닌 다양한 방식(diverse ways)으로 접근하여 탐구를 수행한다. 따라서 탐구는 과학자들이 하는 참(authentic) 활동으로서, 특정 절차가 정해져 있지 않다. 이에, 과학 교육은 과학자의 탐구를 표방하며 탐구의 속성을 논하고, 여러 가지 차원에서 특징을 조명하여 왔다.[1)]

과학적 탐구의 핵심이 되는 속성은 진정한 과학적 추론(authentic scientific reasoning)이다. 많은 연구자들은 과학적 추론을 분석할 때, 주로 변인 통제, 설명 생성, 설명에 대한 근거 제공과 같은 추론의 일반적 범주에 초점을 둔다(Bybee, 2000; Germann et al., 1996; Hafner & Stewart, 1995; Kuhn et al., 1995; Zimmerman, 2000; Chinn & Malhotra, 2002). 이것들은 모두 과학적 추론의 중요한 요소이지만, 참 탐구에 있어서 유일하고 특이한 것은 아니다. 예를 들어, 과학과 동떨어진 매우 간단한 과제를 수행할 때에도 설명을 만들어내기 위해서는 변인을 통제하고 증거를 제공할 수 있기 때문이다.

그렇다면, 과학적 탐구의 핵심이 되는 진정한 과학적 추론은 어떤 과정을 거쳐 이루어질까? 다른 학문과 다른, 과학의 유일하고 특수한 모습을 조명할 수 있을까? 이러한 질문에 답하기 위해 Giere(1991)가 제시한 과학적 추론(scientific reasoning)의 모델을 살펴보고자 한다. 이 모델은 실세계(real world), 자료(data), 설명(explanation: theory or model), 예측(prediction)의 관계를 잘 보여준다(그림 4-1). 관찰과 측정을 통해 우리는 실세계에 대한 자료를 수집한다(step 1). 이와 더불어, 실세계 행동에 대한 설명을 추측해 만든다(step 2). 이 설명으로부터 추론과 계산을 통하여 추측하고 있는 설명으로부터 구체적인 예측[2)]이 만들어지고(연역되고)(step 4), 그 예측들은 자료와 비교된다(step 3). 다음으로, 자료가 예측과 일치하거나 일치하지 않는 정도가 검증되어야 한다. 이 과정은 분명하지도 않고 간단하지도 않다. 하나의 이론이나 추측이 검증되기보다는, 두 개 이상의 이론이 경쟁하는 경우가 더 많기 때문이다. 다음으로 과학자가 하는 중요한 활동은 이 대안들이 증거와 일치하는지 혹은 일치하지 않는지를 평가하여, 특정 자연 현상에 대해 가장 설득력 있는 설명을 제공하는 것이다. 예측과 자료가 부합되면, 실세계

1) 그러나 학교 과학에서 권장되는 탐구 활동은 진정한 의미에서 탐구로부터 벗어나 있다. 이 비판적 관점은 4.2절에서 논의하기로 한다.

2) 관찰에 대한 추측

와 설명의 조화에 대한 확신이 증가하게 된다. 반면에 예측과 자료가 부합되지 않으면 설명에 의심을 품게 되거나, 설명으로부터 연역된 특정 예측을 의심하거나, 혹은 자료의 타당성을 의심하게 된다.

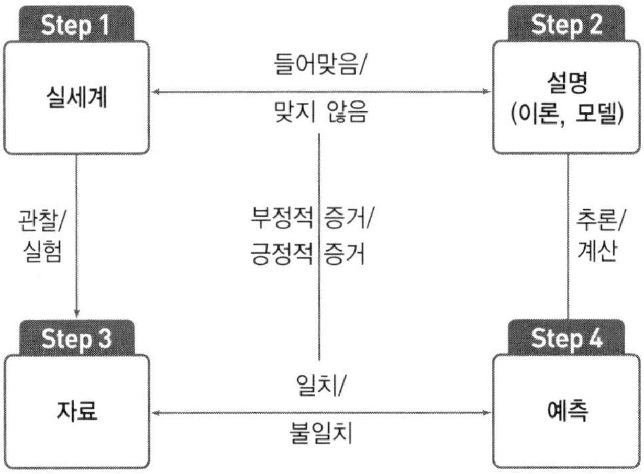

[그림 4-1] 과학적 추론의 모델(Giere, 1991; Driver et al., 2000)

Siegel(1989)의 주장에 따르면, 과학 연구의 핵심은 신뢰할 만한 지식을 추구하는 것이다. 따라서 신뢰할 만한 지식을 얻기 위해서, 과학자들은 보이지 않는 기제로 이론적 모델을 세우고 수정해간다. 그 목적을 달성하는 방법은 대체로 이론 의존적이긴 하지만 항상 그러한 것은 아니다. 방법론적으로 합당한 연구 결과가 예측과 상반된 결과를 산출할 때는 과학자들은 이미 가지고 있던 생각을 바꾸기도 한다. 실제 과학 연구에서 방법과 이론은 뒤얽혀 있는 것이다. 그 과정에서 과학자들은 다양한 자료들, 때로는 상반되는 자료들을 가지고 이론을 조정하게 된다. 즉, 과학자들은 경쟁이론들 간에 궁극적으로 조정의 역할을 하는 증거에 몰두하면서, 전체적인 일관성을 추구하게 된다. 변칙사례가 출현하면 대부분의 경우 그 자료를 무시하거나, 거부하거나, 이론에서 배제하거나, 자료로서 취급을 중단하거나, 자료를 재해석하거나, 혹은 이론의 주변 부분을 변화시킨다. 그러나 때로는 이론 자체를 변화시키는 반응도 나타난다. 이처럼 과학 추론의 본질은 간단하지 않고 복합적이며, 불확실한 판단과 자기발견적(heuristic) 특성을 갖는다. 이와 같이 과학 지식의 생성은 다양하고 다중적인 논증[3] 형태를 띠며, 불확실성을 갖고, 협동적으로 구성되며, 사전 연구를 토대로 한다는 것을 이해할 필요가 있다.

이제까지 살펴본 것처럼, 과학자의 과학 활동의 본질은 일련의 확실한 과정을 거쳐 이루어지는 것이 아니라 증거와 이론의 조정 과정에서 불확실성과 다중적 논증을 통한 자기발견적 추론의 과정이라는 것을 알 수 있다. 또한 그 추론의 과정은 과학자의 개인적인 과정이라기보다는 과학자 공동체의 협력적이고 역사적인 과정이라는 것을 알 수 있다. 최근 수십 년 동안, 사람들은 과학 지식의 생성에 사회적 측면이 중요한 영향을 미친다는 사실을 점점 더 중요시하게 되었다. 따라서 과학은 사회적 과정이고, 과학적 지식은 공동체의 산물인 공적(public) 지식이라는 위상을 갖게 되었다. 즉 과학에서 새로운 지식은 다양한 과학 단체나 기관에서 검증한 후에야 비로소 공적 지식이 된다. 예를 들어, 학회지에 출판된 논문은 동료 연구자들이 검토하게 되는데, 출판된 논문의 저자들이 주장하는 것을 더 많은 과학자 집단의 구성원들이 세밀히 검토하고 비판하게 된다. 이에 따라 때로 실험이 다시 수행되고, 검증되고, 대안적인 해석이 제시되기도 한다. 이러한 비판적 검토의 논증 과정을 통해 논증을 제시하고 평가하면서, 과학자들은 과학의 내적 요소들 밖의 사회적 가치 및 문화적 개념과 같은 다른 요소들로부터 영향을 받는다(Woolgar, 1988).

과학 활동의 중심에 논증이 있다는 점은 어떤 쟁점이 해결되기 위해서 여러 해가 걸린다는 사실을 통해서도 알 수 있다(Collins & Pinch, 1993). 또는 어떤 쟁점은 전혀 해결되지 않는 경우도 있다. 하나의 결정적 실험으로 경쟁 이론들의 차이가 해결되진 않는다. 오랜 시간에 걸쳐 증거를 주의 깊게 대조하고 선별하여 충분한 증거를 통해서만 경쟁 이론을 지지하거나 반대하는 강력한 논증이 이루어지고, 결국 특정한 계열의 사고는 '해석적으로 폐기' 되는 것이다. 이러한 과정을 보여주는 좋은 예는 '판구조론' 이다. 판구조론은 오랜 기간 지질학자 집단이 회의적으로 고찰한 끝에 채택되었다. 또한 광우병이 인간에게 전염되는가의 문제를 해결하는 과정에서의 논쟁과 논증에서도 유사한 현상을 볼 수 있다.

---

3) 이 장에서 자주 사용되는 '논증' 은 argument의 번역어이다. 이 번역어는 연구자들 간에 아직 합의에 이르지 못하고 있다. 이선경 외(2005b)는 '논증' 으로, 김순민(2004)은 '논의' 로, 김희경과 송진웅(2004)은 '논변' 으로, 민병곤(2004)은 글의 맥락에 따라 '논거', '주장', '논증' 등으로 유동적으로 사용하였다.

한편 이들 논증은 여러 수준을 갖기도 한다. 첫째, 실험을 계획하거나 자료를 해석할 때 개인 과학자의 정신 속에서, 둘째, 집단의 이론적 확신근거와 경험적 토대에 비추어 연구 계획의 대안적 방향이 고려될 때 연구 집단 내에서, 셋째, 학회에서 경쟁 입장 간의 상호작용 또는 학회지를 통한 과학자 공동체 집단 내에서, 넷째, 경쟁 영역에 있는 과학자들이 매체를 통해 경쟁이론을 드러내는 공공 영역에서 이루어지는 논증들이 그 예이다.

과학 지식이 사회적으로 구성된다는 이상의 논의를 통해서, 담화 실제(discursive practices)가 지식 주장을 확립하는 데 중요한 역할을 한다는 점을 알 수 있다. 즉, 관찰과 실험은 과학을 수립하는 근본이 아니라, 지식 주장을 위한 합리적 논증 활동을 지원하는 것이다. 또한 과학자들이 제시하는 경쟁적 지식 주장을 받아들일 것인지 거부할 것인지를 판단하는 것은 논증과 그 논증을 지지하는 증거가 얼마나 강하고 견고한지에 달려 있다.

정리하면, 과학 지식의 본성과 과학 활동의 본성은 다음과 같다.

과학 지식의 본성	과학 활동의 본성: 탐구
• 관찰의 이론 의존성(theory-laden) • 인간의 인식하는 것으로서 실재(reality)의 존재 의미	• 이론–자료의 조정 • 방법의 이론 의존성 • 변칙 사례에 대한 반응: 합리적 무시 • 추론의 본질: 자기발견적, 비산술적 • 지식의 사회적 구성(social construction)

4.2 학교 과학교육에서 과학의 본성 학습의 한계

미국과학교육기준(NSES)에 제시된 과학적 탐구의 특징은 과학자들이 문제를 제기하고(asking), 자료를 수집하여 증거를 구별하며(evidencing), 증거를 바탕으로 설명을 형성하고(explaining), 과학적 지식을 사용하여 설명을 정당화하며(evaluating), 과학적 논의의 기회를 통해 검증과 반증 과정을 거쳐 이론을 발표(communicating)하는 것으로 구성된다(NRC, 1996). 이 다섯 가지 과학 탐구의 요체는 과학자들의 활동의 특징을 규명한 것으로, 학교 과학에서 학생들의 탐구 활동 수준은 과학자의 수준과 같지 않을 것이라는 한계를 갖는다. 이는 학생의 과학 학습이 과학자의 활동과 같게 이루어질 수는 없는 일이기 때문이다. 이러한 한계 때문에, 학교 과학에서는 탐구의 각 특징이 다양한 수준으로 취급될 수 있도록 권장된다. 예를 들어, 실제 과학자들이 하는 것처럼 문제 제기(asking)를 학생들에게 모두 열어놓았을 경우 학교 교육과정에서 다루어야 하는 과학 내용에 집중시키기 어려운 경우가 있다. 이럴 때는 교사가 문제를 제시하고, 학생들에게 그 문제를 해결하기 위해 증거를 찾게 하거나 설명을 만들어내게 하는 등의 융통성을 갖고 운영할 수 있다는 것이다.

그러나 미국과학교육기준이 권장하고 있는 과학 탐구의 정신과 요체가 학교 과학에서 어떻게 다루어지는지에 관해서는 비판적 관점이 더 많다. 과학 탐구의 특징을 다양한 수준으로 융통성 있게 학교 과학수업에 적용할 수 있다 하더라도, 교사가 그 수준을 자유롭게 적용하여 탐구의 정신과 요체를 살려내기란 결코 쉬운 일은 아니다. 즉, 학교 과학에서 탐구 활동 및 수업이라고 일컬어지는 상황과 실체를 살펴보면, 학교 과학에서 수행되는 탐구 활동은 주로 과학자가 하는 활동의 성격을 최대한 반영한 것으로서 학생들이 활동 주체가 된다. 이들 활동은 과학의 본성과 과정에 대한 구체적인 목표를 만들고 그 목표에 맞게 활동이 구성되어 있다. 예를 들어, 관찰을 통해 변인들의 관계를 살펴본다든지, 변인 통제를 하여 실험의 목적에 맞는 결과를 얻어낸다든지 하는 것들을 포함한다. 따라서 이 활동들은 과학교육의 목표인 참 과학 활동을 구현하는 것처럼 보일 수 있지만, 넓은 의미의 과학 교육과정 안에 이 활동들이 실제로 어떻게 상황화 되는지를 과학의 본성 측면에서 살펴보면, 오히려 여러 가지 문제가 출현하는 것을 볼 수 있다(Rudolph, 2005).

탐구를 하나의 연속체로 보고 한쪽 극단에 과학자들의 과학 탐구가 위치한다면, 다른 한쪽 극단에는 '단순 탐구 과제(simple inquiry tasks)' 로 대표되는 학교 탐구(classroom inquiry)가 위치한다(Rudolph, 2005). 학교에서 이루어지는 단순 탐구 과제는 전형적으로 세 가지 유형의 핸즈온(hands-on) 활동으로 구성된다. 그 한 가지는 단순 실험이고, 다른 한 가지는 단순 관찰이며, 마지막으로 단순 설명이 있다.

'단순 실험(simple experiments)' 은 하나의 독립변인이 하나의 종속변인에 어떠한 영향을 미치는지를 살펴보는 간단한 실험을 의미한다. 예를 들어, 학생들은 막대기의 한 끝을 책상 모서리에 고정시키고 다른 한 끝에 추를 매달아서 막대기가 얼마나 휘는지를 살펴본다. 추의 무게를 다양하게 변화시키면서 추의 무게에 따라 막대기의 휘는 정도가 어떻게 영향을 받는지를 살펴보는 것이다. 한편, '단순 관찰(simple observations)' 은 학생들이 사물을 주의 깊게 관찰하고 기술하는 것이다. 예를 들어, 불가사리를 관찰하고, 지름을 재고, 입이나 관족과 같은 다양한 구조의 위치를 관찰한 뒤에 기록한다. 마지막으로, '단순 설명(simple illustrations)' 은 주어진 절차에 따라 실험을 하고 결과를 관찰한 후 이론을 확인하는 활동이다. 예를 들어, 학생들은 교과서에 제시된 실험 절차에 따라 시험관에 표백제 20 ml를 넣고 염화코발트 0.5 g을 첨가한다. 그 다음 시험관 입구를 엄지손가락으로 막은 후 시험관 안에 무엇이 발생하는지를 관찰한다. 기체가 발생하는 것을 관찰하고 손가락에 압력을 느끼게 되면, 불씨가 남아 있는 성냥을 시험관 입구에 갖다 댄다. 이때 교과서는 화학 반응으로 산소가 발생하였기 때문에 성냥이 다시 타오르게 된다고 설명하고 있다. 따라서 학생들은 실험 절차를 완수했을 때 새로운 현상을 확인하게 되지만, 결국 그 이상을 탐구할 기회를 갖지는 못한다.

이상의 세 가지 유형을 포함한 단순 탐구 과제의 인식론은 과학자들이 수행하는 참된 탐구 과제의 인식론과 매우 다르다. 각 유형별로 약간의 차이는 있겠지만, 단순 탐구 과제에서는 공통적으로 주어진 연구 질문에 따라 실험 절차나 과정 기술이 제공된다. 또한 통제해야 할 변인이 복잡하지 않게 제시되며, 측정 오차나 실험의 오류는 무시되고, 하나의 관찰 자료에만 의존한다. 특히, 연구 질문과 직접 관련된 관찰 자료만 허용되며, 실험 결과는 유사한 상황에 대해서만 일반화되고, 하나의 실험만 수행하며, 다른 연구 결과는 참조되지 않는다. 이에 따라, 단순히 대조하거나 귀납하거나 연역하는 추론이 수행되고, 경험 자료의 규칙성을 찾지 않게 된다. 이러한 과제 유형들이 대부분의 교과서가 탐구 과제를 다루는 방식이다. 따라서 학교 과학의 인식론에서는 부분적으로 상충되는 자료들과 이론적인 조정이 일어나지 않으며, 과학적 방법의 이론 의존성은 논외가 된다. 이에 따라, 학생들은 자료를 다르게 해석하려는 것에 대해 생각할 필요가 없고, 간단한 실험과 관찰로부터 애초에 분명하게 제시된 탐구의 결론을 이끌어낼 뿐이므로 단순하고 즉각적인 추론 과정만 거치게 된다.

학교 교육과정의 목표는 이러한 학교 과학탐구 과제를 통해서 학생들이 인지적 성과를 얻도록 하는 것으로 보인다(Wellington, 1998). 즉 탐구 활동 그 자체를 경험하는 것이 아니라 교과서에 처방된 일련의 절차를 따름으로서 탐구 활동의 구체적 목표인 이론이나 개념을 학생들이 학습하게 하는 것이다. 이 과정에서 학생들은 사물이 아닌 개념을 다루게 된다. 학교 과학탐구 과제는 관찰을 이론 중립적으로 제시하고 실험 자료로부터 법칙과 이론으로의 도약을 귀납적인 과정으로 제시한다. 즉, 객관적 관찰을 통해 변인들의 단순하고 즉각적인 인과 관계를 찾아내어 일반화된 이론이나 개념을 학습하는 것이 목표가 된다. 또한 이러한 과정을 통해 검증하거나 도출해낸 결론 및 일반화는 확실한 과학 지식의 지위를 확보하게 된다. 그러나 다양한 자료나 증거를 확보하고 대조하고 실험해보는 과정이 생략되었기 때문에 실제 과학의 본성과는 동떨어진 활동이 된다.

이처럼 학교 과학탐구에서의 전형적인 단순 탐구 과제는 탐구 학습에 관한 인식론적 어려움을 갖거나 현대 과학 철학적 관점과 상반된다. 즉, 학교 과학에서 다루는 탐구 학습에는 다음과 같은 인식론적 어려움이 존재한다. 하나는, 앞서 언급한 대로 'Seeing is believing' 이라고 하는 인식론적인 순진성이다. 사실 우리는 관찰할 때 항상 자신만의 특별한 '안경' 을 낀다. 이 안경은 무엇을 선택하여 관찰할지에 영향을 주고, 우리의 선개념 또한 우리가 관찰하는 것에 영향을 준다. 이를 '관찰의 이론 의존성' 이라고 하는 데, 이는 현대적 과학 철학 관점의 기본 가정이기도 하다. 그러나 학교 과학탐구의 전형적인 탐구 과제에는 개인이나 혹은 집단의 이론이나 모형을 토대로 관찰 증거를 조정하는 과정이 배제되어 있다. 학생들은 일회성의 관찰 결과를 단순하게 이론과 연결하는 과정으로 인해, 관찰의 속성에 대해 탐색할 기회를 갖지 못한다. 따라서 관찰은 대체로 정확한 것으로 인식되는 경향이 있으며, 본인이 속한 집단의 관찰 결과가 다른 집단의 관찰 결과와 다르면 어느 집단에선가 관찰을 정확하게 하지 못한 것으로 단정 짓는 경우가 많다.

학교 탐구 학습의 인식론이 지닌 두 번째 문제는 관찰로부터 설명에 이르는 과정에 있다(Millar, 1998). 과학 탐구 학습은, 만일 교사가 수업에서 관찰 사실을 신중하게 구조화하고 배열한다면, 관찰로부터 설명이 '나타날 것' 이라는 생각에 바탕을 두고 있다. 이것을 철학적인 용어로 '소박한 경험주의' 라고 한다. 즉 우리의 지식이 편견 없는 관찰에서 비롯되고, 관찰을 통해 유형과 규칙성을 식별하여 설명에 도달할 수 있다는 견해이다. 그러나 과학사를 조금만 살펴보면, 훗날에는 분명한 유형들도 당시 그 영역을 탐색하던 사람들에겐 종종 확실하지 않았고, 단지 수집된 자료에서 설명이 나타나는 것도 아님을 알게 된다. 많은 사람들이 적절하고 믿을 만한 자료를 수집하고, 동시에 이 자료를 설명할 필요가 생기면서 새로운 영역은 발달하기 시작한다. 그러다가 어느 시점에 과학자들 중의 한 사람이 대부분의 자료를 설명할 수 있는 설명 체계를 제안한다. 나머지 자료는 잠시 '설명되지 않은 것으로' 여기고 옆으로 젖혀두거나 어떤 경우에는 잘못되거나 부적절한 것으로도 여겨진다. 얼마의 시간이 지나고 나면, 과학자 집단은 이 설명이 지닌 가치에 의해 설득 당하고 이로부터 대개 생산적인 일련의 새로운 연구들이 이어진다. 따라서 설명은 이용 가능한 모든 자료에 친숙한 사람으로부터 나오게 된다. 그러나 이와는 달리, 설명을 일반화하는 단계는 반드시 창의성 및 상상력을 필요로 한다. 설명(또는 이론)은 설명의 대상자인 자료와 완전히 구별되는 지적 창조물이다. 제안된 설명의 운명이 어떻게 되든, 자료는 여전히 그대로 있기 때문이다. 따라서 가치 있는 자료가 충분히 모이면 설명이 '반드시 나타나는 자동적인 처리 과정' 은 존재하지 않는다. 예를 들어, 학교 실험에서 마찰시킨 플라스틱 막대와 여러 물체들을 많이 관찰해보면, 이 물체들이 어떻게 밀고 당기고 달라붙는지를 알 수 있다. 그러나 이를 통해 눈에 보이지 않는 작은 입자들이 마찰의 과정에서 이동하며, 이 입자들이 전하(물질의 기본적인 속성이지만 대개는 양전하와 음전하가 같은 양만큼 존재하기 때문에 관찰할 수 없다)를 띠고 있다는 결론에 도달하기는 쉽지 않다. 대부분의 학습자들이 다른 사람으로부터 설명을 듣지 않고 학교 실험의 경험만으로 이러한 생각에 도달할 수 있다는 주장은 믿기 어렵다. 우리가 위대한 과학자의 천재성을 찬양하는 이유가 바로 이와 같은 설명을 만들어내는 과정이 관찰 및 측정을 다루는 자동적이고 기계적인 과정도 아니고 '방법' 을 따르는 과정도 아니기 때문이다. 이에 도달하려면 관련된 현상에 오랫동안 몰두하여 노력해야 하고 특별한 통찰력이 필요하다. 그러나 실제 학교에서의 학습 상황은 오랜 기간의 몰두와 노력을 허용하지 않을뿐더러, 무리하게 특별한 통찰력을 기대하지도 않는다.

4.3 과학의 본성 이해를 위한 비형식 과학교육의 가능성

과학교육에서는 교육적 목적인 지식 습득을 위한 방법으로서의 탐구가 아닌, 탐구 그 자체의 중요성과 의미를 강조하지만, 교사와 학생들이 참 과학 탐구를 체험하기란 쉽지 않다. 현 교육과정은 이미 법제화되어 있으며 학교 학습의 성격상 자원, 시간, 공간에 있어서 상당한 제약이 존재하기 때문이다.

그렇다면 여기서 교사와 학생들이 참 과학 탐구를 경험하기 위한 방안을 생각해보면 다음과 같다. 우선 첫째, 학교 교육의 목표와 방법이 변화해야 한다. 참 탐구란 활동을 통한 지식 획득에 있지 않고 활동 그 자체에 있어야 하기 때문이다. 따라서 과학 탐구는 학교가 제공하는 교육과정의 목표 및 방법의 울타리에서 벗어나야 할 것이다. 둘째, 첫째 방안과 관련지어, 구체적으로 사회과학적 논제에 집중한다면, 대중의 과학 이해에 초점을 두어야 한다. 그러기 위해서는 실생활의 과학 · 기술적 논제를 다루어야 할 것이다. 앞서 살펴보았듯이 참 과학 탐구는 제도적, 공간적, 인적 조건이 충족되면, 어디서든 할 수 있기 때문이다. 특히 어디서 이루어지는가의 장소와 관련된 문제라기보다는 무엇을 어떻게 하는가와 연관된 과학의 가치, 태도, 방법과 관련된 문제라고 할 수 있다. 셋째, 과학 교사가 탐구의 실제를 체험할 기회를 가져야 한다. 학교 과학교사는 탐구의 실제를 체험할 기회가 부족하여 탐구를 기능이나 절차로 이해하는 경향이 강하다. 즉, 많은 교사는 교육과정 상의 탐구 실험을 구조화함으로써 교사와 학생의 활동을 구체화시킨다. 또, 교사는 참 탐구가 교육과정 및 시공간의 한계 때문에 가능하지 않다고 하지만, 실제로는 교사 자신이 어떻게 해야 하는지 모르기 때문에 실제로 시공간이 확보된다 하더라도 잘 수행할 수 있을 것으로 보긴 어렵다.

그렇다면 학교에서의 탐구의 구현은 어렵고 요원한 것인가? 학교에서 참 과학 탐구를 구현하는 데 제기되는 여러 가지 문제는 학교 내에서 해결 방안을 찾아야 하지만, 또 다른 방안은 학교와 다른 맥락에서 탐구의 인식론적 또는 실제적인 측면을 탐색하고 조명하는 것이 될 수 있다. 예를 들어, 비형식 교육기관에서의 교육 활동이나 학교와 연계된 다양한 학교 밖 활동을 통해 탐구의 체험을 가능하게 할 수 있다. 이러한 탐구가 이루어지는 상황과 실제는 학교과학이 놓치고 있는 부분에 관한 시사점을 줄 수 있다. 탐구의 본질 및 과정을 체험할 수 있는 기회의 장을 학교 교육의 범위 밖으로 확대하여 생각해볼 필요가 있다. 이에 대한 방안으로 특정 교육과정을 따르지 않고 자유 탐구 학습이 이루어질 수 있는 박물관, 현장 체험, 공동체 기반 활동 등의 비형식 학습 환경은 좋은 대안이다. 미국이나 한국의 교육과정에서 비형식 교육환경에 대한 고려는 어떠한지, 탐구의 체험 가능성과 과학의 본성에 대한 접근성 및 이해의 가능성 등을 이해할 필요가 있다.

학교에서 과학 탐구를 적극적으로 반영해야 함은 세계 여러 나라의 과학 교육 지침뿐 아니라 우리나라 과학과 교육과정에도 명시되어 있다. 참 과학 탐구의 경험이 중요함을 인식하면서도 학교 과학에서 다루기 어려운 여러 한계 때문에, 최근 우리나라의 2007 개정 과학 교육과정은 '자유탐구'를 마련하는 등의 노력을 기울이고 있다. 이와 같이, 학교에서 과학의 본성을 더욱 적극적으로 고려할 것을 권고하는 국가 차원의 지침과 더불어, 다른 한편으로 과학 탐구의 실제를 학생들이 체험할 수 있도록 하기 위해서 굳이 학교 안의 환경만을 고집할 필요는 없다는 견해도 있다. 미국과학교육기준(NSES)에서는 "좋은 과학 프로그램은 교실을 벗어나 세계로 접근할 수 있어야 한다."(NRC, 1996, p. 220)고 지적하면서, 학교 및 교사의 협력 체제 아래, 다양한 비형식적 교육환경들을 제공함으로써 학생들에게 균형 잡힌 과학 경험이 가능하도록 권장하고 있다. 국내의 비형식 교육 관련 연구의 확산 역시, 학교에서 과학의 본성을 더욱 적극적으로 고려할 것을 권고하는 국가 차원의 지침과 더불어 사회문화와 교육 환경의 변화에 따른 자연스런 현상으로 보인다. 특히 우리나라의 교육과정은 학교 교육을 위한 자원을 학교 안에서 밖으로 확장하여 활용할 것을 권고하고 있으며, '체험학습'의 강조로 학교 외 교육활동이 더욱 부각되었다(교육부, 1997). 여기에 최근 학교와 직장의 주 5일 학습과 근무 환경의 변화, 학교의 재량 학습 기회 확대 등으로 인하여 학생들은 과학 관련 박물관, 야외 탐사 등의 비형식 교육기관을 방문하는 횟수가 해마다 증가하는 추세이다. 이처럼 국내 학교 교육과정의 지침, 학교와 사회문화 및 교육환경의 변화는 과학 교수-학습을 학교 공간에 한정하지 않고 비형식 교육환경의 효율적 활용을 제고하도록 한다.

한편 비형식 과학 교육에 대한 여러 연구들은 학습자의 학습 기회를 향상시키고 중요한 학습의 효과가 나타남을 말해준다. 야외 답사, 캠프, 혹은 과학 관련 박물관 등의 학교 외 교육환경에서는 학교에서 시공간의 제한으로 제공하기 어려운 다양한 규모와 형식의 과학 교수-학습 자료(resources)를 제공한다(이선경 외, 2005b). 예를 들어, 과학관은 기초, 첨단, 일상, 전통 과학 등의 심화된 콘텐츠를 다양한 전시매체를 사용하여 학생들이 과학 활동에 자발적으로 참여할 수 있도록 하는 교육적 의도를 가지고 있다. 또한 야외 답사는, 과학 이론을 다루기 위해 구조화되고 변인 통제된 실험실 상황에서 벗어나, 자연 현상으로부터 개념 혹은 이론으로 관심을 이끌어내는 한편 과학 탐구 활동에 몰두할 수 있는 기회를 제공한다. Schibeci(1989)는 학교 외의 요소들이 학생의 교육 결과에 중요한 영향을 주기 때문에, 과학 교사가 학생들이 비형식적으로 획득한 아이디어를 수업에 효과적으로 활용할 수 있다고 제안하였다. 즉, 이러한 아이디어들을 획득하는 과정을 주의 깊게 검토함으로써, 교사는 학생들의 일상 생각을 수업에 이용할 수 있다는 것이다(Lucas et al., 1986).

또한 학교 외 교육 환경에서 자발적으로 과학 활동에 몰두할 때, 학생들의 과학 탐구 및 과정 기능(process skills), 창의적 사고력과 같은 보다 고차적인 교육적 효과가 있다는 점 역시 여러 연구들을 통해 밝혀져 왔다. Beier와 McRobbie(1992)에 따르면, 상호작용적 과학관 활동을 통해 7학년 대부분의 학생들이 '소리' 개념의 이해도가 향상되었다. 또한 Rix와 McSorley(1999)는 상호작용적 과학관에서 학생들이 과학 지식과 과학 탐구 기능을 학습할 수 있었고, 과학에 대해 긍정적인 태도를 가지며 새로운 발견에 열중하는 태도를 보였다고 하였다. 여기서 상호작용적 과학관은 아동(학생)이 자신에게 흥미로운 것을 찾아서 그것을 자신의 역량에 맞게 탐색하면서 과학을 이해할 수 있는 곳이기 때문에(Gardner, 1993), 상호작용적 전시물을 통한 과학학습 과정은 경험적 · 탐색적 · 설명적 과정이며 과학관은 관람자가 가지고 있는 오개념에 도전적이고 새롭게 이해하도록 하는 환경이 된다(Feher, 1990).

과학을 학습한다는 것은 과학자들의 문화를 학습하는 것이라는 관점에서 볼 때, '참 과학(authentic science)'은 학생들이 흥미를 가지고 활동에 참여하며 몰두하여 즐거움을 갖는 것이라 볼 수 있다. 학교 과학에서의 대표적인 참 과학은 학생들이 스스로 참여하는 수업 구조인 '실험'에 해당한다고 생각되곤 하지만, 실제 실험이나 과학 활동에서 학생들이 참된 과학을 하는가 라는 점에서는 적당하지 않을 것이다. 전통적으로 학교 과학교육은 정답을 향한 수렴적 활동이 주를 이루고 있다. 참다운 과학의 모습은 계속 탐구하는 과정이라고 하지만, 학생들은 정답을 모르거나 정답이 없는, 여러 방법으로 설명할 수 있는, 자기 나름의 주장을 펼 수 있는 과학 활동을 학교에서는 거의 못 한다고 할 수 있다(박승재 외, 2000). Woolnough(1998)의 조사에 의하면, 실제로 많은 교사들이 과학 수업에서 이론과 관련된 구조화된 실험을 가장 자주 실시한다. 학생들은 실험에서 주어진 절차를 기계적으로 수행할 뿐, 그러한 방법이 왜 필요한지 이해하지 못하며, 따라서 학생들의 조작 활동은 과학 개념에 대한 사고 활동과 연관되지 않는다(Hodson, 1996; White, 1996; Watson, 2000). 따라서 학교 외 과학 활동은 학생들에게 개방적인 탐구 활동의 기회를 제공해줄 수 있어야 한다. 다시 말해, 학생들은 문제에 대한 소유감을 갖고 열린(open-ended) 형태의 진정한 탐색을 할 수 있어야 하며, 그렇게 하기 위해서는 학교 안에서 밖으로 교육적 관심을 돌려 다양한 학습 자원과 기회를 창출해야 할 것이다.

이처럼 비형식 교육환경은 학생들의 개념, 추론, 과정기능, 창의적 사고력 증진 외에, 학습자 스스로 열린 탐색에 참여하게 함으로써 참된 과학 활동을 수행할 가능성이 높은 교육 환경을 제공한다. Resnick(1987)은 학교 학습과 학교 외 학습 간의 차이에 관해 개인적 사고와 협력적 사고, 순수한 지적 활동과 도구 조작 활동, 추상적 지식의 조작과 맥락적 사고, 일반화된 이론적 지식의 학습과 상황 구체적 능력의 적용과 같은 여러 측면에서의 대비를 통해서 설명하였다. 물론, Resnick의 주장처럼 학교 학습과 학교 외 학습을 이분법적으로 구분할 수 있는 것은 아니지만, 이러한 구분은 학교와 학교 외 학습이 서로 보완하고 절충하고 통합할 수 있는 가능성을 개념적으로 따져보고 실제를 구상하는 데 도움이 될 수 있다. 동시에 그의 지적과 같이, 비형식 교육 맥락에서의 학습은 학교 학습 환경에서 시도하기 어려운 조작적이고 협력적이고 맥락적이고 상황인지적 활동을 수행할 수 있는 장점을 가질 것으로 기대된다.

4.4 비형식 과학학습 환경과 과학의 본성

학생들이 과학 지식의 성격과 과학 활동의 본질을 체험하기 위하여 학교 밖 교육 기관이나 현장을 활용하는 기회가 적극적으로 권장되는 것이 현실이다. 이러한 활동들의 장점 중 하나는 학생들의 체험 활동이 다양한 차원으로 이루어질 수 있다는 점이다. 짧은 시간에 가장 간단하고 수동적으로 이루어지는 관찰이나 관람에서부터, 오랜 기간에 걸쳐 탐구문제를 제기하고 문제를 해결하는 방법을 스스로 적용하여 상황적 지식을 생성하는 것에 이르기까지 다양하고 다차원적이다. 과학 교육적 관점에서 보았을 때, 학생들의 탐구는 과학자들이 장시간에 걸쳐 탐구하듯이 하는 것이 가장 바람직할 것이다. 또한 학교 밖에서 이루어질 수 있는 학생들의 과학 탐구 활동의 수준은 개인적인 차원에서부터 사회적 차원까지 다양한 차원을 갖는다. 이 절에서는 대표적인 비형식 교육 맥락으로서 과학관 · 박물관 방문, 현장체험, 공동체 기반 프로젝트 맥락을 살펴보도록 하겠다.

우선, 비형식 교육 맥락 안에서 과학관 · 박물관 방문(museum visit)과 현장체험(field trip)에 관한 연구는 가장 많이 나타난다. Gardner(1991)는 '학교가 점점 시대에 뒤떨어져가는 동안 과학관, 동물원, 수족관, 식물원과 같은 비형식 환경이 학생들을 맡아 그들을 가르치며 그들의 이해를 증진시키고, 무엇보다도 학생들이 앞으로의 학습에 대해 스스로 책임을 질 수 있도록 돕기 위한 잠재력'을 보유하게 되었다고 주장했다.

다음으로, 공동체 기반 프로젝트(community-based project) 맥락은 학습을 '참여'로 은유(participation metaphor)하는 것에 그 뿌리를 둔다. 전통적으로 학습을 '획득'으로 은유(acquisition metaphor)하는 것과 달리, 참여 관점은 상황 학습(situated learning or situativity theory)(e.g., Greeno, 1995; Lave & Wenger, 1991) 이론과 연관이 있다. 학습에서의 실행은 공동 참여자들이 중심 혹은 주변적으로 참여(peripheral participation)하는 것으로서, 점진적으로 참여의 정도와 복잡성이 증가된다. 학습의 주체는 개인이라기보다는 공동체 또는 학습 상황에 참여하고 있는 사람들이며, 개인의 행동이 아닌 공동 참여자들에게 분배되는 것이다. 즉, 학습은 도제(apprenticeship)의 성격을 갖는다. 참여 과학 학습은 형식적 학교 과학과 달리, 교과서와 교사의 언어로부터 지식을 전달받는 것이 아니라 공동체의 일부로서 참여를 통해 교사, 과학자, 혹은 동료를 포함한 지적 성숙인의 '가까이에서(at the elbows)' 학습하며, 학습자 스스로 행위 안에서(reflection in action), 그리고 행위에 대한 반성(reflection on action)을 통하여 책임 있는 참된 과학 활동을 하게 된다(Barab & Hay, 2001).

4.4.1. 과학박물관 전시에 반영된 과학의 본성

과학교육자들은 자연사박물관과 같은 비형식 교육기관이 학생들과 일반인의 과학 학습에 아주 중요한 역할을 할 것으로 기대해 왔다(NRC, 1996). 실제로 오랜 연구결과, 비형식 교육상황에서의 정의적 및 인지적 영역에서의 학생의 성취에 대한 보고가 있었다(Melber & Abraham, 2002). 이러한 기대를 보다 상세히 살펴보면, 과학교육의 핵심적 목표인 과학적 소양인의 양성이 자리하고 있는 것을 볼 수 있다. 과학적 소양은 Hurd(1958)가 '과학의 이해와 이를 사회 경험에 적용하는 것'으로 과학교육목표에 도입한 이래, 오늘날에는 우리나라를 비롯한 많은 국가들의 과학교육의 목표가 되어왔다. 이후, 과학적 소양의 개념은 보다 상세하고 정교하게 정립되었는데, 과학 지식과 기능, 그리고 과학의 본성에 대한 이해를 높이고, 과정과 지식을 결합하여 과학적으로 추론하고 비판적으로 사고하는 탐구 과정을 수행하는 것을 의미하는 것으로 발전하였다.

과학의 본성은 과학 지식의 내적 가치와 가정, 그리고 인간 노력의 결과로서 과학지식이 갖는 영향과 한계점을 포함한다. 현재 과학을 보는 철학적 입장과 교육관에서는 과학이 인간의 노력으로 이루어지며, 이론과 문화에 영향을 받으며, 경험관찰에 의존하고, 변화 가능한 속성을 가진다는 관점에 일반적으로 동의한다. 이러한 맥락에서 과학에 대한 현재의 인식론적 관점에 부합하기 위해서는, 과학 지식의 가치, 가정 및 창출과정을 이해해야 과학이 상황(맥락)에서 고립된 '사실'의 집합이라는 이미지를 갖지 않게 될 것이다.

이와 같이, 과학교육에서 과학의 본성이 차지하는 중요성 때문에 오랫동안 많은 과학교육 연구자들이 학생들의 과학 본성 이해에 몰두해왔지만, 대부분의 연구 결과는 학생이나 교사가 과학의 본성 이해에 도달하고 있지 못함을 말해준다(Alters, 1997). 또한 과학의 본성 이해를 위한 효과적인 교수방안이나 교육 실제로서 권장되는 사례는 찾아보기 어려우며, 수업상황에서 과학의 본성에 대한 교사의 개인적인 이해가 직접적으로 나타나지도 않는다(Lederman, 1999; Southerland et al., 2003). 다시 말해, 과학의 본성 이해가 과학 학습에 매우 중요하고 교육과정이 과학의 본성을 반영한다고 하더라도, 실제 과학의 본성 측면을 효과적으로 취급하는 교육의 실제는 쉽지 않다는 것이다.

일부 연구자들은 과학의 본성을 효과적으로 학습할 수 있는 방법을 제시하였다. 그 중의 하나는 과학적 탐구 활동을 통해 과학의 본성이 논의되고 개념화될 수 있다는 것이다. Schwartz 외(2004)는 과학자들의 실제 활동은 복잡하며 교실 과학과는 다르기 때문에, 학생들이 과학의 본성을 이해하기 위해 가장 바람직한 방법은 과학 탐구를 경험하는 것이라고 제안한다. 그들은 학생들을 활동(activity), 탐구조사(investigation), 그리고 역사적 사례(historical examples)의 맥락에 끌어들여 토론, 안내된 반성적 사고, 구체적 질문 접근을 통하여 학생들로 하여금 과학의 본성에 대해 생각하도록 해야 한다고 주장한다. 특히, 연구도제 학습은 학생들이 과학자가 된 느낌을 갖게 하며 과학자의 연구 활동의 본성을 체득하게 하며, 이와 더불어 개념 획득은 물론이고 과학적 증거의 역할과 과학의 본성에 대한 개념 이해에 영향을 미친다고 하였다.

또 다른 방법은 과학사적 내용을 다루는 과정에서 과학의 본성을 효과적으로 학습할 수 있다는 것이다. 결과 중심의 지식 체계는 과학자가 되려는 과학도들이 가장 쉽게 목표에 다다르게 하는 좋은 방법일 수도 있으나(Kuhn, 1970) 과학을 완성된 체계로 전달하게 되어, 과학적 사실, 법칙, 이론들이 발달 과정에 있고 변화가능하며 잠정적이라고 하는 본성적인 점을 무시하게 된다. 반면 과학사는 과학 지식의 형성 과정을 포함하고 있어서 이론의 형성과 발달 과정을 고찰하게 함으로써 과학 이론의 잠정성을 보여준다(이선경과 김우희, 1995; 소원주, 1998; Matthews, 1992). 또한 과학사적 내용을 통해 학생들은 과학적 아이디어가 시간이 지남에 따라 어떻게 변화되었으며 과학적 아이디어와 그것의 활용이 사회적, 도덕적, 정신적, 문화적 맥락에 의해 어떻게 영향을 받았는지에 대한 지식과 이해를 높일 수 있는 기회를 갖게 될 것이다. 학생들은 이러한 과정에 참여함으로써 과학이 인간의 경험에 대한 중요한 사고방식이기는 하지만 유일한 방식은 아니라는 점을 인식하여야 한다(정광수 외, 2003). 학생들이 과학의 본성을 이해하고 바람직한 개념을 형성하려면 그 과정에서 토론을 통한 반성적 사고와 과학적 증거의 재발견 및 발전 과정에 대한 비판적 시각을 작동시키는 것이 필요하다. 다시 말해, 과학의 본성 이해에 중요한 것은 과학사적 내용이라는 수업 자료를 갖고 과학의 본성에 대한 다각적 측면을 반성적으로 고찰하는 과정이 포함되어야 한다는 것이며, 이는 과학적 탐구 활동을 수행할 때도 마찬가지이다.

그러나 과학탐구활동과 과학사의 사례를 교사의 지도하에 학생들이 경험한다 하더라도 학교과학과 교실현장에서는 과학의 중심에 위치한 과학자의 활동을 생생하게 체험하기 어려운 한계가 있다. 그 한계를 극복하기 위해, 미국 과학교육기준은 학생들의 학습을 학교 안에서 밖으로 끌어내어, 다양하고 심층적인 경험을 하게 하는 것을 권장한다(NRC, 1996). 우리나라도 7차 교육과정에서 체험활동을 명시(교육부, 1997)하고 있고 2009 교육과정에서는 창의적 체험 활동을 더 확대(교육과학기술부, 2009)하고 있다. 따라서 교사는 자신의 재량으로 학생들이 다양한 학교 밖 학습 경험을 하도록 수업을 운영할 수 있다. 이러한 교육적 상황에서, 교실 학습에 대한 대안적 방안으로 과학의 본성을 직 · 간접으로 경험할 수 있는 여러 학교 외 교육기관으로서의 하나인 자연사박물관이 그 교육적 잠재성을 갖는다. 자연사박물관은 인간이 자연을 인지하고, 탐구하고, 적용한 역사를 담고 있으며, 그 과정은 과학 활동으로 표현되기 때문이다. 즉, 자연사박물관은 인간이 자연을 이해하는 과정으로서의 과학 활동의 본성을 직접 체험할 수 있는 공간이 된다. 따라서 학교 외 교육기관으로서 자연사박물관은 학교과학교육이 다루기 어려운 과학의 본성 이해를 위한 최적의 장소로 활용해야 할 필요가 있다.

자연사박물관에서 과학의 본성을 담아내는 노력은 교육 프로그램과 전시를 통해 이루어진다(Hawkey, 2001). King(1996)은 과학교육과 자연사박물관의 연계성 강화 측면에서 전시물이 반영해야 할 5개 범주의 과학의 본성 측면을 개발하였다. 이 범주들은 '인간 노력으로서의 과학', '과학자의 연구 활동', '과학 지식의 지위', '의심과 논쟁', 그리고 '관람자가 의견을 형성할 수 있는 기회'이다. '인간 노력으로서의 과학' 범주는 과학을 인간 창안 활동으로뿐만 아니라 사회문화적 활동으로 제시하여 과학의 중립성에 의문을 제기하고 과학을 이해하는 데 있어서 그 중심에 과학자를 둔다. 일부 자연사박물관은 과학자의 이름, 사진, 사례 연구 등을 전시하며, 일반적으로 과학자를 언급하거나 생애에 관한 제한된 정보를 제공하기도 한다. '과학자의 연구 활동' 범주는 과학자들이 실제로 무엇을 하는가를 보이는 것, 즉 연구, 출판, 논쟁과 같은 과학 지식의 형성 과정을 이해하는 데 기여한다. '과학 지식의 지위' 범주는 과학 지식을 절대불변의 사실 혹은 진실로 보기보다 이론이나 모델로 간주하는 것이다. 이는 과학이 '자연을 정복'한 것과 같은 정형화된 이미지에서 벗어나게 해줄 수 있다. '의심과 논쟁' 범주는 과학의 지식이 만들어지는 과정에는 기존의 지식에 대한 의심과 이에 대한 논쟁이 반드시 수반되는 것과 관련된 것이다. '관람자 의견을 형성할 수 있는 기회' 범주는 관람자가 전시물에 반영된 사회적 구성물에 대해 자신의 의견을 형성할 수 있도록 고양시켜 줄 수 있다.

Hawkey(2001)는 King의 범주 외에 과학의 본성을 고려함에 있어서 형식 과학교육과정에서 중요하게 다루어지는 과학의 과정과 실제를 포함해야 한다고 하면서, '연구 프로그램의 선택', '자료 수집과 분석', '증거 평가와 해석', '모델, 가설, 이론의 개발', 그리고 '출판, 논쟁, 동료 리뷰'를 고려할 것을 제안했다. Hawkey는 이 요소들을 사용하여 온라인상의 여러 자연사박물관(미국 자연사박물관, 필드박물관, 런던 자연사박물관, 캘리포니아 과학아카데미, 미국 국립자연사박물관, 뉴질랜드 테파파박물관) 교육을 평가한 결과, 대부분의 박물관이 그 요소들을 고려하고 있다고 보고하였다. Shin 외(2004)은 King(1996)과 Hawkey(2001)의 과학의 본성 범주를 기준으로 세계적인 자연사박물관들의 온라인상에 있는 자료가 과학의 본성을 어떻게 다루고 있는지를 논의한 바 있다.

과학의 본성을 고려함에 있어, 소원주(1998)는 과학에 대한 서술 방식이 과학의 본성에 대한 관점을 암묵적으로 전달한다고 설명한다. 과학적 개념이나 이론을 서술함에 있어, 그 목적이 확고한 지식의 전달에 있느냐 또는 잠정적 의견으로 동료를 설득하는데 있느냐에 따라 그 체계가 달라지기 때문이라는 것이다. 과학적 지식은 처음에 잠정적이고 '해석적' 서술에서 시작하여 결국 확고한 진리임을 표상하는 '확정적' 서술로 이행하는데, 우리가 학교과정에서 접하는 교과서의 언어나 서술방식은 확정적이어서 학습자에게 과학자들은 자연 세계의 사실들을 '발견'하기 위해 밖을 향하고, '무엇이 일어나는가'를 정확히 보고 있다는 인상을 준다(Sutton, 1996; 소원주, 1998).

4.4.2. 박물관에서 과학의 본성을 다룬 연구의 사례

과학의 본성을 전시나 교육에서 잘 구현하는 것은 중요하지만 쉬운 일은 아니다. 여기에서는 그동안 연구를 통해서 밝혀진 부분을 사례를 중심으로 소개한다. 사례는 해외 유명 자연사박물관의 온라인 자료, 국내 자연사 전시의 패널, 런던 자연사박물관의 공룡전시실 등에 대한 연구결과이다.

사례 1 자연사박물관에서 제공하는 온라인 자료의 과학의 본성 측면 분석

Shin 외(2004)는 자연사박물관에서 제공하는 온라인 자료에 나타나는 과학의 본성과 과학 탐구를 조사하였다. 박물관의 교육적 목표는 관람객들이 직접 전시물을 관람하고 체험하는 것에 두지만, 관람의 효과를 높이기 위해 박물관 웹사이트에 전시와 관련된 다양한 자료를 탑재해놓고 있다. 관람객이 방문 전에 온라인 자료를 접해보면 박물관 전시에 대하여 낯선 느낌을 줄이고(reducing novelty) 친숙한 느낌(being familiar)으로 관람하고 체험할 수 있기 때문에 교육적으로 권장된다. 또한, 자연사박물관은 과학 이론의 다면적 관점을 포함하고 과학의 본성이 단순한 결과라기보다는 과정의 중요성에 초점을 두는 전시 및 교육에 관심을 갖는다(이선경 외, 2004).

Shin 외(2004)는 King(1996)과 Hawkey(2001)의 과학의 본성 범주를 기준으로 세계

〈표 4-1〉 자연사박물관의 온라인 자료에 반영된 과학의 본성

과학의 본성 / 박물관 자료	인간 노력으로서의 과학	과학자들의 연구 활동	과학 지식의 본질	의심과 논쟁	관람자가 의견을 형성할 수 있는 기회	과학적 탐구 모형의 제공
런던 자연사박물관 (NHM, U.K.)						
1. 종다양성 탐색하기 (Exploring biodiversity)	○○	○○	○○	○○	○	○○
2. 쥐며느리 연구하기 (Working with woodice)	○○		○○			○○
3. 질문하기 (Quest)	○○	○○	○○	○	○	○
미국 국립자연사박물관 (NMNH, U.S.)						
1. 자연주의자인 루이스와 클락 (Lewis and Clark as naturalists)	○○	○○				○○
2. 갈라파고스섬 탐험 (Expedition to Galapagos!)	○○	○○	○○	○○	○	○○
3. 루이스와 클락의 서방 탐사 (Lewis & Clark, Mapping the west)	○	○				○

〈표 4-1〉 자연사박물관의 온라인 자료에 반영된 과학의 본성(계속)

과학의 본성 / 박물관 자료	인간 노력으로서의 과학	과학자들의 연구 활동	과학 지식의 본질	의심과 논쟁	관람자가 의견을 형성할 수 있는 기회	과학적 탐구 모형의 제공
호주박물관 (Australian Museum)						
1. 교사 자료 (Teachers Resources)	○○	○○	○			○○
2. 학생 어류 연구활동 (Fish-Student stuff)	○○	○○				
3. 인류 이야기 (The human story)	○○	○○	○○	○○	○○	○○
필드박물관 (Field Museum, U.S.)						
1. 환경지킴이 프로젝트 (Project E.R. (Environmental Rescue))	○	○	○	○	○	○
2. 공룡 수 완성과정 (The Sue Files)	○○	○○	○○	○	○	○
3. 필드박물관 사이버 탐험 (Expeditions @Field Museum)	○	○○	○			○○

○반영됨, ○○많이 반영됨

적인 자연사박물관들의 온라인상에 있는 자료가 과학의 본성을 어떻게 다루고 있는지를 살펴보았다.

그 결과, 여러 선진국의 자연사박물관들은 온라인상에서 아주 두드러지게 과학의 본성에 대한 언급과 다양한 측면들을 경험할 수 있도록 의도적으로 제시하고 있다(표 4-1).

사례 2 국내 박물관 전시 패널에 반영된 과학의 본성 분석

이선경 외(2005a)는 국내 4개 자연사박물관 혹은 자연사 전시실의 전시 중에서 과학 탐구 중심의 전시와 과학사 사례 중심의 전시를 대상으로, 전시매체, 그리고 설명문의 서술방식과 내용에서 과학의 본성이 어떻게 반영되는지를 조사하였다. 설명문의 서술 방식은 확정적인지 해석적인지를 살펴보았고, 내용으로는 과학자 중심, 과학자 집단 논의, 사회문화적 배경, 주장에 대한 근거, 과학지식의 변화가능성 여부를 살펴보았다. 연구의 대상이 된 자연사박물관은 서울 A 자연사박물관, 서울 B 자연사박물관, 대전 C 과학관의 자연사 전시실, 대전 D 자연사박물관이다. 이 중에서 대전 C 과학관의 자연사 전시실은 과학관 내에 위치하고 있어 규모면에서 작은 편이다.

자료 수집과 분석은 온라인 자료, 소책자, 그리고 전시물의 범위에서 이루어졌다. 우선, 각 자연사박물관의 온라인 자료와 소책자를 분석하여 과학의 본성에 대해 어떻게 서술하고 있는지 알아보았다. 아울러 자연사박물관의 전시물을 대상으로 과학 연구(탐구) 중심의 전시와 과학사 사례 중심의 전시를 추출하여 과학의 본성 측면이 반영되었다고 판단된 전시물의 설명 방식과 설명 내용, 전시매체, 그리고 관람자 활동의 포함 여부를 살펴보았다. 서술 방식이 과학의 본성에 미치는 영향(소원주, 1998)과 자연사박물관에서 다루어야 할 과학의 본성 영역(King, 1996; Hawkey, 2001)을 토대로, 분석 전시물 영역과 항목이 마련되었다. 연구 대상 및 고려 항목의 도식은 그림 4-2와 같다.

이 연구 결과는 전체적으로 자연사박물관에서 과학의 본성 측면이 드러난 전시가 풍부하지 않음을 보여준다. 첫째, 대부분의 전시는 과학의 본성 측면에서 볼 때 해석적이기보다는 확정직 서술방식을 사용하며, 과학 연구 방법이나 과학사의 사례를 포함하지 않았다. 예를 들면, 광물, 암석, 화석, 박제, 살아 있는 생물 등의 표본 전시와 그에 대한 설명은 인간이 그 표본을 발견하고 명명하게 된 사건의 서술이나 배경을 포함하지 않았다. 또한, 자연 현상이나 생물을 사진, 그림, 모형, 디오라마 등으로 표현하는 대부분의 전시는 과학 용어나 개념을 사용하여 확정적으로 기술하고 있었다. 가장 단순한 형태로는 개별 전시물 주위에 명칭, 분류, 지질시대, 산출장소, 특징 등의 필요한 사항을 간단하게 명시하는 것이며, 또는 같은 종류의 전시물 각각에 라벨을 붙인 후 전체적인 비교

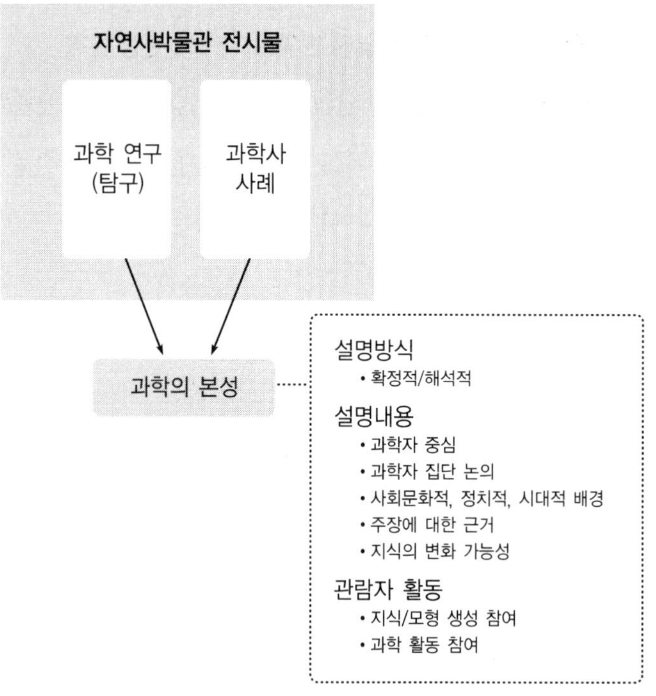

[그림 4-2] 과학의 본성 분석도

를 해놓는 경우이다.

자연 현상에 대한 과학적 개념이나 생물의 계통에 관한 설명도 확정적이어서, 인간의 활동이 배제된 진술이 종종 사용되었다. 이러한 전시는 평소에 우리 주변에서 볼 수 없는 다양한 생물 및 지구의 물질을 접하고 알 수 있는 장점이 있으나 과학의 결과로서 전시물을 볼 수 있을 뿐, 인간이 자연을 이해하는 한 방법으로서의 과학의 본성이 드러나 있다고 보기 어렵다.

둘째, 과학 연구(탐구) 중심의 전시를 제공하는 박물관이 4개 박물관 중에서 1개 박물관에 제한되었다. 이 전시물은 '공룡의 화식빌굴 및 복원과징' 에 관한 것으로서, 사진과 해설로 구성되어 있으며, 그 당시 지역 신문에 난 화석발굴 관련 기사를 함께 전시하고 있었다. 각 단계에 따른 화석 형태, 당시의 사진, 설명문을 전시하고 있으며, 전체의 과정을 담은 동영상을 보여주고 있었다. 이 전시가 대표적으로 발견되는 과학탐구 전시라고 할 때, 국내 자연사박물관은 여전히 King(1996)이 제시한 과학의 본성과 관련된 다양한 주제들을 다루지 못하는 것을 알 수 있었다. 런던 자연사박물관이 연구의 본질로 인식하는 "과학자들이 어떤 자연 현상에 대한 모든 것을 알고 있는 것은 아니다."와 "어떤 문제를 제시하는 데 있어서 과학의 힘과 한계를 인식해야 한다."라는 의미를 국내 자연사박물관의 전시에는 찾아보기 어려웠다. 또한, 과학을 불변의 진리라기보다는 계속적인 의구심을 갖고 논쟁을 통해 지식을 만들어가는 것으로 그려내고 있는 모습도 보기가 어려웠다. 또 다시 런던 자연사박물관에 명시되어 있는 "과학이 대답할 수 있고 혹은 대답할 수 없는 질문들에 대해 논의해야 한다."와 "과학은 윤리적인 문제와 연관되어 있다."는 의미도 국내 자연사박물관의 전시에는 찾아보기 어려웠다. 그리고 과학탐구가 무엇인가를 체험적으로 보여주거나 간접적으로 경험하게 하는 목표, 즉 과학 탐구의 모형이 제시되어 있지도 않았다. 이 연구결과는 국내 자연사박물관의 전시물이 과학의 본성을 반영하는 데 매우 소극적이며, 심지어는 교육적 기능으로서 과학의 본성 측면을 거의 인식하지 못하고 있음을 보여준다.

셋째, 과학사 사례 중심의 전시를 살펴본 결과, 두 개의 자연사박물관은 과학가설을 제시할 때 과학사적 변화보다는 확정적 형식의 전시를 사용하고 있었고, 또 다른 두 개의 박물관은 과학사 사례 중심의 전시를 사용하고 있었다. 이 두 개의 박물관에서 제시한 대표적 전시 주제는 공룡멸종설, 대륙이동설, 대폭발이론, 생명기원설이었다. C 박물관의 대륙이동설 전시의 예를 들면, "20세기 초 독일의 과학자 알프레드 베게너(Alfred Wegener)는 약 2억년 전까지 존재했던 하나의 커다란 초대륙을 '판게아(Pangaea)' 라고 불렀으며, 다음과 같은 대륙이동설의 증거를 제시했다."라는 설명문과 함께, 화석에 의한 고생물학의 증거, 대륙 윤곽의 기하학적 유사성, 고 기후학적 증거, 암석과 지질구조에 의한 증거에 관한 그림이 제시되고 있다. 같은 내용의 전시를 D 박물관에서도 과학자와 증거 중심의 서술을 하고 있었다. "독일의 기상학자이자 지구물리학자인 알프레드 베게너는 1912년 대륙들이 움직이고 있다는 대륙이동설을 발표했다. 그가 내세운 첫 번째 증거가 바로 남아프리카와 남미 대륙의 페름기 층에서만 발견이 되는 메조사우르스였다. 현재 두 대륙은 대서양에 의해 분리되어 있다. 그렇다면 대서양을 건널 수 없는 메조사우르스가 어떻게 두 대륙에서만 발견이 되는 걸까? 두 대륙은 메조사우르스가 살던 페름기 당시 붙어 있었기 때문이다. 두 대륙의 윤곽을 맞추어보면 퍼즐처럼 아주 잘 들어맞는다." 이 두 개의 전시는 대륙이동설을 발표한 과학자를 중심으로 그 가설의 증거를 제시함으로써 해석적 설명방식을 보여준다.

해석적 설명방식이 보다 적극적으로 사용된 예를 살펴보면, C 박물관의 '대폭발(BIG BANG)' 전시이다. 인용하면, "우주의 기원에 관한 이론 중에서 대표적인 것은 우주팽창론을 기초로 하여 미국의 물리학자 가모우(G. Gamow)가 연구 발전시킨 대폭발설이 지배적이다. 이 설에 의하면 우주는 태초에 광자(빛)와 기본입자들로 이루어진 극히 고온, 고밀도의 원시화구가 대폭발을 일으켜(BIG BANG: 큰 소리를 내며 펑 하고 터짐) 맹렬하게 팽창하기 시작했고 그때가 약 200억 년 전이라 추측하고 있다. 폭발 1초 후에는 온도가 1012K(절대온도)에서 1010K로 떨어지면서 안정된 상태의 양성자(p), 전자(−e), 중성자(n)가 최초로 생성되었다고 해석하고 있다." 이와 같이, 서술 방식에 있어서 '추측하고 있다', '해석하고 있다' 등의 설명 방식을 사용하여 관람자로 하여금 대폭발이 하나의 가설임을 주장하고 있다.

이처럼 우리나라의 자연사박물관은 과학사의 사례를 일부 제시하고는 있지만 과학의 본성을 적극적으로 고려하지는 못하고 있다. 과학이 무엇이며 어떻게 작동하고 과학자들이 사회적 집단으로서 어떻게 행동하는지, 사회가 어떻게 과학적 노력을 이끌고 반응하는지에 관한 과학의 사회학적 연구 측면을 드러내는 전시는 찾아보기 어려웠다. 살펴볼 수 있었던 과학 가설 및 이론에 관한 전시는 대표적인 과학자 일인의 공적으로 묘사되었을 뿐 과학 이론의 발달과정에 영향을 미치는 사회문화적이고 경제적인 배경을 포함하지 않았다. 이는 자연사박물관의 규모에 따라 다루어야 하는 전시물의 양적인 측면을 고려할 때 불가피하게 함축적으로 제시되어야 하는 한계가 있을 수 있으나, 과학교육의 관점에서 과학의 본성 측면을 현대적 관점으로 제시하려는 노력을 최대한 기울일 필요가 있다. 그렇게 할 때, 박물관이 학교 교육을 보완하고 연계할 수 있는 공통 영역으로 자신의 영역을 넓힐 수 있기 때문이다.

사례 3 런던 자연사박물관 공룡관의 전시 패널의 시나리오 및 논증 분석

이선경 외(2005b)는 런던 자연사박물관의 공룡관 패널의 논증 구조를 탐색하였다. 즉, 박물관의 전시를 시나리오 구성과 설명 과정의 논증 방식을 중심으로 미시적인 차원에서 살펴본 것이다. 이 자연사박물관의 공룡관은 과학이 어떻게 역사적 증거를 다루고 이론을 만들어나갔는지에 관하여 풍부한 증거물과 자료를 다루고 있다. 연구자들은 공룡관의 전시물 설명 구조에 대해서 '설득(persuasion)' 의 한 형태로서의 '논증(argument)' 구조에 초점을 맞추었다.

과학교육과정에서 과학교육의 주요한 목표 중 하나로 비판적 사고가 거론된다. 비판적 사고를 거론한다면, '논리' 의 문제를 배제할 수 없고, 논리의 문제는 과학이라는 학문이 성장하면서 그 핵심에 놓여져 있는, 과학 지식이 확립되는 논증 과정에 관한 과학철학적 문제이다. 전통적 논증 형식은 삼단논법으로, 대전제가 생략되고 소전제와 결론이 있는 구조를 갖는다. 이 논증 형식은 주장의 참과 거짓이 그 주장이 놓인 맥락과 관계없이 앞뒤의 논리적 관계에 따라 결정된다. 그러나 과학의 발달과 학생의 사고과정에 있어서 이러한 논리는 주장이 놓인 맥락과 상관없이 작동하기 때문에 학문적 영역뿐 아니라 비학문적 영역에서도 적용에의 한계점이 드러났다.

Toulmin(1958, 1984)은 이러한 한계점을 극복하고, 학문적 맥락을 포함하며 비형식적 맥락에서도 적용될 수 있는 논증 구조를 발달시켰다. 그는 설득의 수사 기본 구조를 '근거-주장-이유-뒷받침' 이라는 모델로 제시하였다(그림 4-3). 그는 설득 자체의 논증 구조보다 설득이라는 화행 내의 각 부분들이 어떻게 뒷받침될 수 있는지에 더 관심

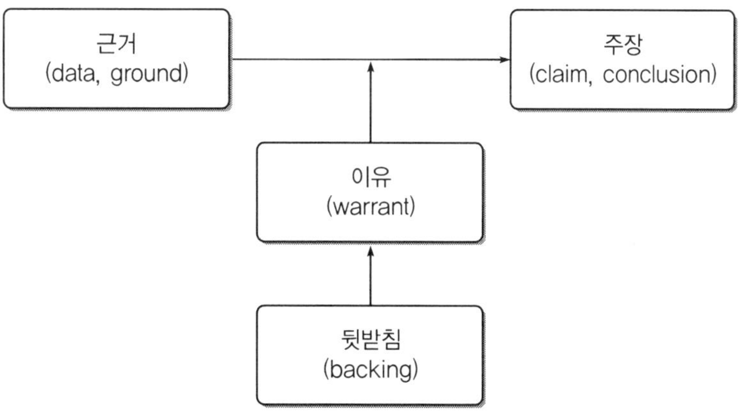

- 근거: 논증이 기초로 하고 있는 사실이나 정보로서 목표인 주장에 이르게 하는 수단
- 주장: 논증의 결론에 해당하며 근거 혹은 사실적 전제에 의해 지지
- 이유: 근거에서 주장으로 나아가는 단계에 권위를 실어주는 효과
- 뒷받침: 근거가 그 자체로서 타당성을 확보하지 못할 때, 근거에 포함된 가정들을 확인해주기 위한 추가적 자료로서 근거를 강화

[그림 4-3] Toulmin의 논증 구조

을 기울였다.

그렇다면 Toulmin의 논증 구조는 과학 발달의 중심에 놓인 과학자들의 활동 과정을 해석하고 설명하는 데 있어서 충분한가? 이에 대해, Lawson(2004)은 자연 현상을 설명하기 위하여 과학적 논증 과정이 대안 가설을 설정하고 검증하는 과정을 포함한다는 점에서 가설-예상적 논증활동(hypothetico-predictive argumentation)의 특징을 갖기 때문에, 거시적으로는 논증 구조를 갖지만 미시적으로는 '예상되는 주장', '가설 검증', '잠정적 결론' 등의 과학의 방법적 특성을 반영하는 요소가 드러난다고 하였다.

과학의 영역에서 특히 많이 사용되는 '가설-연역적 방법(hypothetico-deductive method)'은 보통 가설을 확증하는 논리적 방법을 일컫는다. 이 방법은 어떤 가설이 참인지 아닌지를 알기 위하여 그 가설로부터 어떤 예측이 나올 수 있는지를 알아보는 것이다. 만약 그 예측이 참인 것으로 판명된다면 그 가설이 확증되었다고 할 수 있고 거짓으로 판명된다면 확증되지 않았다고 할 수 있다. 그러나 이러한 설명은 가설-연역적 방법을 지나치게 단순화시킨 것으로서 과학자들이 하는 실제 추론과는 거리가 있을 수 있다. 과학의 역사를 통해서 드러난 과학자들의 활동은 어떤 정형화된 과정이나 절차를 따른다기보다 연구의 대상과 상황에 따라 다양한 탐구 방법을 사용한다고 보는 것이 현대적인 입장이기 때문이다(김찬종, 1995). 즉, 가설을 검증할 때 그 가설을 예측과 연역적으로 연결시키기 위해서는 추가적 가정인 '부수적 가설(auxiliary hypothesis)'이 필요한데, 이렇게 부수적 가설을 첨가한 형태의 논증이라도 가설논리의 복잡성을 충분히 반영해주지 못할 때에는 원래의 가설에서 나올 수 있는 바와 정확하게 동일한 관찰적 예측을 낳을 수 있는 가설인 '대안적 가설(alternative hypothesis)'을 고려해야 한다.

또한 과학적 논증과 관련된 연구의 맥락은 과학 지식의 생성 과정에 있어서 가설-연역적 방법 이외에 귀추적 과정의 중요성을 언급한다. 귀추법(abductive reasoning)은 미지의 현 상황을 이미 알고 있는 다른 상황과의 유사성에 바탕을 두고, 이를 차용하여 현 상황을 설명하는 추론의 한 유형이다(Hanson, 1958; Lawson, 1995; 오필석과 김찬종, 2005). Peirce에 따르면, 연역은 어떤 것이 반드시 그렇다는 것을 증명하는 추론법이고, 귀납은 어떤 것이 실제로 작용하는 것을 보여주는 추론법이며, 귀추는 단순히 무언가가 그럴 수도 있다는 것을 제안하는 추론법이다(Fischer, 2001; 권용주 외, 2003).

Lawson(1995)에 의하면 귀추는 유추, 유추적 전이, 유추적 추론 등과 관련되는 과정이다. 또 귀추에 의한 가설 생성 과정은 현 상황과 이전 경험과의 유사성을 원천으로 하는 과정이고, 많은 부분이 잠재의식 수준에서 진행된다(Lawson, 2002).

Lawson(2004)은 실제로 공룡 화석을 발굴하고 연구하는 과학자들이 증거를 다룰 때 귀추적 방법을 사용했다는 것을 증명한 바 있다. 특히 그는 전통적으로 과학적 방법이라 여겨졌던, 가설을 세우고 검증하여 증명하는 가설-연역과 달리, 여러 가지 대안 가설을 세우고 가장 합리적인 가설로 설명해나가는 가설-예상 방법이 과학적 가설 및 이론이 발달하는 데 중요한 역할을 해왔음을 역설하였다. 김찬종(1995)은 과학교육 분야에서 다루어온 과학 탐구 과정이나 절차가 가설-연역 혹은 가설-검증적 과정에 제한되어 왔음을 비판하면서, 지구과학 분야에서는 다양한 탐구 방법이 사용되어 왔음을 주장했다. 특히, 지구과학에서 많이 사용되는 탐구의 논리 과정이 귀추법으로 이루어져 왔으며, 따라서 귀추적 모형을 바탕으로 한 탐구학습 모형을 학습에 효율적으로 활용할 수 있다고 주장하였다.

살펴본 바와 같이, 과학 활동에서 실제로 이루어지는 추론은 귀납과 연역을 위시한 가설-연역적 방법 이외에 대안적 가설의 중요성이 고려되며, 새로운 상황을 설명하기 위해 익숙한 상황으로부터 설명방식을 유추하는 귀추적 방식이 적용되어온 것을 알 수 있다. 이러한 다양한 과학적 방법의 추론 형식이 실제 과학 활동에서 가설과 추론을 어떻게 다루며, 독자의 이해를 위해 어떤 설득 구조로 설명을 구성하고 제시하는지를 살펴보는 것은 매우 중요한 일이다.

위와 같은 연구의 필요성과 목적에 따라, 런던 자연사박물관의 공룡관을 연구 대상으로 삼은 이유는 공룡의 화석이 일반적으로 관람자에게 가장 인기 있고 호기심을 일으키는 전시물이기 때문이다(그림 4-4, 4-5). 거대한 공룡의 화석이 대부분의 자연사박물관의 중심부에 전시되어 있어 공룡은 자연사박물관의 상징으로 여겨지기도 한다. 이처럼 '공룡'은 어린 아동, 학생 및 성인들에게도 호기심을 불러일으키는 주제일 뿐 아니라, 전시 내용이 역사적으로 발견된 다양한 증거를 토대로 공룡의 생리적, 생태적 특성과 멸종에 관한 추리를 하는 과학의 방법적 측면을 고스란히 담고 있다. 즉, 공룡은 인간이 직접 보지 못했으나 자연에 기록된 화석들로부터 공룡의 모습과 생활에서부터 멸종에 이르기까지 과학적 방법을 모두 동원하여 예측해야 했던 과학의 대상이다. 이런 관점에서, 공룡관이 공룡을 중심으로 연관되는 지구 및 생물에 대한 지식뿐 아니라 과학자들의 활동과 과학적 방법에 관하여 다루는 매우 훌륭한 과학 교수-학습 자료라고 볼 수 있다.

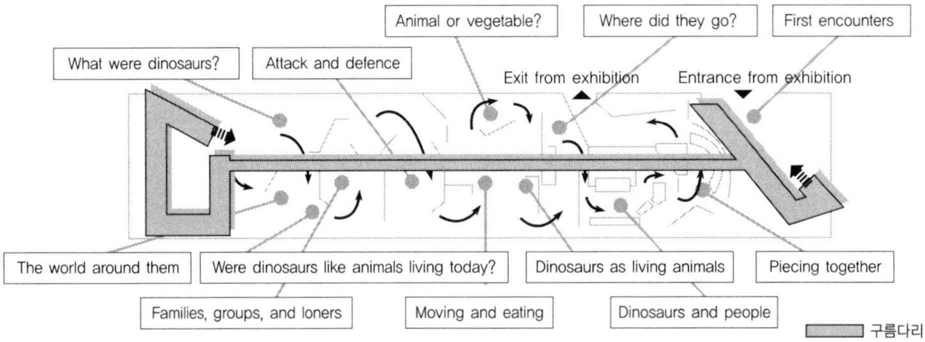

[그림 4-4] 공룡관의 전시 공간(위에서 내려다본 전시관 그림, 좌우를 가로질러 구름다리가 상부 공간에 설치되어 있음)

[그림 4-5] 공룡관 구름다리(왼쪽) 및 전시 관람(오른쪽). 관람객은 입관하면 구름다리를 건너면서 좌우 벽면과 공간에 전시된 공룡의 화석 및 모형을 관람하게 되고, 구름다리를 내려온 후 아래층에 설치된 주제별 전시(그림 4-4의 동그라미 표시)를 화살표의 방향에 따라 관람하게 된다.

공룡관의 전시는 발달, 전개, 결말의 시나리오를 갖고 있는데, '발단'에서 공룡에 관한 질문을 던지며 관람자의 호기심을 불러일으키고 앞으로 전개될 전시내용에 대한 안내를 제공한다. '전개' 부분에서는 발단에서 제기된 의문에 대해 생물학적, 생태학적 증거와 해설을 진화적 관점에서 다루고 있다. 마지막으로 '결말' 부분에서는 도입에서 제기된 질문을 전개에서 해결할 수 있었던 과학자들의 노력과 방법, 그 결과로 인해 인간이 얼마나 공룡을 친근하게 여기고 이해할 수 있게 되었는지로 전체 시나리오를 마무리짓고 있다(그림 4-6).

발단에는 세 가지 중주제가 포함되어 있는데, 구체적 내용으로는 공룡은 어떤 생물이었는지, 공룡이 살았던 주위 환경은 어땠는지, 공룡은 현생 생물과 비슷한지에 관한 내

발단

- 공룡은 어떤 생물이었을까?(What were dinosaurs?)
- 공룡이 살았던 시대는?(The world around them?)
- 공룡은 현생 생물과 비슷했을까?(Were dinosaurs like animals living today?)

↓

전개

- 가족 구성, 집단행동, 단독행동(Families, groups, and loners)
- 공격과 방어(Attack and defence)
- 운동과 섭식(Moving and eating)
- 육식 혹은 채식(Animal or vegetable?)
- 공룡은 현재의 동물과 같았을까?(Dinosaurs as living animals?)
- 공룡의 멸종(Where did they go?)

↓

결말

- 공룡과 인간(Dinosaurs and people)
- 화석 만들기(Piecing together)

[그림 4-6] 전시 시나리오 구성

용이다. 즉, 관람자가 공룡에 대한 전반적인 인식을 하고 앞으로 전시될 내용에 대한 기대와 추측을 하도록 유도한다고 볼 수 있다. 또한 전시를 관람하면서 공룡과 공룡이 살았던 시대의 특징에 대해 현 생물이나 현재 환경과 비교하여 판단할 것을 제안한다. 이처럼 발단에서는 전반적인 개요와 앞으로 전개될 전시 내용에 대한 암시, 그리고 적극적인 관람 태도를 이끌어내고 있다.

전개 단계는 본격적으로 공룡에 대한 탐구를 포함한다. 공룡이 어떻게 태어나고, 움직이고, 성장하고, 번성했는지, 그리고 어떤 이유로 멸종했는지에 관한 증거와 주장을 제시하거나, 혹은 질문을 던지고 그 질문에 답하기 위한 탐구 과정을 담고 있다. 구체적인 중주제로는 '가족 구성, 집단행동, 단독행동', '공격과 방어', '운동과 섭식', '육식 혹은 채식', '공룡은 현재의 동물과 같았을까?', 그리고 '공룡의 멸종'이다. 이 중주제들은 각각 세 개에서 여섯 개의 소주제로 구성되어 있으며, 다양한 전시매체를 사용하여 전시되어 있다. 종합해보면, 지식 측면으로는 공룡의 생리학적 개념, 기능, 작용, 그리고 생활상 등의 생태학적 모습 등을 주로 다루고 있다. 과학의 본성 측면으로는 과학의 과정이 드러나 있는 몇 가지 전시 서술 구조를 볼 수 있다.

결말 단계에서는 공룡을 대상으로 하는 장난감, 책, 영화, 만화 등을 전시하면서 공룡이 인간과 얼마나 친밀한 관계인지를 보여준다. 또한 전개 부분에서 밝힌 여러 가지 공룡에 대한 사실과 가설들은 과학자들의 연구 활동으로 수행된 것으로서, 이들의 탐구 과정을 제시하고 있다.

이처럼 공룡관에는 공룡에 대하여 인간이 이룩한 방대한 지식을 전시 패널, 모형, 디오라마, 조작 활동 등의 다채롭고 유기적인 활용을 통해 전시하고 있다. 특히, 전시 내용의 해설은 공룡에 대한 지식과 그 이해에 이르는 과정의 추론을 담고 있으며, 이를 관람자에게 설득적 방식으로 제시한다. 현재 공룡에 대해 밝혀진 사실은 과학자들이 화석과 생물학적 진화에 대한 여러 증거들을 토대로 한 합리적 논증활동의 결과이기 때문이다. 또한 많은 전시의 경우에 현생 생물의 특성과 비교하여 공룡의 생물학적 특성과 생태를 밝혀내고 있다.

논증 구조는 공룡관의 전시 시나리오의 '전개'에서 잘 드러난다. 전개에 포함된 중주제들은 모두 세 개에서 여섯 개의 소주제로 구성되어 있고 각 소주제의 전시는 해설과 다양한 전시매체로 그 내용을 다루고 있다. 대부분의 경우, 독립적 소주제들이 모여 통합적으로 하나의 중주제를 구성한다. 이때, 전시물에 대한 패널의 설명은 화석 증거에 대한 해석에 해당되며, 주장(claim)–근거(data)–이유(warrant)의 구조가 일반적인 것으로 나타났다. 근거와 주장을 이어주는 이유는 주로 현생 생물과의 비교로 제시된다. 예를 들면, '공룡은 현재의 동물과 같았을까?(Dinosaurs as living animals?)' 의 중주제는 '뼈, 혈관, 근육, 감각, 수명, 피부' 의 여섯 개 소주제로 구성되어 있다. 중주제의 전체적인 논증 구조는 주장–근거–이유–뒷받침으로 구성되어 있다(그림 4–7, 4–8). 중주제인 '공룡은 현재의 동물과 같았을까?' 는 공룡이 현재의 동물과 같은 생물이었다는 주장을 질문 형태로 제시한 것이며, 그 주장에 대한 근거로서 공룡의 골격, 다리, 근육 및 순환계를 제시한다. 근거와 주장을 연결해주는 '이유' 에 해당하는 설명문은 "공룡의 생김새와 크기는 매우 다양하지만, 조류, 파충류, 포유류와 공통적인 몸 구조를 보인다."이다.

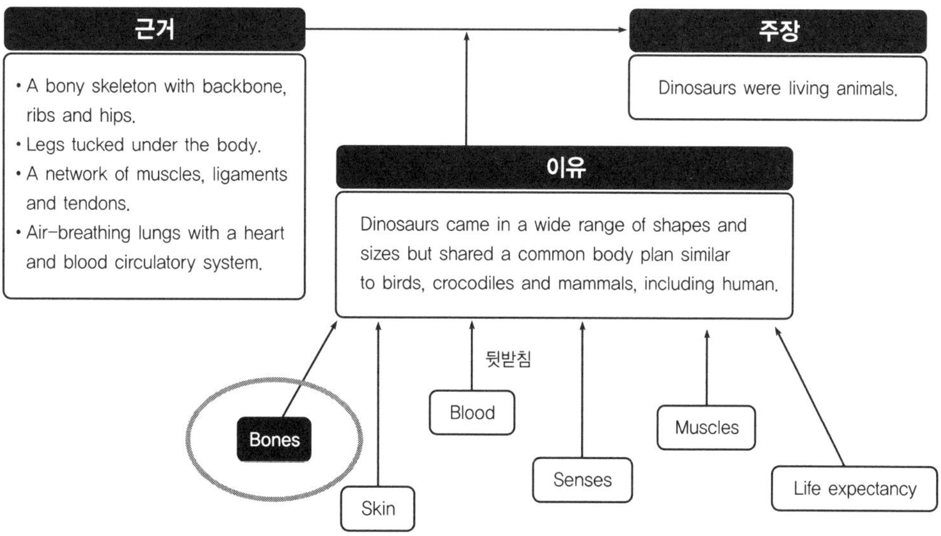

[그림 4–7] '공룡은 현재의 동물과 같았을까?' 의 논증 구조

그리고 중주제와 소주제를 연결해주는 질문, "이런 공통점을 통해 공룡이 현재 동물과 같은 특성을 지녔다고 볼 수 있을까?(Can we use these similarities to understand dinosaurs as living animals?)"는 중주제의 논거를 후원하는 '뒷받침' 의 의미를 부여한다. 뒷받침에 해당되는 소주제들은 공룡의 몸 구조를 이루는 뼈, 피부, 혈관, 감각, 근

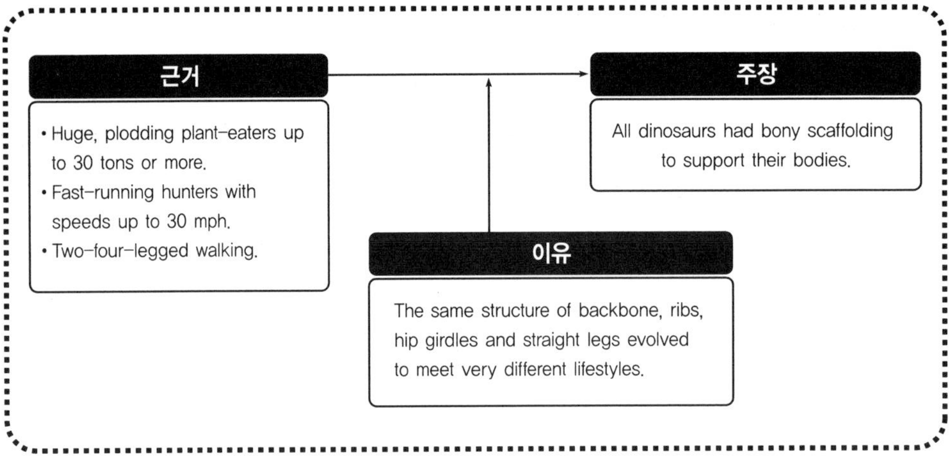

[그림 4-8] 'Bones'의 하위 논증 구조

육, 수명에 대해 세부적으로 고찰하며, 공룡이 다른 동물들과 유사한 몸 구조를 갖는다는 '이유'를 지지해 준다. 이처럼 소주제의 논증 방식은 주장-근거-이유의 구조가 일반적이다. '근거'는 구체적 증거 자료로서, 화석 표본이 대표적인 증거로 활용된다.

반면, 공룡에 관하여 여러 가지 의문이 여전히 남아 있는 경우도 있다. 가령, 그 당시에 공룡이 번성했던 원인은 무엇이었는지, 공룡은 정온/변온 동물이었는지, 공룡의 멸종 원인은 무엇인지에 관하여 과학자들은 여전히 잠정적 설명을 제공하거나 다양한 설명이 가능함을 인정한다. 이러한 문제들과 관련하여 과학자들이 증거를 어떻게 처리하고 해석하는지에 관한 서술에서 세 가지 유형의 서술 방식이 드러났다. 이들 서술방식의 의의는 미해결된 과학의 문제에 관해 관람자들이 적극적으로 사고할 수 있는 기회를 제공하며, 과학의 과정을 드러낼 수 있다는 점이다. 이러한 경우에도 전체적인 서술 방식에서 Toulmin의 논증 구조는 여전히 적용된다. 그러나 과학적 설명의 생성이 어떻게 이루어지는가를 살펴보기 위해서는 전시 해설의 흐름에 따라 설명은 어떻게 제안되고 검증되며, 결론은 어떻게 도출되는가의 과정이 드러난 가설-예상적 논증(hypothetico-predictive arguements)의 양상을 살펴볼 필요가 있다. 이는 전체적인 논증 구조에서 과학적 과정이 어떻게 이루어지는지에 관한 과학의 본성 측면을 드러내주는 구조가 될 것이기 때문이다.

가설 예상적 논증 유형 1

가설 예상적 논증 유형 1은 '일반적 개념→질문→설명 제안→가설검증계획→결

단계	내용
일반 개념 (General concept)	Moving and eating are vital to the survival of the animal, and the success of its species.
질문 (Question)	How did dinosaurs become so extraordinarily successful?
설명 제안 (Proposed explanation)	Dinosaurs walked on straight legs tucked underneath their bodies. This gave them a huge advantage over other land animals and helped them to develop the size, speed, and agility to become dominant.
가설 검증 계획 (Planned tests)	Three ways to walk: Sprawling, Semi-improved, Fully improved.
결과 예상 (Predicted results)	• Sprawling: legs at right angles. Throw weight from side to side. Inefficient. • Semi-improved: legs partly tucked under body. Quite efficient over short distances. • Fully improved: legs tucked under body. Carry more weight, move faster, travel further. Efficient.
실험 관찰 (Observed result of test)	Three ways to walk. Push the bars to move the creature on the screens. Which way of walking uses most energy? Which stance is most efficient? Trackways 
결론 (Conclusion)	The proposed explanation has been supported.
사례 (Examples)	

[그림 4-9] 가설 예상적 논증 유형 1

과예상→실험관찰→결론→근거(적합한 사례)'의 과정을 보여준다(그림 4-9). 이 유형은 '전개' 부분의 '운동과 섭식(Moving and eating)'의 중주제를 다루는 데 있어서, 운동과 섭식이 동물의 생존과 번성에 중요하다는 일반적 개념을 전제하면서 "공룡은 어떻게 그토록 번성하게 되었는가?"라는 인과설명적인 질문을 던진다. 이 질문에 대한 설명은 '곧게 선 다리'의 소주제에서 다루고 있는데, "공룡이 곧은 다리로 걸었기 때문에 몸의 크기, 속도, 능력 면에서 다른 육상동물에 비해 유리했다"는 것이다. 그 후, '기어서 움직이는 다리', '약간 개선된 다리', 그리고 '충분히 향상된 다리'의 세 가지 다리 모양과 그 모양에 따른 걸음 형태를 설명한다. 그 중에서 다리를 완전히 들어올릴 수 있는 충분히 향상된 움직임의 형태로 걸을 때 에너지 효율 면에서 가장 효과적임을 제시하고 있다. 이러한 설명과 함께, 다리 모양마다 움직일 때 얼마만큼의 에너지가 사용되는지를 조작하고 실험해 볼 수 있는 장치가 전시되어 있어서, 관람자는 세 가지 방식의 움직임을 직접 실험하여 각기 다른 방식의 움직임에 따라 사용되는 에너지를 직접 느껴보는 동시에 그래픽을 통해 시각적으로 움직임을 볼 수 있는 체험의 기회를 갖는다. 그리고 그 다음 소주제인 '움직임'에서는 다리 모양과 걸음 형태가 다른 공룡 화석의 증거를 제시해서 보여준다. 마지막 소주제인 '발자국'에서는 공룡 발자국을 통해 공룡이 어떻게 움직였는지에 대한 증거를 제시한다.

가설 예상적 논증 유형 2

가설 예상적 논증 유형 2는 '일반적 개념→질문→설명 제안과 역사적 사실(증거) 비교→잠정적 결론'의 과정을 따른다(그림 4-10). 이 유형은 중주제 '공룡은 현재의 동물과 같았을까?(Dinosaurs as living animals?)'의 한 소주제인 '혈관(Blood)'의 내용 중에서 "공룡은 온혈 동물이었는가, 아니면 냉혈 동물이었는가?"라는 질문을 해결하는 과정에서 나타난다. 공룡 몸의 일부 단면에서 혈관을 볼 수 있는 모형이 뒤쪽에 전시되어 있고, 앞에는 그림과 설명문의 패널이 전시되어 있다. 설명문에서 제시되는 '사실(fact)'은 세 가지로, 각각의 사실 근거에 대하여 공룡에 대한 화석 증거와 현대 동물의 유사점을 보여주고 있다. 각 사실에 대하여 공룡이 온혈 혹은 냉혈 동물이었다는 서로 상반된 주장을 펼치며, 각 주장을 뒷받침하는 근거를 제시한다. 이러한 근거들은 서로 다른 종

일반 개념 (General concept)

All animals control their temperature. Reptiles do it by moving into sun or shade the cold-blooded method. Birds and mammals do it by turning food into heat—the warm-blooded method.

질문 (Question)

Were dinosaurs warm or cold-blooded?

설명 제안 (Proposed explanations)

Dinosaurs were warm-blooded.

The similarity to modern warm-blooded mammals suggests some dinosaurs also were warm-blooded.

High blood pressure requires a constant body temperature to keep the heart rate up.

A small dinosaur could have been active only if it was warm-blooded.

Facts

Fact 1: Some dinosaur leg bones have big blood vessels. Most large modern mammals have these too, allowing them to move blood quickly around their bones.

Fact 2: Some dinosaurs must have had a high pressure blood system to pump blood up their long necks to their brains.

Face 3: Some dinosaurs were small and active while others were slow and huge.

Dinosaurs were cold-blooded.

The need to grow quickly when you were young and carry heavy weights could explain the big blood vessels in dinosaurs with cold blood.

Large dinosaurs like Branchiosaurus probably maintained a constant body temperature by their large bulk and small such surface area. They would not have needed to be warm-blooded to do this.

Big dinosaurs would have generated enough heat from their "fermenting tank" stomachs to stay warm and not needed to be warm-blooded.

결론 (Conclusion)

The truth: No one knows. Perhaps dinosaurs were not all the same, evolving different blood and temperature control system to match their different ways of life.

[그림 4-10] 가설 예상적 논증 유형 2

류의 공룡들의 크기 또는 빠르기 등과 연관하거나 현대의 온혈 혹은 냉혈 동물의 특징과 연관하여 추론된다. 결론적으로 이 논쟁은 공룡의 혈관계를 현대 동물들의 혈관계와 비교해서는 답이 나오지 않으므로, 모든 공룡의 혈액 및 체온 조절계가 동일하지 않고 다양했을 것이라는 잠정적 결론을 도출하게 한다.

가설 예상적 논증 유형 3

가설 예상적 논증 유형 3은 '일반적 개념→인과적 질문→설명제안→결론'의 과정을 보여준다(그림 4-11). 이 유형은 중주제인 "공룡의 멸종"이라는 질문, 즉 "공룡이 왜 멸종했나?(Where did they go?)"라는 인과적 질문에 대답을 하기 위한 탐구 과정을 포함한다. 우선, 모든 종은 자연 조건에 적응하며, 환경이 급변할 때 종이 멸종한다는 일반적 개념을 제시하고, 몇 가지 멸종 생물과 멸종 이유를 기술한다. 그다음, "공룡은 어떤 지구 환경 변화 때문에 멸종했을까?"의 인과적 질문을 제시한다. 그 인과적 질문을 해결하기 위하여, 공룡의 멸종에 관한 사실들, 즉 화석 기록 자료를 통해 공룡이 지구상에서 갑자기 사라졌으며 그때 같이 멸종한 생물들과 살아남은 생물들의 이름을 기술한다. 많은 동물들이 갑자기 멸종하게 된 이유를 기후 변화에서 찾는다면 여러 요인들이 매우 복합적으로 작용했을 것이라는 잠정적인 전제 아래 여러 가설들이 제시된다. 첫째는 지구 외부로부터 운석이 떨어져 폭발하였기 때문이라는 운석충돌설이다. 둘째는 지구의 내부로부터 화산이 폭발하였다는 지질학적 증거와 그 결과 이산화탄소, 이산화황, 먼지 등 가스가 뒤덮여 산성비와 온실효과를 초래했기 때문이라는 가설이다. 셋째는 공룡 시대에 대륙이 끊임없이 이동하여 새 지구 기후를 창출하였는데 새로운 기후에 적응하지 못한 공룡들은 천천히 죽어갔다는 가설이다. 그 외에 공룡의 멸종에 대해 백 가지가 넘는 가설들이 있다고 기술하면서, 많은 예를 제시하고 있다. 결국 이 주제에 대한 결론은 내려지지 않으며, 관람자에게 어떤 가설이 공룡의 멸종을 설명하는 데 있어서 가장 설득력이 있는지 되질문하고 있다.

일반 개념(General concept)

Every animal species is adapted to its natural conditions. When those conditions change too rapidly, the species is unable to survive. Examples: Muskrat, Giant deer.

인과적 질문(Causal question)

What change to global conditions drove the dinosaurs to extinction?

사실(Facts)

The fossil record shows dinosaurs dominated the land for around 150 million years. Species of dinosaur came and went, but at the end of this time there were many highly successful groups distributed widely around the world. Many other species of animals on land, sea and air vanished of the same time. Survivors & Victims. Such on extinction suggests a rapid, worldwide change in climate to which the land-dwelling dinosaurs were particularly vulnerable. This change was probably brought by a combination of factors.

설명 제안(Proposed explanation)

Catastrope-from outer space There is geological evidence that a massive meteorite struck the Earth about this time, near the Yucatan Peninsula in Mexico. Ten to fifteen kilometers across, the meteorite and a catastrophic e ffect, equivalent to the blast of thousands of bombs exploding on the same spot.
The initial blast wave could have been followed by a series of earthquakes and volcanic eruptions.
Tidal waves may have swept the coasts.
Clouds of dust may have blocked out the sun for up to three months.
The dinosaurs, unable to survive the extreme conditions, were rapidly wiped out.

Catastrophe-from the Earth's core There is geological evidence that huge volcanic eruptions also took place in the Deccan region of India 65-64 million years ago.
Clouds of carbon dioxide, sulphur dioxide and dust were put out by the volcanoes.
These could have caused acid rain, a greenhouse effect and worldwide climate change fatal to the dinosaurs.

Slow death The position of the continents changed constantly throughout the dinosaur era.
In the period before their extinction, changing land and sea patterns created a new global climate. The weather was much more seasonal with cold, (through not freezing) winders in high latitudes.
Some dinosaurs, like today's migrating animals,
lived in these colder areas for part of the year. Most were forced into smaller areas of temperature habitats nearer the equator, increasing the competition for living space. In North America, wetter conditions spilt the open areas into smaller pockets divided by swamps and rivers.
Big plant-eating dinosaur herds were broken up and died out one by one.

Other theories

결론(Conclusion)

There are over on hundred published theories about the extinction of the dinosaurs, rangingfrom the fascinating to the absurd. Do any of them explain Death of dinosaurs-the facts?

[그림 4-11] 가설 예상적 논증 유형 3

위의 세 탐구과정에서 공통된 설명 구조는 가설-연역적 방법을 사용하는 것처럼 보인다. 그러나 질문에 대한 명확한 과학적 결론이 한 가지로 제시되지 못하는 경우이기 때문에, '설명제안'에 따른 다양한 추론과 실험이 제시된다. 유형 1의 경우, 설명 제안을 검증해보기 위한 세 가지의 실험이 고안 및 테스트된 후 결론이 추론되며, 유형 2의 경우, 사실에 대한 두 가지 다른 방식의 설명들 사이의 비교가 이루어지며, 유형 3의 경우, 다양한 설명이 병렬적으로 제안된다. 유형 2와 3의 경우에는 제안된 여러 가지 설명 간에 동등한 수준의 근거가 제시되어 그 우위를 정하기 어렵다. 따라서 제안된 설명을 모두 동등한 수준으로 인정하거나 아무도 진실을 모른다는 결론을 내린다. 이처럼 과학 탐구에서 어떤 가설을 확립하기 위한 과정은 단일하지 않고 다양하다. 또한, 이러한 과학적 방법은 확실한 것처럼 보이는 현재의 과학 이론이 어떻게 형성되었는지에 관한 과정을 간접적으로 보여줄 수 있는 부대 효과도 갖는다.

4.5 과학의 본성 이해와 비형식 과학교육의 기여

과학교육에서 과학의 본성을 체험하고 이해하는 것을 달성하는 일은 무척 요원한 듯하다. 이 장에서 이론적으로 또는 경험적으로 살펴본 것처럼, 과학의 본성을 이해하는 것은 개념적이고 논리적으로 이해하는 차원이 아니기 때문이다. 그보다는 과학 탐구 활동에 참여함으로써 체득하는 동시에 사고하는 과정을 포함해야 한다. 이런 의미에서 학교 과학에서 이루어지는 단순 탐구 과제의 대표적 유형인 핸즈온(hands-on) 활동(단순 실험, simple experiments), 단순 관찰(simple observations), 단순 설명(simple illustrations)의 활동은 학생들로 하여금 과학의 본성인 탐구를 체험하고 이해하도록 하는 데에 한계를 가진다. 이 단순 탐구 과제들은 주로 실험 절차에 초점이 있어서 탐구의 중요한 과정인 추론이나 논증을 배제하기 때문이다. 그러나 학교 과학에서 탐구가 온전히 이루어지지 않는 이유는 간단하지 않다. 왜냐하면 학교 수업, 특히 과학 활동은 매우 복잡한 요인들이 얽히고 짜여져 구성되기 때문이다. 우리는 과학교육 연구자로서, 보다 다양한 자료를 제공하여 탐구나 과학의 본성을 체험할 수 있도록 하는 비형식 교육공간의 강점을 살펴보았다. 이는 학교를 포함하여 형식적 교육과정의 적용으로부터 자유로운 비형식 교육공간에서는 교사와 학생들이 보다 자유로운 탐구 활동이 가능하여 과학자의 과학에 접근하기에 보다 용이할 것이라는 가정 때문이다. 물론 이는 공간과 시간이 확보되어야만 탐구 및 과학의 본성에 대한 학습이 이루어질 수 있다는 주장은 아니다. 그보다는, 학교를 벗어난 시공간에서 이루어지는 과학 교육의 잠재성을 탐색하고자 한 것이다.

과학교육에서 수행된 몇 가지 관련 연구를 살펴본 결과, 대표적 비형식 교육공간인 박물관에서 과학의 본성이 어떻게 반영되고 있는지를 분석하고 해석한 연구가 주를 이루었다. 이러한 연구의 결과는 박물관의 전시가 과학의 본성을 반영할 것을 고려할 때, 다음과 같은 지침을 제시하고 있다.

- 전시물 해설이 확정적이기보다는 해석적일 것
- 가설이나 이론 형성의 결과론적 전개보다는 과학자의 과정 중심으로 전개할 것
- 전시 질문, 해설 및 조작 활동의 유기적 결합이 추론과 논증을 반영하고 있을 것

5 비형식 과학학습 환경에서의 담화를 통한 학습

5.1 학습 과정의 사회적 상호작용

학습에 대한 사회문화적 관점이나 상황 학습 이론에 따르면 학습을 개인의 인지적 결과물로서만 보는 것이 아니라, 사회적 상호작용에서 발생하는 지속적인 활동으로 간주(Schauble et al., 1996)하는 것이 타당하다. 즉, 다양한 맥락이 중첩되어 형성된 사회적 맥락 내에서 이루어지는 과정 그 자체에 학습의 의미를 두는 것이다. 이러한 논의가 중요한 이유는 학습을 무엇으로 간주하느냐에 따라 교육 연구의 관점, 자료 수집과 해석의 방법이 달라지기 때문이다. 예로, 학습을 결과로 간주하여 개인의 인지적 혹은 정의적 구성물로 볼 때의 교육 연구는 투입-산출, 혹은 과정-산출의 논리를 따른다. 투입-산출의 연구논리에 따르면, 연구의 맥락은 학습자에게 교육 내용을 투입하여 학습의 결과로 인지적이고 정의적인 구성물을 획득하는지 혹은 실패하는지를 알아보는 것이다. 혹은 과정-산출의 연구 논리에 따르면 교수-학습하는 과정의 목적과 특징은 무엇인지 파악하여 교육적 결과물로 생성된 학습자의 인지적, 정의적 구성물과의 연관성을 파악하는 것이다. 이러한 연구의 맥락은 학습 과정을 개인 내 과정으로만 파악할 뿐 사회적 상호작용에 대한 고려는 부족하다. 또는 학습의 과정을 고려하더라도 인지적이고 정의적인 면의 미세한 변화에 대해서는 주목하지 않았다. 즉, 교수학습 과정의 특징은 교육내용 자료, 활동, 과제의 분석 등에 집중되어 있었고, 교수자와 학습자 간 또는 학습자 간에 이루어지는 대화는 배제되었다. 그러나 최근의 과학교육연구들은 학습 과정 그 자체가 학습을 가장 잘 설명하는 것이라는 주장에 동의하는 듯하다. 이러한 연구 경향은 인식론, 또는 타학문의 연구 논리와 연구방법론의 변화에 따른 영향과도 무관하지 않다. 즉, 여러 과학교육 연구자들이 지식의 구성적 속성이나 질적 연구 방법론의 연구논리와 방법을 취하게 되면서, 학습을 결과로서뿐 아니라 과정 그 자체로 이해하는 것의 중요성을 인식하기 시작한 것이다.

이렇듯 상황을 중요시하는 사회문화적 관점이나 상황 학습의 이론에 따르면, 학습을 이해하기 위해서 학습이 이루어지는 '과정' 그 자체를 재조명해야 한다. 그렇다면 과학 학습에 대한 연구를 위해서, 학습 과정에서 무엇을 관찰하고 수집해야 하는가? 과학 교수학습은 특수성과 보편성을 지니는데, 특수성에는 '과학 활동'이, 보편성에는 '교수학습 활동'이 해당된다. 한편 과학 교수학습의 특수성인 '과학' 활동은 개념, 이론, 법칙 등의 '과학 지식'의 이해와 그 지식이 생성되는 과정인 '과학적 탐구'의 수행으로 구성된다. 미국과학교육기준(NRC, 1996)은 "과학교육의 중요한 목표 중의 하나는 과학 탐구 활동을 통하여 과학 현상에 대한 학생들의 이해를 넓히고 새로운 과학 지식을 발달시키는 것이다."라고 표명하고 있다.

그런데 과학 교수학습에서 과학 지식의 이해와 탐구의 수행은 이분법적으로 구분되지 않는다. 과학 교수학습은 과학 탐구를 통한 지식의 생성 과정에 있어서 교사와 학생 혹은 교수학습 과정에 참여하는 구성원들의 상호작용을 통해 중층으로 서로 얽혀 짜인 것으로 이해되어야 한다. 특히, 과학 교실수업에서 과학 탐구를 통한 지식 생성에 참여하는 주체는 학생이며, 학생의 학습 활동을 안내하고 촉진하는 사람은 교사이다. 즉, 교사와 학생은 탐구를 통한 과학 지식 생성 과정에 참여하는 과학 교실 수업의 구성원이다. 이들은 과학 탐구의 수행을 통한 과학적 담화에 참여하여 지식을 공유하고 생성하게 된다. 따라서 교사와 학생들 간의 상호작용과 의사소통은 과학 교실수업에서 과학 탐구를 통한 지식 생성과정을 창출해내는 원동력이다.

사회문화적 관점이나 상황 학습의 이론에 따르면, 과학 교수학습의 과정에서 생성되는 지식은 상황화된 것이다. 이때 교수학습 상황은 매우 다양할 수 있다. 가장 일반적으로는 과학 교실학습이 존재하며, 그 외에 박물관, 현장학습 등의 다양한 맥락에서 과학 교수학습의 상황이 발생한다. 과학 교실수업의 예를 들면, 교사와 학생들, 교과내용, 교과내용을 다루는 방법이 서로 영향을 미치어 국지적 지식을 만들어낸다. 이때, 교사와 학생들의 상호작용과 의사소통은 언어 및 비언어적 행동을 포함하는데, 과학 학습의 과정 그 자체를 관찰하고 자료를 수집하는 데에는 크게 학습의 매개인 언어를 중심으로 이루어지는 대화(담화), 참여자 간(교사, 학생, 기타)의 상호작용, 언어 및 비언어적 행동을 포괄하는 참여 그 자체, 다중 표상으로 초점을 나누어볼 수 있다. 물론 이 네 범주는 학습 참여자들이 어떻게 학습하는가를 본다는 점에서, 그 실체는 하나이지만 연구에서 주장하고자 하는 교육적 개념에 따라 강조된 것이 다른 것으로 이해해야 할 것이다.

1. 언어

교수학습 활동 과정으로서의 대화(담화)는 다른 교육적 변인보다도 학습 그 자체를 조명할 수 있는 가장 중요한 연구 자료가 된다. 과학을 가르칠 때 교사는 학생에게 언어를 사용하여 교과 내용을 전달하게 된다. 이때 사용되는 언어가 과학적인지 일상적인지 아니면 혼재되어 있는지, 또 그 특징은 무엇인지를 분석하는 것이다. 이는 과학을 가르칠 때 교사가 사용하는 언어가 온전히 과학적일 수 없으며 자신의 언어로 풀어서 설명하거나 일상적 언어와 혼재하기 때문이다. 특히, 학생의 이해를 돕기 위해서 교사가 자주 사용하는 비유는 이러한 속성을 내포하는 것이 당연하다. 따라서 교사의 설명이 주 자료원이 되어 과학적 의미와 일상적 의미가 잘 연계되어 있는지, 학생들의 개념 학습에 부적절한 연결 고리를 제공하는 것은 아닌지를 점검하고 보다 효과적인 설명을 제안하는 데 연구의 초점이 있다고 하겠다.

2. 상호주관성

연구 초점이 교수학습 상황에서 전달되는 내용이나 의미에 있을 때는 교실 담화가 갖는 언어적 의미만이 연구 대상이 되는 반면, 연구 초점이 교수학습 상황에서의 상호작용에 있을 때는 담화의 의미와 더불어 의미 형성 과정에서 교수자와 학습자의 참여나 상호주관성은 어떻게 형성되는지를 파악하는 데 연구의 의의가 있다. 담화구조나 참여구조(participant structure)를 파악하는 것 등이 대표적인 방법이다. Lemke(1990)는 교수학습 상황에서 일반적으로 나타나는 담화 패턴으로서 '개시-반응-피드백 또는 평가(IRE/IRF)'을 제시하였다. 이 단순한 담화 서열은 전형적인 교실 담화의 특징을 통찰력 있게 보여준다. 주로 교사의 개시와 학생의 간단한 반응, 그리고 그 반응의 정오에 대해 판단하는 평가가 이루어지거나, 혹은 그 반응을 수정하거나 정교화하고자 하는 피드백이 이루어진다. 이러한 패턴에 대해서 학생들의 지적 도전이나 개념 변화를 고려하지 않은 단순한 과정이라는 비판적 견해가 있었던 반면, 교사가 이 과정을 통해 학생에게 보다 효과적으로 교과 내용을 전달한다는 긍정적인 주장도 있었다. 또한 이 담화 패턴은 교실 대화를 선형적으로 탐색함으로써 대화에 참여하는 참여자들의 입체적이고 구조적인 측면을 드러내지 못했기 때문에, 보다 입체적으로 참여구조를 탐색하고 그 구조 속에서 어떻게 의미형성이 이루어지는지에 관한 연구들이 후속으로 진행되기도 하였다.

3. 참여

학습에 대해 사회문화적이고 실천적인 접근을 취할 때 중요하게 대두되는 개념은 '참여(participation)' 이다(황성원 외, 2005; Lave, 1988, 1993; Lave & Wenger, 1991; Wenger, 1998). 참여를 중심으로 교수학습은 활동으로서 상황화되어 있다. 이러한 관점에서 활동 이론(activity theory, Leont've, 1978)은 교수학습 활동을 이해하는 연구 방법이 될 수 있는데, 활동하는 사람(subject), 활동을 동기화하는 목적(object), 사용하는 도구(tools), 그들이 속한 공동체(community), 행동을 조절하는 규칙(rules), 그리고 활동에서의 역할(division of labor)을 강조한다(그림 5-1). 활동 이론은 단지 그 속성들(예, 도구나 규칙 등)을 설명하는 것이 아니라, 그 각각의 속성들이 밀접히 연관되어 인간 활동을 중재하는 것을 설명한다. 즉, 이 접근법에서는 인간의 마음이 물질적인 도구나 상호작용과 같은 사회적 과정에 의해 '중재된다(mediated)' 는 이해를 바탕으로 한다. 인간의 '행동(action)' 이 목적 지향적이긴 하지만, 단순히 인간 개인의 행동을 분석단위로 여기지 않고, 행동의 목적과 수단 사이에도 뚜렷한 경계가 없다고 가정한 바를 의미하기 위하여 '중재된(mediated)' 이라는 용어를 사용한다(김혜리, 2008). 다시 말해, 인간 활동은 개인, 목적, 도구 등의 종합이 아니다. 마찬가지로 개인이 참여하는 활동은 하나의 컨테이너와 같은 것이 아니다. 컨테이너와 같은 활동의 맥락 내에서 활동, 인지, 학습이 발생하는 것이 아니라는 것이다. 그보다는 중재는 도구나 규칙과 같은 속성들이 제거되거나 변화하여 활동 시스템이 변화하고 그 결과로 학습이 발생하는 것을 의미한다(Roth et al., 2002).

활동 시스템을 기반으로 교수학습을 분석하는 것은 기존에 개인에 초점을 두고 학습을 보았던 관점과는 근본적으로 큰 차이가 있다. 또, 사용하는 용어가 같다 하더라도 그 의미는 상당히 다르다. 이처럼 사회적 · 문화적 접근으로 교수학습을 보는 것은 연구자의 기본 패러다임을 바꿔야 하는 것을 요구한다. 최근에 코티칭(협력교수, coteaching)이나 체험학습과 같이 구성원들이 공동의 목적을 가지고 활동에 참여하는 교수학습 상황을 분석하는 데 새로운 관점을 제공하는 틀이라 하겠다.

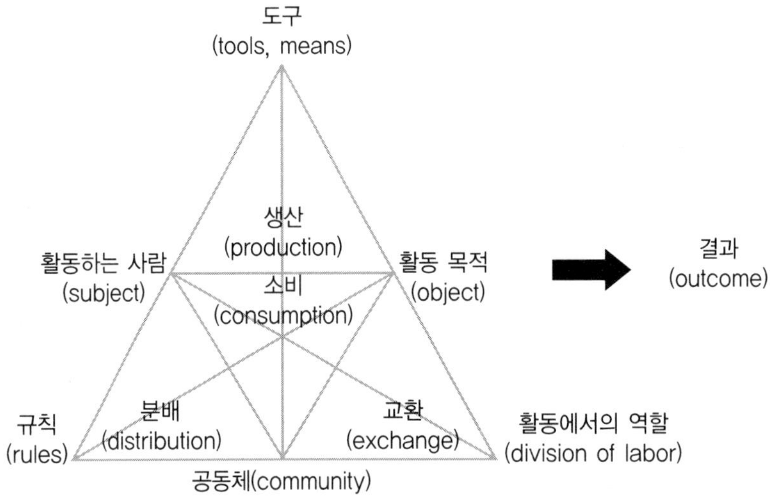

[그림 5-1] 활동 시스템 모델(Engeström, 1999)

4. 다중표상

언어(language)는 사고(thought)의 표현이며, 사고는 언어로 완성된다는 일반적 관점에 더하여 학습자가 담화를 통해 의미를 형성하고 발달시키는 데 중요한 역할을 한다는 사회문화적 관점에까지 언어는 학습의 중재로서 중요하게 간주되어왔다. 그런데 언어 외의 비언어적인 행동이 언어와 상호주관성을 갖고 의미 형성에도 큰 역할을 하는 것으로 주목받고 있다. 즉, 의미를 전달하고 생성해내는 기호학적 자원들은 언어뿐 아니라 그림, 그래프, 구체적 사물, 제스처, 애니메이션 등도 포함하며, 이들이 모두 지식을 상호 교환하고 생성하는 데 중요한 역할을 하는 것이다. 과학은 실제로 다중의 표상, 즉 위의 기호학적 자원들을 사용하면서 발달해왔다(Giere et al., 2006; Guo, 2004; Hallyn, 2000; Lemke, 1998; Rowley-Jolivet, 2004). Lemke(1998)는 과학적 담화를 'semiotic hybrid'로 표현하였는데, 과학 개념은 다양한 모드(예, 언어, 시청각, 계산, 행동)들의 상호작용을 통해 형성된다는 의미이다. 마찬가지로, 과학 교사도 과학의 현상과 개념을 설명하기 위해 다양한 범위와 양상의 표상 및 의사소통 모드를 사용한다(Gilbert, 2005; Kress et al., 2001; Ogborn et al., 1996; Roth, 2005). 즉, 교과서 이외에 그림, 동영상, 인터넷 등의 다양한 양식을 사용하는 것이 그 예이다. 한편, 특정 공동체 내에서 의미 구성을 위해 어떻게 기호를 사용하고 정교화하는지에 관해 연구하는 사회기호학(social semiotics)의 관점에서는 교사와 학생 간의 지식과 행위가 시회적으로 공유되는 역동적 과정을 통해서 과학 학습이 일어난다고 본다. 이때 과학 상황에서 의미의 구성은 말하기(said), 그리기(drawn), 쓰기(written), 행하기(done) 등을 통해 이루어진다. 즉, 의사소통은 항상 다중표상으로 이루어진다고 할 수 있다.

5.2 과학박물관에서 관람자들의 대화

지금까지 과학 학습의 사회문화적 관점, 상황 학습의 이론을 토대로 학습 과정에서 언어 등을 매개로 한 상호작용, 즉 실천 공동체에서의 참여의 의미를 탐색해보았다. 이러한 개념적, 이론적 논의는 비형식 맥락의 학습을 살펴보는 새로운 관점들을 제공하며 학습 과정에 대한 풍부한 이해를 제공할 것이다. 비형식 맥락의 좋은 예인, 과학박물관에서의 학습을 이해하기 위해 학교 과학교육 연구에서 사용해온 연구 논리와 방법을 적용하면 좋은 성과를 거두기 어려울 수 있다. 이를 잘 보여주는 예로서 놀이를 들 수 있다. 학교 과학교육 연구에서 학습과 놀이는 구분되어 왔다. 그러나 놀이는 실천 공동체에서 참여자들의 주변적 혹은 적극적 참여로 진행되므로, 학습의 사회문화적 관점이나 상황 학습의 이론에서는 놀이에서 학습의 의미를 찾고 그 과정을 조명할 수 있다. 이는 우리가 그동안 학습이라고 여겨왔던 것의 경계를 허무는 관점이다. 이런 확장된 학습의 관점으로부터 박물관내 관람자들의 언어를 포함한 모든 행동들은 학습의 과정으로 볼 수 있을 것이다. 따라서 학교 과학학습을 정의하고 그 과정을 살펴보던 기존의 관점을 넘어서, 박물관에서의 과학 학습, 즉 언어를 포함한 행동을 살펴보아야 한다는 점에 주목할 필요가 있다.

박물관과 같은 비형식 학습 상황에서 학습이 일어나는 중요한 기제 중 하나는 대화(conversation)이다(Allen, 2002; Ash, 2003). 사람들은 자신이 속한 상황에 따라 말을 다르게 한다. 예를 들어, 학교에서와 가정에서의 대화는 그 기능과 구조가 다르다. 가족끼리는 가족의 역사를 서로 공유하기 때문에 생략 또는 간결한 표현의 대화가 많은 반면, 학교에서는 특정 주제에 대한 자세한 설명 또는 발표 위주의 대화가 특징이다. 그렇다면 박물관과 같은 비형식 학습 공간에서의 대화는 어떤 특징을 가질까?

박물관의 주 관람객은 가족 단위이다(최지은과 김찬종, 2006; McManus, 1987). 따라서 부모와 아동이 함께 박물관 전시를 관람할 때, 부모는 아동의 생각과 행동을 이끌게 된다. 물론 반대의 상황도 있을 수 있다. 그러나 일반적으로 부모는 아동이 일상의 생각을 과학적인 것으로 구성해나갈 수 있도록 도움을 주는 이상적인 교사 역할을 하게 된다(Ash, 2004; Vygotsky, 1978). 즉, 박물관에 관한 아동의 경험과 이해에 영향을 미치는 데에는 전시물의 질 이상으로 부모의 적절한 지원을 포함하는 가족 간의 사회적 상호작용이 결정적이라 할 수 있다. 한편 이러한 가족 간 사회적 상호작용은 주로 언어를 매개로 한 대화를 통해 일어난다.

사례 1 과학관 관람객의 대화 범주

박물관에서 대화는 주로 전시를 관람하거나 전시와 연관된 활동을 수행하면서 활발하게 이루어진다. Allen(2002)은 과학관에서 수천 명의 관람객을 대상으로 대화를 분석한 결과, 크게 다섯 가지 범주를 찾을 수 있었다(표 5-1). 지각적 범주, 개념적 범주, 연결 범주, 전략 범주, 정의적 범주가 그것이다. 이 범주들은 연구자가 이론이나 개념적으로 마련한 후 실제 관람자의 행동으로 검증한 것이 아니다. 대신, 관람객들의 대화 속에서 '출현(emergent)' 된 범주들로서 연구방법 면에서 매우 귀납적으로 수행되었으며, 각 범주는 2-4개의 하위 범주를 포함하도록 구성되었다.

우선, 지각적 대화(perceptual talk) 범주는 관람객이 무언가에 집중하면서 하는 발언으로, 사물 확인하기, 이름 말하기, 특징 말하기, 패널 읽기 등의 하위범주를 포함한다.

둘째, 개념적 대화(conceptual talk)는 단순 추론(simple inference: 하나의 관찰을 토대로 주장이나 설명을 함), 복잡 추론(complex inference: 여러 가지의 관찰을 연관시켜 주장이나 설명을 함), 예상(prediction), 초인지(metacognition) 등의 하위 범주로 구성되어 있다. 세 번째 범주인 연결 대화(connecting talk)는 일상과 연결(life connection), 지식을 연결(knowledge connection), 전시물간 연결(inter-exhibit connection) 등의 하위 범주를 포함한다. 조작적 범주(strategical talk)는 전시물을 조작(use)하거나 직접 활동하는 것에 대한 평가(metaperformance)를 포함한다. 마지막으로 정의적 대화(affective talk)는 좋아함(pleasure), 싫어함(displeasure), 놀람(intrigue/surprise) 등의 하위 범주를 포함한다.

〈표 5-1〉 박물관 학습 대화의 범주와 하위 범주

대화 범주	정의	하위 범주
지각적(Perceptual)	특정 자극에 대해 집중하면서 나누는 대화	확인(Identification)
		명명(Naming)
		특징(Feature)
		인용(Quotation)
개념적(Conceptual)	전시물에 대한 인지적 해석	단순 추론(Simple inference)
		복잡 추론(Complex inference)
		예상(Prediction)
		초인지(Metacognition)
연결(Connecting)	전시물에 대한 것과 기타 지식이나 경험을 연결하면서 나누는 대화	생활 연결(Life-connection)
		지식 연결(Knowledge-connection)
		전시 연결(Inter-exhibit connection)
조작적(Strategic)	전시물을 사용하는 방법에 대한 논의	조작(Use)
		활동 평가(Metaperformance)
정의적(Affective)	감정에 대한 표현	좋아함(Pleasure)
		싫어함(Displeasure)
		놀람(Intrigue/Surprise)

Allen의 조사에 따르면, 이 범주들 중에서 과학관에서 가장 많이 발생하는 학습 대화는 지각적 범주, 개념적 범주, 정의적 범주였다. 따라서 이 세 범주는 "Big 3"라고 명명되었다. 이 결과는 사례 3에서 살펴보겠지만, Lee와 Kim(2007)의 연구 결과와도 일치한다. 반면 Big 3에는 들지 못하지만, 비형식 환경에서 이루어지는 학습의 중요한 특징은 '연결(connecting) 대화' 이다. 여기서 연결 대화란 비형식 환경 요소들(예, 박물관 전시물 요소들) 간의 연결, 사전 지식과의 연결, 개인적 이야기, 개인적 조합 등으로서, 이러한 연결은 매우 자발적이고 자유 선택적으로 이루어지기 때문에 자발적 · 자율적인 비형식 학습 환경에서 더욱 잘, 그리고 의미 있게 일어난다고 할 수 있다.

사례 2 박물관에서의 대화적 탐구

Ash(2003)는 가족들이 박물관에서 전시물을 관람하면서 대화를 통해 과학적 의미를 형성하는 과정을 분석하였다. 이 연구는 박물관의 주요 관람객이 가족 단위이며, 박물관은 가족들이 놀면서 대화하는 과정 중에 배우게 되는 교육적 장소라는 연구자의 인식에서 출발하였다.

이 연구에서 '언어' 는 교수와 학습에서 협상의 도구로 간주되었다. 또, 근접발달영역은 연구에 참여한 가족 구성원들 상호 간에, 그리고 전시물 간에 개별적으로 또는 협동적으로 일어나는 상호작용의 장으로서 중요하게 고려되었다. 이 연구에서는 가족들이 대화를 기초로 협동하여 과학적 의미를 형성하는 것을 보여주기 위한 방법론적인 시도를 하였다. 가족들이 물질적이고 정신적인 탐구를 할 때 사용하는 대화를 '탐구적 대화(dialogic inquiry)' 라고 정의한 후, 대화를 형성하는 주제(themes)와 탐구 과정기능(process skills)의 두 가지 측면에서 박물관내 가족간 대화를 분석하였다. 박물관에는 인공물, 사람, 몸짓, 잠재적 대화 소재들이 많이 있기 때문에, 가족들은 둘 혹은 셋으로 모이고, 해체하고, 또 모이면서, 각 가족 구성원 사이 대화에서 또는 전시물을 사용한 대화에서 다수의(multiple) 근접발달영역을 활성화하고 새로운 이해를 형성할 것이라는 것이 이 연구의 가정이다.

연구의 방법에 있어서 Ash는 표상 대화 단편(RDS: Representative Dialogic

Segments)라고 하는 분석 단위를 제안하였다. RDS의 준거는 ① 주제 내용에 대한 가족 구성원 사이의 지식 차이, ② 탐구 기술의 사용 및 이 기술에 대해 가족 구성원이 가지고 있는 지식의 차이, ③ 탐구 기술을 사용하여 주제에 대한 의미를 구성하기 위해 가족 구성원이 계속해서 대화하는 것 등의 조건을 충족해야 한다.

RDS의 분석에 사용된 방법은 다음과 같다. 먼저 발문한 화자를 확인하고, 발문이 설명하는 주제와 과정 기술을 확인하여 적는다. 주제와 과정 기술을 쓴 다음, 그 아래에 주제 내용의 근원이 기능적 추론(functional reasoning)인지, 본질(essences)인지, 의인화(personification)인지를 표시한다. 전사한 글의 여백에 연구자의 의견을 써 넣는다. 이 의견(comment)은 전체 대화와 발화의 연관성을 보여주며, 대화가 진행되는 내용뿐 아니라 어떻게 대화를 진행하거나 멈추는지에 대한 것도 포함한다(그림 5-2).

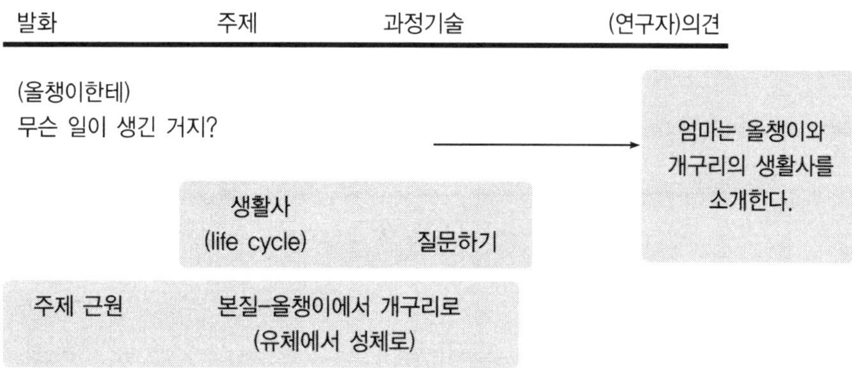

[그림 5-2] RDS 분석의 예

이런 RDS를 사용하여 세 가족의 대화를 분석한 결과, 첫 번째로 대화를 진행하는 패턴이 가족에 따라 다르고, 대화의 주제가 같다고 하더라도 목적이 다를 수 있음을 보고하였다. 예를 들어, 같은 주제 '개구리의 생활사'에 대해 대화를 나눈다 하더라도, 한 가족의 어머니는 자녀의 언어 사용을 촉진하는 반면, 다른 가족의 어머니는 자녀가 대화를 이끌어가도록 하면서 새로운 정보를 제공하였다. 두 번째로, 가족들 간 다수의(multiple) 근접발달영역(ZPD)이 나타났으며, 부모가 다양한 탐구 기술(관찰, 질문, 설명, 해석하기 등)을 분명히 사용했다고 보고하기도 하였다. 그러나 Gleason과 Schauble(2000)의 주장처럼, 부모들은 아동이 증거를 얻고 계획을 세우는 것과 같은 기술은 잘 안내하지만, 아동이 증거를 해석하고 결론을 내리는 데에는 별 도움을 주지 못한다는 것을 발견했다. 그리고 부모는 아동의 이해가 자신과 같다고 생각하거나 아동과 같이 관찰하고 실험하기 때문에 따로 토의할 필요가 없다고 생각하는 것으로 해석했다.

사례 3 박물관에서의 개념변화 양상 연구

Lee와 Kim(2007)은 자연사박물관에서 2명으로 된 소집단을 이루는 관람객들이 상호작용하면서 창출하는 학습을 개념변화의 관점에서 조사하였다. 앞서 소개했던 Ash와 Allen의 연구처럼 박물관에서 이루어지는 관람객 사이의 대화를 학습이라고 보았다.

이 연구에 참여한 학생들은 서로를 잘 알고 있으며 지구과학을 전공하고 있는 대학교 4학년 남녀학생들로, 모두 어느 자연사박물관 1층(공룡의 세계)과 2층(생명의 땅 지구)의 전시를 관람하였다. 이때 학생들에게 녹음기를 부착한 후 관람 시 생각하고 있는 바를 자연스럽게 대화하도록 요청하였다. 녹음 자료는 모두 전사(transcription)하였고, 3단계에 걸쳐 자료 분석이 이루어졌다. 1단계에서는 Allen(2002)의 분석 범주를 토대로 관람자의 대화 특징을 살펴보았다. 2단계에서는 대화를 화제별 장면으로 나누고, 각 장면별 카드를 작성하였다. 카드 작성의 예는 표 5-2와 같다. 카드의 위쪽에는 대화 장면

〈표 5-2〉 카드 작성의 예

관람 장면 2: 육식공룡이 초식공룡을 공격하는 디오라마 관람시 대화				
	대화	대화 특징 범주		학습의 상황 모델에 근거한 대화 맥락
여	오우, 쟤 너무 잔인하다. 순간 깜짝 놀랬어	놀람	정의적	개인적 맥락
남	애들한테 너무 자극적인 거 아냐	놀람	정의적	물리적 맥락: 디오라마에 대한 반응
여	조그만 놈이 큰 놈을 공격하다니	단순추론	개념적	
남	육식 공룡이라서 그렇대. 이건 초식 공룡이고	단순추론	개념적	사회적 맥락: 동료 간 언어적 상호작용
여	육식 공룡이 되게 겁이 없다. 크기에 대한 개념이 없었나 봐	복잡추론	개념적	

상황을 기록하고, 대화 내용의 오른쪽에는 대화 특징 범주(1단계 분석 결과) 및 개인, 물리, 사회적 맥락을 약술하였다.

연구의 결과는 크게 세 부분으로 나누어졌다. 첫째는 대화의 특징을 양적으로 분석하였다. 이 결과는 Allen의 연구에서와 마찬가지로 Big 3(지각적, 인지적, 정의적 범주)가

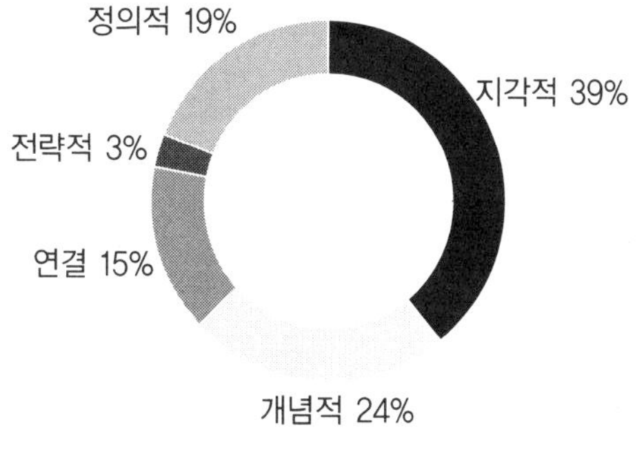

[그림 5-3] 학습대화의 범주별 비율

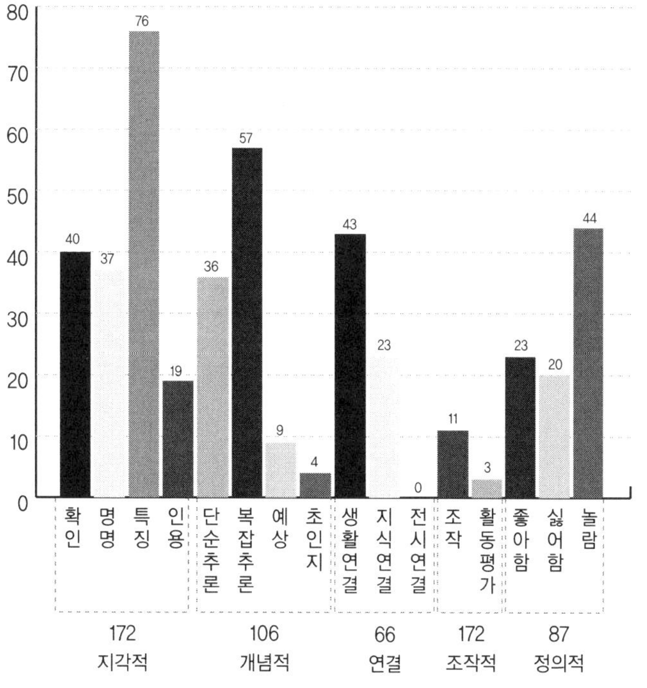

[그림 5-4] 학습대화의 하위범주별 빈도수

대화의 주를 이룬 것으로 나타났다(그림 5-3). 하위 범주를 살펴보면, 전시물의 특징을 많이 언급하고, 특징과 속성에 대한 인지적 추론을 주로 하며, 호불호 보다는 신기함 혹은 놀람의 정의적 표현을 많이 하는 것으로 나타났다(그림 5-4).

둘째, 두 명의 학생들이 나눈 대화는 총 40개의 주제로 분류되었는데, 크게 세 가지의 개념변화 유형으로 해석되었다. 가장 많이 나타난 첫째 유형(25개 주제)은 '단순 첨가' (simple accretion)로서 서로 전시물을 관찰하며 관찰한 사항을 이야기하는 것으로부터 출발하여, 자신의 과거 경험이나 사전 지식과 연관시켜 대화를 이어가는 형태이다. 대화는 서로의 발언 내용을 따라 이어가지만 대화에서 다루어지는 개념의 심층 이해나 의문에 대한 해결을 하지 못한 상태를 보인다. 두 번째 유형(8개 주제)은 '약한 재구성' (weak restructuring)으로서, 이는 유의미한 학습 수준으로 해석되었다. 이 대화 유형은 주로 지각적이고 개념적인 대화의 특징을 가지면서, 학생들이 전시물을 확인하고 자신의 지식을 연결시키며 개념 정교화 과정을 보여주었다. 마지막 유형(3개 주제)은 '잠재적 개념변화' (conceptual change potential) 유형으로서, 직접적으로 개념변화의 증거를 보여주진 못하지만 잠재적으로 개념변화의 가능성을 내포하는 대화를 말한다. 이 유형은 개념적 추론을 포함하는 개념적 범주가 대화의 주를 이루었다.

'단순 첨가' 인 첫째 개념변화 유형에서는 대쌍 관계에 있는 학생들이 새로운 학습의 영역을 열기보다 전시물에서 관찰된 사항과 자신의 과거 경험이나 사전지식을 연관시켜 대화를 이어나갔다. 대화의 내용은 서로 공유하기 쉬웠으며 새로운 지적 관심의 영역이 발생하지 않았기 때문에, 상호 간에 근접발달영역(ZPD)이 형성되었다고 보기는 어렵다. 반면, '약한 재구성' 인 두 번째 개념변화 유형에서는 한 사람이 제기한 문제에 대해 다른 사람이 공유하면서 자연스럽게 문제 해결을 위한 ZPD 영역이 활성화된다. 이에, 두 사람은 나름의 추론을 펼치며 그 추론을 뒷받침하기 위해 전시물을 자세히 관찰하고 제공된 패널을 읽으면서 증거 찾기에 몰두한다. 마지막 유형인 '잠재적 개념변화' 는 한 사람이 문제를 제기하지만 해결을 하지 못한 채 남게 된 경우이다. 한 사람은 전시물의 기본 정보, 사전 지식, 동료 간 상호작용을 통해 추론을 이어가며 하나의 설명이나 주장을 만들고 싶어 한다. 다른 사람은 상대방의 추론에 도움을 주지만 그다지 많은 흥미를 보이진 않는다. 결국 이 전시물 앞에서 두 사람은 하나의 결론에 도달하지 못했지만, 문제를 제기한 사람은 시간이 흐름에 따라 다른 경험들을 통해서 언제가 해결할 것으로 보이는 사례이다. 따라서 이 사례에서는 전시물을 통해 한 사람의 ZPD가 활성화되어 학습의 잠재성을 보인다고 할 수 있다.

이 연구가 갖는 의의는 박물관에서의 대화가 학습이라고 하는 관점에서 재조명되었다는 점이다. 특히, 개인적, 물리적, 사회적 맥락을 맥락 내에서 그리고 맥락 간에서 이루어지는 상호작용으로 조명하고, 대쌍 관계에 있는 두 학생의 대화를 개념변화 양상으로 분석하여 상호 ZPD의 형성을 살펴본 점은 박물관 학습의 과정을 보다 구체화한 것으로 생각된다.

앞서 제시한 연구들 외에, 박물관에서 이루어지는 담화를 다양한 교육적 관점이나 개념으로 이해하고 해석한 연구들이 꾸준히 수행되고 있다. 예를 들어, 김기상 외(2007)는 박물관의 주 관람객인 부모와 아동이 전시 관람 도중 하는 대화의 특성을 근접발달영역 관점으로 살펴보았다. 이 연구의 대화 분석에는 ZPD 체계를 사용하였다. ZPD 체계는 Wertsch(1984)가 Vygotsky의 근접발달 개념을 구체적인 방식으로 정의하고, 상황정의(situation definition), 상호주관성(intersubjectivity), 기호 매개(semiotic mediation)의 세 가지 구성 개념으로 체계화한 것이다. 상황정의는 과제가 놓여 있는 상황에 대해 구성원들이 인식하고 있는 목적의 표현을 의미하며, 상호주관성은 같은 상황정의를 공유할 때 여러 가지 수준으로 일어나는 상호작용이다. 구성원들의 상황정의가 서로 다를 때 의사소통을 통해 절충된 제3의 상호주관적 상황정의가 절충된다. 이처럼 상호주관적 상황정의의 절충이 일어나는 과정을 설명하기 위해서는 기호, 특히 언어적 기호의 도입이 필요한데, 언어적 기호는 대화 외에 도구(tools)와 기록(notations)도 포함된다.

연구자들은 자연사박물관의 생명진화관 전시를 관람하는 동안 부모와 아동의 대화를 ZPD 체계를 통해 분석하여 크게 네 가지 대화 유형을 제시하였다. 첫 번째 유형은 실제적 발달 수준의 대화로서, 전시물 관람에 대한 부모와 아동의 상황정의가 아동의 실제적 수준 내에 있는 상태, 즉 아동이 이미 도달해 있는 인지 수준 내에 이루어지는 대화이다. 두 번째 유형은 근접발달영역 내의 대화로서, 부모와 아동의 상황정의가 아동의 ZPD 내에 있거나, 부모가 아동의 상황정의를 ZPD 안으로 이끄는 경우이다. 세 번째 유형은 잠재적 발달 수준에 도달하는 대화로서, 부모의 상황정의가 아동의 잠재적 발달 수준 내에 있는 상태에서 아동의 상황 재정의를 유도하여 잠재적 발달 수준에 이르도록 이끄는 경우이다. 네 번째 유형은 발달 수준 밖의 대화로서 부모와 아동이 자신의 이야기만을 고집하기 때문에 상황정의가 이루어지지 않고 따라서 상호주관성이 형성되지 않는 경우이다.

살펴본 것처럼, 박물관을 위시한 비형식 교육환경에서 이루어지는 경험을 교육적으로 조명하고 해석하는 경험적 자료가 점차 축적되고 있다. 단순히 경험적 자료의 축적이 아니라 실제 학습의 증거들을 다양한 관점으로 조명함으로써 비형식 교육의 개념과 의미를 공고히 하는 데 기여하는 것이다. 특히, 최근 국내에서 이루어진 비형식 과학교육 관련 연구들은 박물관 경험의 즐거움뿐 아니라 교육과정과의 연계, 사회적 상호작용을 통한 학습 담화, 개념 이해, 아동 발달로 이어져왔음을 알 수 있다. 이러한 연구 노력은 박물관과 같은 학교 외의 교육 공간의 경험이 학교 교육과정과 적절히 연계될 수 있는 구체적인 사례를 보여주는 것이라 할 수 있다.

5.3 안내된 관람에서 도슨트와 관람객의 담화

박물관에서 관람객을 대상으로 해설을 해주는 사람을 도슨트라고 한다. 이절에서는 도슨트의 정의와 도슨트가 안내하는 관람 그리고 도슨트와 관람객의 담화를 다룬다.

5.3.1. 도슨트의 정의와 역할

도슨트(Docent)는 독일어 'Dozent' 에 해당하는 말로서 '가르치다' 의 의미인 라틴어 'docere' 에서 유래되었다. 보스턴 파인아트뮤지엄의 Benjamin Ives Gilman은 1915년에 처음으로 도슨트의 의미를 현대와 같은 의미로 다음과 같이 규정하였다. "박물관은 보존, 전시, 가르침을 통해서 업무를 완전히 수행할 수 있으며, 따라서 박물관은 전시하고 있는 내용에 대한 구두의 교육을 제공할 의무가 있다." 이러한 역할을 담당하는 사람이 바로 도슨트이다. 이 후, '도슨트' 라는 단어는 공식적인 해설자의 의미로 박물관 맥락에서 널리 사용되어왔다(Glaser & Zenetou, 1996). 즉, 박물관에서 실시되는 교육 프로그램을 담당하는 강사나 박물관 교사는 특정 관람객들을 위한 특별 교육 프로그램에 투입되는 인력을 지칭하는데 반해, 도슨트는 상설전시관과 특별전시관에서 일반 관람객을 대상으로 전시 안내를 담당하는 인력이라고 할 수 있다(Glaser & Zenetou, 1996). 즉, 도슨트는 박물관 교육에서 관람객의 학습을 안내하는 '학습 중재자' 인 셈이다. 도슨트는 자신의 전문성을 계속 길러나가야 하는 '평생 학습자' 이며, 경험과 노력, 그리고 도슨트 양성 교육과정을 통해 전문성을 기른다.

도슨트는 박물관의 '목소리(voice)' 역할을 담당하며 관람객에게 소장품들 및 전시품들을 연결시켜주고(relating), 전시물과 관람객 사이의 상호작용을 중재(mediating)하는 상호작용 촉매자(catalysts)역할을 한다(Glaser & Zenetou, 1996). 따라서 박물관을 찾은 관람객들은 큐레이터나 도슨트 등에 의해 제공되는, 보다 교육적으로 초점이 맞추어진 경험을 원한다(Hooper-Greenhill, 1999). 우리나라 사람들의 자연사박물관에 대한 요구 조사에서도 단순한 놀이나 흥미 위주의 방문보다 구체적인 학습을 목적으로 기획된 방문을 더 많이 원하는 것으로 나타났다(최지은, 2004). 따라서 박물관이나 과학관에서는 관람객의 학습을 도와주는 도슨트의 역할이 중요함을 알 수 있다. 도슨트는 적절한 교육 환경을 조성하고 전시물을 알기 쉽게 설명해주어야 할 책임이 있다(이병훈, 2000). 즉, 도슨트는 관람객을 직접 만나고 부딪히고 소통하며, 전시물과 관람객을 연결해주는 매개자이다(곽민경, 2007; 이병준, 박지연, 2008). 도슨트는 관람객들과 상호작용하는 과학관이나 박물관의 첫 번째 사람인 동시에 '설명' 을 통해 관람의 열쇠를 제공하는 결정적인 역할을 수행한다(Johnson, 2007).

도슨트는 전시물에 대한 지식과 짧은 시간을 통한 일시적 만남을 통해 관람객의 이해를 효과적으로 도울 수 있는 교과교육학에 대한 지식, 두 가지 모두를 잘 갖춰야 한다. 도슨트의 성공적인 활동을 위해서는 다음과 같은 요소가 필요하다. '전시물에 대한 관심, 사물 중심의 학습, 관람객과의 소통, 관람객의 필요와 능력, 선지식에 대한 이해, 관람객의 집중과 몰입 유도, 전시물에 대한 시각적이고 적극적인 표현 능력과 지식, 이해를 돕기 위한 설명 능력, 박물관 경험의 시범자, 관람객과 함께 배우는 자세, 질문, 정보 제공, 토론, 새로운 의미의 창출 등의 다양한 학습의 기술' 이 그것이다(백령, 2005).

5.3.2. 도슨트가 안내하는 관람

관람객들은 새로운 정보를 이해하거나 의사소통을 위해서는 사람과의 상호작용이 더욱 가치 있고 효과적이라고 생각한다(Mony & Heimlich, 2008). 이러한 점에서 도슨트가 안내하는 관람은 매우 중요하다. 도슨트와 상호작용을 하게 되는 관람객들은 전시물을 이해하는 데 있어서 좋은 채널을 하나 더 가지게 되는 셈이다. 도슨트는 관람을 돕기 위해 전시물의 의미를 설명하고, 박물관이라는 공간 자체에 대해서 흥미를 느끼도록 한다. 또한 설명을 통해 전달하고자 하는 전시 주제에 따라 설명할 전시물을 선택하고 동선을 기획하며 전시물의 기호화된 '지식의 언어' 를 '이해의 언어' 로 전환하여 설명할 수 있어야 한다. 이 과정에서 가장 중요한 것은 관람객의 경험과 지식의 정도에 따라 내용 전달 방법을 달리하는 관람객 중심의 전시 관람과 동기부여일 것이다(백령, 2005). 이를 위해서는 관람객의 참여를 유도하여 관람객의 선지식이나 경험 그리고 관심 등이 담화에 표현되고 반영되도록 하는 것이 효과적이다. 교사나 도슨트의 안내를 받은 소그룹 활동을 통해서 관람객들은 해당 전시물에 대한 물리적 외양에 대한 탐구 및 전시물에 대한 깊이 있는 이해를 할 수 있게 되어 관람의 사회 문화적 맥락을 풍요롭게 해준다(Cox-Petersen et al., 2003).

5.3.3. 도슨트와 관람객의 담화

비형식 학습 환경에서 언어적인 상호작용을 통해서 이루어지는 학습은 매우 중요하다. 도슨트와의 언어적 상호작용은 관람객과 관람객 사이의 상호작용에 비하여 전시와 관련된 더 심층적인 이해와 흥미 유발이 가능하게 해준다. 이주연(2010)은 자연사 전시관에서 관람객-도슨트의 담화를 조사하였다. 이를 통해서 도슨트가 어떻게 관람객의 참여를 이끌어내어 학습을 이끌어가고 있는지, 또한 그 과정에서 어떠한 담화 전략을 사용하고 있는지 알아보았다. 그 결과 도슨트와 관람객의 담화 중에서 관람객 참여의 질이 높은 경우와 낮은 경우를 발견하였다. 즉, 관람객의 참여가 담화의 흐름에 영향을 주는 경우는 참여의 질이 높았으나 그렇지 못한 경우는 참여의 질이 낮았다. 또한 관람객의 참여의 질이 높을수록 관람객들은 일방적으로 정보를 수용하는 것이 아니라 자신의 선지식과 관심 등에 적합한 정보를 얻을 수 있으며, 이를 내면화하기 쉬운 것으로 나타났다. 도슨트가 전시물에 관한 정보를 구성하여 일방적으로 전달해주고자 하는 시도가 아닌, 관람객의 성향과 수준을 지속적으로 담화에 반영하면서 궁극적으로는 관람객의 내면에서 지식이 잘 구성될 수 있도록 하는 시도라고 볼 수 있는 것이다. 이러한 시도는 '휴대용 관람안내 보조 도구' 로 도슨트의 역할을 대신할 수 있다고 생각하는 일부 박물관 관계자들에게도 도슨트의 중요한 필요성을 알릴 수 있는 근거가 되기도 한다. 도슨트와의 담화를 통해 관람객은 전시물에 대한 사회문화적 중재를 경험하게 되어 전시물의 고정된 물리적 맥락을 크게 확장할 수 있게 되므로 도슨트의 역할은 박물관 맥락의 장기적인 발전에도 기여할 수 있다고 볼 수 있다. 또한 도슨트가 관람을 중재하는 과정에서 담화 전략들을 통해 관람객의 담화 참여의 질을 높이는 것은 비형식 맥락의 학습의 질을 높이는 좋은 방법이기도 하다. 이주연(2010)은 관람객의 참여의 질을 높이는 도슨트의 담화 전략을 다음과 같이 파악하였다.

첫째, 배려와 칭찬, 허용적인 태도를 통하여 관람객이 담화에 적극적으로 참여할 수 있는 환경을 조성한다.

둘째, 다양한 형태의 질문을 통하여 관람객의 선지식을 담화의 '주제' 로 이끌어낸다.

셋째, 관람객의 선행발화를 '공유된 정보' 로 받아 '새정보' 로 확장, 발전시켜 관람객의 연속적인 참여를 이끌어낸다.

넷째, 전시물에 대한 도슨트의 전문적 지식을 관람객이 학습의 비계(scaffolding)로 사용할 수 있도록, 재구성하여 담화에 도입한다.

이와 같은 전략을 사용함으로써 도슨트는 관람객의 전시에 대한 흥미와 이해를 높이고, 박물관이나 과학관과 같은 비형식 학습 환경의 효과를 극대화할 수 있다.

6 비형식 과학교육과 학교 과학교육의 연계

6.1 비형식 학습에 교육과정의 반영

20세기를 거치면서 자연사박물관의 전시와 교육 프로그램에 대한 접근 방식은 관람객을 보다 능동적인 학습자로 인식하는 새로운 교육학적 이론에 바탕을 두게 되었다. 초창기 자연사박물관이 생겨났던 19세기의 설립취지가 귀중한 자연사적 유물 및 종의 다양성의 보존에 있었던 반면, 20세기 후반으로 갈수록 대중의 자연환경에 대한 관심을 자극하고 지식을 개발하게 하고 자연환경 보존의식을 높이며 더 나아가 자연사 연구를 직간접적으로 체험하는 공간으로 변화하고 있다(신명경과 이창진, 2003). 이런 변화를 주도적으로 이끌어가고 있는 곳 중의 하나인 미국의 자연사박물관을 살펴볼 필요가 있다. 19세기 유럽의 자연사 유물 보존 위주의 박물관이 미국의 민주주의와 대중에 의한, 대중을 위한, 대중의 기관이라는 기치 하에 일대 변혁을 겪게 된 것이다(Melber & Abraham, 2002). 이어서 60년대와 70년대를 거치면서 자연사박물관은 중요한 비형식 교육기관으로 인식되며 더 많은 교육학자의 관심의 대상이 되었고, 80년대 이후에는 대중교육기관으로서의 기틀을 다지게 되었다. 90년대 이후에는 박물관을 대상으로 한 다양한 교육학적 연구가 활발하게 진행되고 있다. 이런 맥락에서 미국의 주요 자연사박물관의 전시물을 학교 교육과정과 관련지어 살펴보는 의의를 찾을 수 있다. 이 절에서는 지구과학을 사례로 하여 비형식 과학학습과 학교 교육과정의 연계 방안을 고찰하기로 한다.

지구과학의 주요 분야인 지질학에서 이론이나 가설의 증거로 채택되는 대상들이 대부분 야외에 존재한다(McDonell, 1973). 야외답사의 경험은 교과서의 그림이나 삽화로는 대신할 수 없으며, 어떤 지구과학교사도 야외답사경험의 가치에 대해서 부인하기는 어려울 것이다. 다른 과학 교과와 달리 지구과학 교과에서 실험실 활동은 매우 제한적이며 학습의 잠재력에서도 그 유용성이 떨어진다(Orion, 1989). 또한 지구과학 내에는 태양계나 외부은하와 같이 실험이나 관찰보다는 상당한 학생들의 공간지각력과 상상을 동원해야 하는 개념들이 많이 포함되어 있다. 더 나아가 여타 과학학문에 비해 여전히 상당한 가설과 이론으로의 전개과정이 진행 중인 내용들이 포함되어 있으며, 아울러 실시간 자료를 통해 보다 학문에 대한 올바른 인지를 할 수 있는 분야이기도 하다. 즉, 기상청이나 천문대 등의 실시간 자료를 이용하는 것이 매우 적절한 분야이다. 학생들은 원격으로 감지된 이미지를 통해 수업에 활용함으로써 그 학습효과가 증대될 수 있을 것으로 기대된다(Sproull, 1991). 그러나 야외지질답사나 충분한 시각적 자료들이 제공되지 않는 현실에서 이러한 지구과학적 수요에 부응할 만한 수업 자료의 부족을 해결할 수 있는 방안을 학교 안에서 찾기 어렵다. 자연사박물관의 전시물들은 이런 문제에 대한 하나의 대안으로 볼 수 있다.

이렇듯 지구과학 분야에서 자연사박물관의 의미가 기타 분야의 학문에 비해 남다를 수 있는 것은 지구과학이 다루고 있는 주제들과 대상들이 자연사박물관의 전시 내용과 잇닿아 있기 때문이다. 예를 들어 뉴욕에 있는 미국 자연사박물관의 주요 전시관들의 주제를 살펴보면 우주관, 운석관, 보석관, 행성지구관, 광물관 등이다. 대부분의 자연사박물관에서 쉽게 보는 공룡화석들 또한 지사학이라는 지구과학 하위영역의 대표적인 내용임을 상기해볼 때, 지구과학과 자연사박물관의 연관성에 대해서는 재론할 필요가 없을 것이다.

비형식적 교육기관으로서의 자연사박물관에 대한 최근 연구들은 관람객의 행태에 초점을 맞추고 있다. 만일 관람행태를 암묵적으로 관람객의 다양한 수준에서의 학습으로 확장시켜 고려하는 경우, 전시 요인, 환경적 요인, 방문객 요인 등을 관람객의 행태에 영향을 미치는 세 가지로 제시할 수 있다(Falk et al., 1985). 자연사박물관을 비형식 교육기관으로 전제하고, 전시를 통해 지구과학교육과정과의 연계성이 어떻게 나타날까라는 연구 질문을 바탕으로 다각적인 조사와 분석을 진행하였다. 특히 앞서의 세 가지 요인 중 객관적인 관찰을 통해 자료수집이 가능한 전시 요인에 초점을 맞췄다. 아울러 기본적인 전시요인 요소 외에 전시의 기저에 있는 과학의 본성과 주요 관심 대상인 학생 관람객을 고려한 교육과정과의 연계성을 살펴보기로 한다. 연구의 대상은 미국의 대표적인 자연사박물관 두 곳에서의 지구과학 관련 분야 전시물이다. 분석의 기준이 되는 분석틀은 미국의 국가과학교육기준(NSES; NRC, 1996) 안에서 지구과학 분야를, 그리고 TIMSS(Third International Mathematics and Science Study; Robitaille et al., 1993)에서 지구과학과 관련된 내용을 바탕으로 개발하였다. 이렇게 하여 마련한 과학 지식 내용 분석 틀은 표 6-1과 같다.

〈표 6-1〉 과학지식 내용 분석틀

영역	세부 범주	TIMSS
과학지식내용	지구의 모습	1.1.1 조성 1.1.2 지형 1.1.3 수괴 1.1.4 대기 1.1.5 암석, 토양 1.1.6 얼음권
	지구 현상	1.2.1 날씨와 기후 1.2.2 물리적 순환 1.2.3 지각의 융기와 절단 1.2.4 지구의 역사
	우주 안의 지구	1.3.1 태양계 안의 지구 1.3.2 태양계 안의 행성들 1.3.3 태양계 밖의 우주 1.3.4 우주의 진화 1.3.5 기타
	기타	1.4.1 기타

이 분석틀을 이용하여 미국에 소재한 두 개 자연사박물관인 워싱턴 D.C.의 미국 국립자연사박물관과 뉴욕의 미국 자연사박물관의 전시물을 대상으로 조사하였다(김찬종 외, 2006). 분석한 결과를 보면 종합적으로는 지구 현상(37 %), 우주 속의 지구(36.7 %), 지구의 모습(23.9 %) 순으로 나타났다(표 6-2). 그러나 두 박물관을 각각 살펴보면 미국 국립자연사박물관의 경우는 지구현상을 내용상 가장 비중 있게 다루고 있고(38.5 %), 그 다음이 지구의 모습(29.9 %), 우주 속의 지구(17 %) 순이었던 것에 비해 미국 자연사박물관은 우주 안의 지구를 가장 비중 있게 다루었고(43.5 %), 지구 현상(35.9 %), 마지

막이 지구의 모습이었다(그림 6-1).

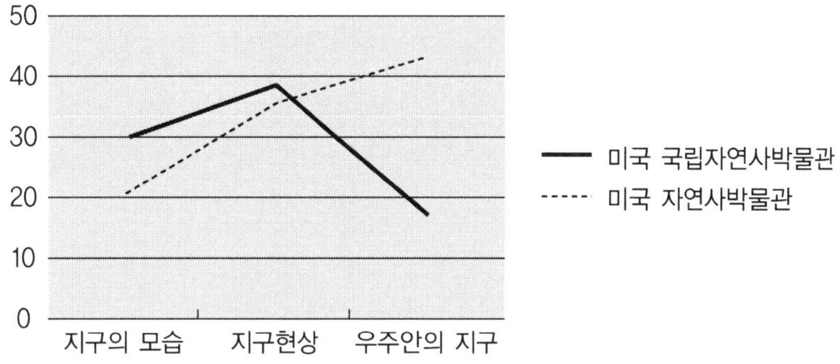

[그림 6-1] 지구과학내용 영역 전시물의 분포

자연사란 생물, 광물, 암석, 화석과 같이 우리 생활 주위에서 발견되는 자연물에서 지구생성, 지각 변동, 지구 발달사와 같은 거시적인 규모의 내용까지를 다루는 것으로 이해된다. 그렇다면 앞서의 지구과학관련 내용에서 지구상에서 관찰되는 다양한 지구모습이나, 화석이나 과거의 지각변동 및 지구 발달사를 다루는 지사학적인 지구의 현상과 지구생성에 대한 이해를 위한 우주 속의 지구와 같은 주제들이 주를 이루는 것은 매우 타당하다고 본다. 즉, 자연사는 인간을 둘러싼 환경을 총체적이고 다각적으로 이해하려는 모든 노력을 담아내는 것으로 볼 수도 있다.

세부 범주를 다시 살펴보면 특정 범주가 특징적으로 비중 있게 다루어지는 경향을 두 박물관에 볼 수 있었다. 예를 들어 미국 국립자연사박물관에서는 지구의 역사와 지구의 조성 및 태양계 밖의 우주가 많이 다루어졌고 상대적으로 다른 세부 범주에 대해서는 적게 다루거나 아예 다루지 않아 교육과정의 일부내용에 편중된 것을 알 수 있다. 한편 미국 자연사박물관에서는 이러한 편중이 보다 약함을 알 수 있다. 우선 다루어지지 않았던 세부 범주들은 없으며 상대적으로 고른 분포를 보이고 있다.

지구의 모습에 있어 전체적으로 지구의 조성 즉 지구를 구성하는 광물이나 암석들에 대한 전시들이 매우 큰 비중을 차지하고 있다. 다만 지구의 모습과 관련하여 미국 국립자연사박물관이 좀더 많은 내용을 조성에 치중하면서 대기와 해양관련 부분에 대한 전시물이 적었던데 비해, 뉴욕의 미국 자연사박물관은 조성과 대기, 해양관련의 수괴도 적절하게 다루고 있음을 알 수 있다. 한편 지구계의 구성원인 얼음권에 대한 전시내용을 두 박물관에서 모두 찾을 수 없었다.

지구의 현상은 지구상에서 일어나는 다양한 현상 즉 날씨, 물리적 순환과 지사학적 접근, 지각이 변동에 대해 다루고 있다. 이 세부 범주에서 두 박물관 모두 지구의 역사를 매우 비중 있게 다루고 있었다. 이전의 논의와 비슷하게 미국 국립자연사박물관의 전시물이 지구의 역사에 편중된 반면, 미국 자연사박물관은 날씨, 물리적 순환에 대해서도 다루고 있음을 알 수 있다.

〈표 6-2〉 지구과학 지식 내용 영역의 전시물 빈도 비교: 미국 국립자연사박물관과 미국 자연사박물관

	세부 범주	전체(%)	미국 국립 자연사 박물관(%)	미국 자연사 박물관(%)
1.1 지구의 모습	1.1.1 조성	66*(14.3**)	**32(22)**	34(11)
	1.1.2 지형	5(1)	1(0.6)	4(1.2)
	1.1.3 수괴	15(3)	4(0.3)	11(3.5)
	1.1.4 대기	7(1.5)	0	7(2.2)
	1.1.5 암석, 토양	19(4.1)	10(7)	9(2.5)
	1.1.6 얼음권	0	0	0
1.2 지구 현상	1.2.1 날씨와 기후	10(2)	0	10(3.4)
	1.2.2 물리적 순환	23(5)	9(0.5)	14(4.5)
	1.2.3 지각의 융기와 절단	63(13)	20(14)	43(14)
	1.2.4 지구의 역사	**78(17)**	**35(24)**	43(14)
1.3 우주안의 지구	1.3.1 태양계 안의 지구	33(7)	6(0.4)	27(8.6)
	1.3.2 태양계 안의 행성들	8(1.7)	5(0.3)	3(1)
	1.3.3 태양계 밖의 우주	**94(20)**	**22(15)**	**72(23)**
	1.3.4 우주의 진화	29(6.3)	2(1.2)	27(8.6)
	1.3.5 기타	8(1.7)	0	8(2.3)
1.4 기타	1.4.1 기타	2(0.5)	1(0.6)	1(0.3)
합계		N=461(100)	N=147(100)	N=314(100)

* 는 해당 전시관의 전체 전시물수를 의미함

** 는 전시물수(%). 여기서 %는 관련 전시물을 해당 전체 전시물수(N)로 나눈 비율임

굵은 글씨는 15%가 넘는 전시물

우주 안의 지구에서는 태양계 밖의 우주가 두 박물관 모두에서 가장 비중 있게 다루어졌다. 다른 세부 범주에 대한 고려는 지구의 모습이나 지구 현상에서와 마찬가지로 미국 자연사박물관이 더 고른 전시물의 양적 안배를 하는 것이 나타났다.

지식내용의 빈도를 기준으로 과학교육과정과의 연계성을 논의하는 것은 제한적일 수 밖에 없을 것이다. 그러나 전 영역에 걸쳐 골고루 내용이 배분되어 있는 것으로 미루어 지구과학분야의 교육과정에 대한 고려가 전시제작과 기획에서 반영되었을 가능성을 강하게 비추고 있다. 이는 비형식 교육기관으로서의 역할의 인지와 함께 이를 위해 학교 교육과정과의 연계성을 이루어내는 것이 그 기저에 있음을 암시하는 것으로 해석할 수 있다.

6.2 교육과정 성취 기준과 과학관 전시 내용

6.2.1. 교육과정 성취 기준과 과학관 전시

지구과학 분야의 예를 들어서 학교 과학교육과 비형식 과학교육의 연계를 교육과정 성취 기준을 통해 분석하려는 시도를 우리나라 과학 교육과정과 국립중앙과학관을 중심으로 소개하고자 한다(이창진 외, 2007). 우리나라 교육과정에서는 학년별 지구과학 내용체계에서 다루어야 할 내용을 국가차원에서 정하여 제시하고 있다(교육부, 1997). 초등학교 과학과 교육과정 중 지구과학의 내용을 학년별로 살펴보면, 3학년의 '여러 가지 돌과 흙' '운반되는 흙' '둥근 지구, 둥근 달' '맑은 날, 흐린 날'의 네 개 영역에서 열두 개의 내용을 제시하고 있고, 4학년에서 '별자리 찾기' '강과 바다' '지층을 찾아서' '화석을 찾아서'의 네 개 영역에서 열두 개의 내용을 제시하고 있다. 5학년에서는 '날씨 변화' '물의 여행' '화산과 암석' '태양의 가족'의 네 개 영역에서 열두 개의 내용을 제시하고 있으며, 6학년에서는 '계절의 변화' '일기예보' '흔들리는 땅'의 네 개 영역에서 아홉 개의 내용을 제시하고 있다(이창진 외, 2007).

지구과학의 내용체계별 영역은 3학년에서는 지질 두 개 영역과 천문 한 개 영역, 기상 한 개 영역으로 구성되어 있고, 4학년에서는 지질 두 개 영역과 천문 한 개 영역, 해양 한 개 영역으로 구성되어 있다. 5학년에서는 지질 한 개 영역, 천문 한 개 영역, 기상 두 개 영역으로 구성되어 있으며, 6학년에서는 지질 한 개 영역, 기상 두 개 영역으로 구성되어 있다(표 6-3).

〈표 6-3〉 영역별 지구과학 내용체계

영역	내용체계
지질	여러 가지 돌과 흙(3), 운반되는 흙(3), 지층을 찾아서(4), 화석을 찾아서(4), 화산과 암석(5), 흔들리는 땅(6)
기상	맑은 날, 흐린 날(3), 날씨 변화(5), 물의 여행(5), 일기예보(6)
해양	강과 바다(4)
천문	둥근 지구, 둥근 달(3), 별자리 찾기(4), 태양의 가족(5), 계절의 변화(6)

* ( )안의 숫자는 학년을 표시함.

국립중앙과학관은 크게 다섯 개의 대주제인 '우주에서 인간까지' '한국의 자연사' '한국과학기술사' '기초과학' '산업기술'로 나누어 총 168개의 주제를 전시하고 있으며, 그 중 19개의 내용이 지구과학에 해당한다. 이들을 살펴보면 '우주에서 인간까지' 전시영역에서 8개의 내용을 전시하고 있으며, '한국의 자연'에서 6개의 내용을, '기초과학' 영역에서 5개의 내용을 전시하고 있다.

초등학교 과학과 교육과정을 어느 정도 반영하고 있는지를 알아보기 위해 교육과정에서 제시된 내용체계와 지구과학 주제 전시물을 비교하였다. 교육과정 내용체계 중 태도영역은 학습자의 태도에 관련된 기준이기에 평가척도를 내는 데 어려움이 있어 배제를 하였으며, 이를 배제한 총 50개의 평가기준만을 선정하였다. 교육과정에 근거한 총 50개의 평가영역 중 과학관에서 다루고 있는 부분은 26개 영역(52.0 %)으로 나타났다. 과학관 전시내용의 학년별 교육과정 반영도는 3학년이 12개 영역 중 6개 영역(50.0 %),

4학년이 12개 영역 중 6개 영역(50.0 %)이며, 5학년이 15개 영역 중 6개 영역(40.0 %), 6학년이 11개 영역 중 8개 영역(72.7 %)을 반영하고 있었으며, 내용체계별 반영도는 지질영역이 19개 영역 중 12개 영역(63.1 %), 기상영역이 16개 영역 중 6개 영역(37.5 %), 해양영역은 4개 영역 중 반영 전시내용이 없었으며, 천문영역은 11개 영역 중 8개 영역(72.7 %)을 반영하고 있었다(표 6-4). 또한, 초등학교 교육과정과 교육과정이 반영된 과학관 전시내용의 내용체계 간 분포차를 비교해본 결과 대체로 유사한 분포를 이루고 있었다(그림 6-2).

앞서의 연구는 교육과정에 설정된 내용이 전시물에 반영된 정도를 조사한 것이라면 이번에는 각 전시내용이 교육과정 성취기준에는 어느 정도에 해당하는가를 알아보는 연구이다. 과학관 전시내용의 교육과정 반영 수준을 평가하기 위해 김주훈 외(2001)의 성취기준과 평가기준을 기초로 전시내용을 평가할 기준을 마련하였다. 성취기준은 학년별 내용 체계에 따라 3학년의 4개 내용 영역에서 12개의 중영역에 16개의 소영역,

〈표 6-4〉 전시내용의 학년별 및 영역별 교육과정 반영도

학년	평가기준영역	교육과정 반영도(%)	영역	평가기준영역	교육과정 반영도(%)
3	12	6(50.0)	지질	19	12(63.1)
4	12	6(50.0)	기상	16	6(37.5)
5	15	6(40.0)	해양	4	0(0.0)
6	11	8(72.7)	천문	11	8(72.7)

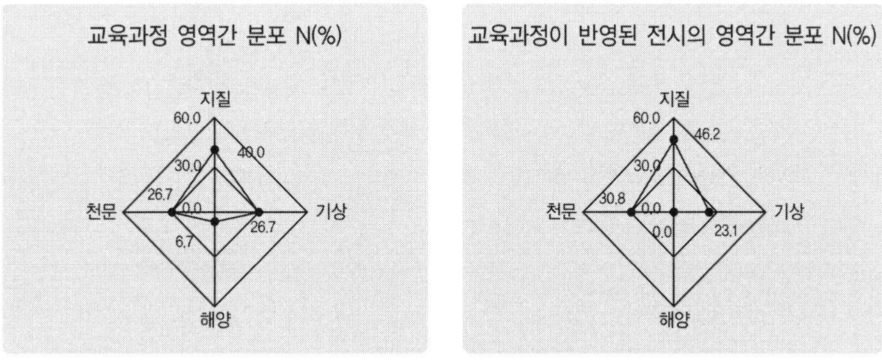

[그림 6-2] 교육과정 영역간 분포(왼쪽) 및 교육과정이 반영된 전시의 영역간 분포(오른쪽)

4학년의 4개 내용 영역에서 12개의 중영역에 16개의 소영역, 5학년의 4개 내용 영역에서 12개의 중영역에 19개의 소영역, 6학년의 3개 내용 영역에서 9개의 중영역에 14개의 소영역으로 총 65개이지만 15개의 태도영역은 평가의 곤란함으로 배제하였으며, 총 50개의 평가기준을 개발하였다(표 6-5).

〈표 6-5〉 과학관 초등학교 6학년 과학과 지구과학영역의 평가기준 예시 (김주훈 외, 2001)

영역	평가기준
60211	지표면에 도달하는 에너지의 세기를 태양의 고도에 따른 입사각의 변화를 이용하여 설명하고, 이를 통해 하루 동안의 기온의 변화와 계절의 변화를 설명하였다. 지표면에 도달하는 에너지의 세기를 태양의 고도에 따른 입사각의 변화를 이용하여 설명하였다. 태양의 고도에 따른 지표면에 도달하는 에너지의 세기를 설명하였다. 태양의 고도에 따른 기온의 변화를 설명하였다. 태양의 고도를 설명하였다.
60212	태양의 고도 변화에 따른 기온의 변화를 지면 가열의 차이와 관련지어 설명하고, 하루 중 태양의 고도가 가장 높은 시간과 기온이 가장 높은 시간이 차이가 나는 이유를 설명하였다. 태양의 고도 변화에 따른 기온의 변화를 지면 가열의 차이와 관련지어 설명하였다. 태양의 고도 변화를 그림자의 길이 변화와 관련지어 설명하고, 이에 따른 기온의 변화를 설명하였다. 태양의 고도 변화에 따른 기온의 변화를 설명하였다. 태양의 고도 변화를 설명하였다.
60221	계절의 변화를 지구의 공전과 자전축의 기울기에 따른 태양의 남중 고도의 변화와 관련지어 설명하였다.
60221	계절의 변화를 지구의 운동에 따른 태양의 남중 고도의 변화와 관련지어 설명하였다. 계절의 변화를 태양의 남중고도의 변화와 관련지어 설명하였다. 계절의 변화를 낮과 밤의 길이의 변화와 관련지어 설명하였다. 계절의 변화를 설명하였다.

〈표 6-5〉 과학관 초등학교 6학년 과학과 지구과학영역의 평가기준 예시(계속)

영역	평가기준
60811	일기예보를 하는 과정을 설명하고, 기상청에서 하는 일을 설명하였다. 일기예보를 하는 과정을 설명하였다. 일기예보가 일상생활에 어떻게 이용이 되는지 설명하였다. 일기예보를 설명하였다. 날씨를 설명하였다.
60412	일기기호를 일기도에 표시하는 방법을 설명하고, 이를 통해 그 지역의 날씨를 설명하였다. 일기기호를 일기도에 표시하는 방법을 설명하였다. 일기도에 사용되는 여러 가지 일기 기호의 의미를 설명하였다. 일기 기호의 의미를 설명하였다. 일기 기호의 종류를 설명하였다.
60821	일기도를 통하여 그 지역의 날씨를 예상하는 방법을 설명하고, 공기의 이동, 기온, 습도 등의 특징을 설명하였다. 일기도를 통하여 그 지역의 날씨를 예상하는 방법을 설명하였다. 일기도를 해석하는 방법을 설명하였다. 일기도를 날씨와 관련지어 설명하였다. 일기도를 설명하였다.
60822	계절별 날씨를 바람의 이동방향과 기압의 배치를 통해 설명하였다. 계절별 날씨를 바람의 이동방향과 관련지어 설명하였다. 우리나라의 날씨를 계절별로 제시하여 봄, 여름, 가을, 겨울의 특징을 설명하였다. 우리나라의 날씨를 계절에 따라 설명하였다. 우리나라의 날씨를 설명하였다.
61011	변성암의 생성원인을 열과 압력과 관련지어 설명하였다. 변성암의 생성원인을 설명하였다. 변성암의 특징을 설명하였다. 변성암의 종류를 설명하였다. 변성암을 설명하였다.

〈표 6-5〉 과학관 초등학교 6학년 과학과 지구과학영역의 평가기준 예시(계속)

영역	평가기준
61012	암석을 화성암, 퇴적암, 변성암으로 나누어 그 특징을 다양한 기준으로 비교하여 설명하였다. 암석을 화성암, 퇴적암, 변성암으로 나누어 그 특징을 비교하여 설명하였다. 암석을 화성암, 퇴적암, 변성암으로 나누어 설명하였다. 암석의 종류를 설명하였다. 암석을 설명하였다.
61021	습곡과 단층의 발생과정과 원인을 지진과 관련지어 설명하였다. 습곡과 단층의 발생과정과 원인을 설명하였다. 습곡과 단층의 발생과정을 설명하였다. 습곡과 단층을 설명하였다. 지층의 변형을 설명하였다.
61022	우리나라에서 발생한 대표적인 지진의 발생 지역, 시기, 진도, 피해 규모 등을 설명하였다. 우리나라에서 발생한 대표적인 지진을 설명하였다. 지진의 강도별로 예상되는 피해를 설명하였다. 지진의 피해를 설명하였다. 지진을 설명하였다.

* 평가기준의 나열순서는 척도가 높은 순으로 배열하였다.

6.2.2. 교육과정 성취 기준에 의한 전시 평가와 예시

전시내용을 평가하는 초등학교 교육과정의 성취기준을 이용한 연구가 수행되었다(이창진, 류춘렬, 신명경, 2007). 초등학교 과학과 교육과정의 성취기준 및 평가기준에 근거하여 개발한 5등급의 평가척도 중 전시내용에서 반영되고 있는 26개의 영역에 대해서 평가척도를 내었다. 평가결과 평균평가척도는 3.53이었으며, 학년별로 3학년이 3.33, 4학년이 3.66이며 5학년이 3.50, 6학년이 3.62로 나타났다. 또한 내용체계별로 평가한 결과, 지질영역이 3.75, 기상영역은 2.91, 해양영역은 반영된 전시내용이 없으며, 천문영역은 3.68로 나타났다(표 6-6).

〈표 6-6〉 교육과정이 반영된 전시내용의 평균평가척도

학년	평가영역 수	평균평가척도	영역	평가영역 수	평균평가척도
3	6	3.33	지질	12	3.75
4	6	3.66	기상	6	2.91
5	6	3.50	해양	0	-
6	8	3.62	천문	8	3.68

평가의 예시로서 '61011' 은 6학년의 '흔들리는 땅' 단원에 속하는 영역으로 '대표적인 변성암을 관찰하고 화성암, 퇴적암과 비교한다.' 라는 중영역 성취기준 아래 '대표적인 변성암을 관찰하고 특징을 말할 수 있다.' 라는 소영역 성취기준을 가진다. 이에 과학관은 전시내용에서 여러 가지의 변성암을 제시하고 그 생성원인을 열과 압력을 통해 설명하고 있기에 '변성암의 생성원인을 열과 압력과 관련지어 설명하였다.' 라는 평가기준을 모두 만족한다고 볼 수 있으며, 5점의 평가척도를 갖는다(그림 6-3).

[그림 6-3] 변성암의 전시내용

6.3 비형식 과학학습 환경의 효율적인 활용

6.3.1. 비형식 교육기관의 교육 프로그램의 활용

자연사박물관은 전문적이고 실제적인 표본을 소장하고 교육 자료로 활용함으로써 교실수업이 제공할 수 없는 경험을 제공한다. 형식 교육과 박물관 교육의 협력 관계를 강화하여 자연사박물관이 제공하는 교육자원을 효과적으로 활용할 수 있다. 교육과정과 연관된 교육 프로그램은 박물관 고유의 경험을 제공하는 전시물 관람 및 활용 활동, 박물관 내에서의 핸즈온 활동 및 필드트립 및 수업 현장으로 이동된 박물관 전시물 등 선택적 조직이 가능하다. 이때, 박물관 교육 담당자는 학교 교육과정과 교사의 교수법을 이해하고, 교사와 학생들에게 박물관 자료들을 자유롭게 활용할 수 있도록 배려해야 하며, 교사는 박물관의 자료를 최대한 활용하여 학생들의 잠재적 학습 능력을 극대화할 수 있도록 해야 한다. 교사와 박물관 교육 담당자들은 박물관의 교육 자원을 이용한 효과적인 교수학습 방법을 위해 함께 고민하고 노력할 필요가 있으며, 박물관은 교사가 광범위한 자료를 조사하고 선택하여 입체적 수업을 계획할 수 있게 적극적으로 도와주어야 한다. 교육과정과의 연관성은 방문전 활동/방문시 전시물의 심화 탐구/방문후 활동의 체계적인 과정을 통해 효과적으로 이루어질 수 있다. 런던 자연사박물관은 교육 프로그램과 관련된 학생용 및 교사용 자료를 제공하고, 교육과정과의 연관성을 구체적으로 명시하여, 학교 단위의 학습활동의 장으로 자연사박물관의 활용을 적극 지원한다. 대부분의 전시와 관련된 관람 및 교육 프로그램은 학교 교육과정의 내용과 연관 혹은 교육과정의 내용을 확장하는 데 활용가능하며, 특정 이벤트나 강좌 등은 과학에 대한 학생들의 관심과 흥미를 유발하고 지속시킬 수 있다.

6.3.2. 비형식 교육기관의 효율적인 방문

비형식 학습 기관을 방문하는 다수의 학교 단체들이 방문이나 관람을 얼마나 의미 있는 학습경험으로 이끌어내는가는 매우 중요하다. 일반적으로 제안되는 전략으로는 박물관이나 과학관 등을 방문하기 이전과 이후에 연계성 있는 활동을 학교에서 제시하면 관람의 경험이 의미 있는 학습으로 이어질 가능성이 매우 높다고 한다(Anderson & Lucas, 1997; Orion & Hofstein, 1994).

1. 방문 사전 활동

사전 방문의 중요한 부분은 학생들에게 개념도(Gowin & Novak, 1983)를 그리도록 하는 것이다. 이는 물론 하나의 전략이므로 반드시 해야 하는 것은 아니지만, 학생의 개념화에 의미 있는 변화를 유도하기 위해서는 필수적인 과정이라고 볼 수 있다. 학생들이 개념도를 익숙하게 그릴 수 있도록 간단히 훈련하는 시간도 함께 필요할 것이다. 그리고 학생들은 매우 간단한 기초 개념과 관련하여 서로 보여주고 토의할 수 있는 기회를 함께 부여받게 된다. 개념도를 학습하는 주제로는 학생이 모두 잘 알고 있거나 쉬운 주제를 택한다. 이때는 개별적으로 개념도를 만들기보다는 두 학생이 한 팀이 되어서 자신 개념도를 완성하게 할 수도 있다. 주제가 만일 먹이사슬이라면 이와 관련된 다양한 논의를 통해 공동으로 개념도가 완성되는 셈이다.

개념도의 훈련과정이 끝나면 교육과정상 학습해야 할 주요 개념을 선정하여 이에 대한 개념도를 작성하게 한다. 만일 학교 수업에서 전기와 자기를 배운다면 이에 대한 개념도를 먼저 그려보도록 한다. 학생들에게 빈 종이를 제공하여 개념도를 다양하게 시도해볼 수 있는 기회를 준다. 혹은 포스트잇에 주요 개념어를 쓰게 하고 큰 종이에 이를 다양한 방식으로 배치하게 하는 것도 좋은 전략이다. 개념의 배치가 끝나면 필기구를 이용하여 개념 간의 연관어를 포함하여 개념연결을 유도한다. 최종적으로 완성된 개념도를 가지고 교사와 함께 논의할 수 있도록 한다. 과학적 개념이나 오개념 등이 잘 드러나게 된다. 이 완성된 개념도는 수업의 과정을 통해서 계속 수정될 수 있도록 한다. 이런 과정이 과학관을 방문하기 일주일 전부터 진행이 되도록 한다.

2. 과학관의 방문

학생들은 과학관에서 어떤 전시 내용을 보게 될 것인지를 안내받고 방문을 하게 된다. 30분 정도의 방문할 과학관에 대한 소개의 시간을 갖는다. 위치, 어떤 전시관을 방문할 것이고, 어떤 내용을 보게 되며, 일정이 어떻게 되는지도 소상히 소개 받는다. 전기와 자기에 대한 내용이 교과내용에서 중요하게 다루어진 경우에 전시관도 전기 모터, 전기 발생, 자석에서 나온 전기, 손 건전지, 자석 만들기 등 전자기와 관련된 다양한 전시물이 더 강조되어 안내된다. 이러한 내용은 과학관의 온라인 자료를 이용하게 되는 경우가 많다. 혹은 과학관에서 제공하는 안내 자료나 과학관 연구원이나 직원이 자연스럽게 소개하는 비디오 등을 보는 것도 도움이 된다.

학생들에게 간단한 워크시트를 제공하는 것도 도움이 된다. 구체적으로 학생들이 대답해야 할 질문들을 미리 나누어주고, 학생들에게 과학관에서 어떤 경험을 하고, 무엇을 정리해야 하는지를 알려주는 것이다.

3. 방문 사후 활동

과학관 방문을 마치고 다음에 오는 수업에서 학생들은 사후 활동을 하게 된다. 대상으로 선정된 전시물을 하나 혹은 두 개씩 학생 소규모 그룹에 할당하고, 재미있었던 점, 흥미롭게 알게 된 점을 이야기하도록 한다. 전시물에서 전기와 자기가 어떻게 이해되고 작동했는지를 설명하게 하고 다른 학급 학생들 및 교사와 논의하도록 하는 기회를 준다. 그리고 전시물에서 경험했던 것과 유사한 활동을 할 수 있도록 간단한 실험 준비물을 가지고 해보도록 한다.

학생들의 자유로운 발표와 토론, 그리고 실험활동이 끝나면 다시 개념도를 그려보도록 한다. 교사는 학생의 개념에 어떤 변화가 생겼는지를 이해하게 되고, 학생은 자신의 개념에 대해 메타인지 전략을 사용할 수 있는 기회를 얻게 된다.

4. 학교에서의 온라인 자료 이용

많은 박물관과 과학관은 의미 있는 학교 교육의 파트너로서의 역할을 강조하며 다양한 온라인 자료를 제작하고 홈페이지를 통해 공유하도록 하고 있다. 앞서의 방문을 전후로 하는 사전, 사후 활동에서 이러한 온라인 자료를 사용하는 것은 매우 효과적이다.

또한 학교에서 사용할 수 있는 활동지와 수업안을 제작하여 홈페이지에 올려두고 학교 교사들이 자유롭게 다운로드 받아서 사용할 수 있도록 하였다. 교사용 교재를 별도로 올려놓은 곳도 많이 있다. 외국 박물관의 경우에는 온라인으로 접근이 가능한 자료가 많은 편이다. 다음은 이러한 박물관들의 온라인 자료를 얻을 수 있는 인터넷 주소이다.

- 런던 자연사박물관　http://www.nhm.ac.kr
- 미국 국립자연사박물관　http://smithonian.org
- 호주박물관　http://austmus.gov.au
- 시카고 필드박물관　www.fieldmuseum.org

참고문헌

- 강순민(2004). 과학적 맥락의 논의 과제 해결 과정에서 나타나는 논의과정 요소의 특징. 한국교원대학교 대학원 박사학위논문.
- 강순석(2002). 지방자치시대에 있어서 지역 자연사 박물관의 역할. 한국고생물학회지 별책, 5, 51-60.
- 공임주(2007). 과학 캠프가 고등학교 학생들의 과학적 태도 변화에 미치는 영향. 이화여자대학교 교육대학원 석사학위 논문.
- 곽민경(2007). 도슨트(docent)프로그램의 교육적 활성화 방안 연구: 초, 중학생을 중심으로. 한국교원대학교 대학원 석사학위 논문.
- 교육부(1997). 제7차 교육과정: 과학과 교육과정. 서울: 교육부.
- 권성기(1998). 과학학습과 구성주의. 김종문 외 13인 공저, 구성주의 교육학 (pp. 361-393). 서울: 교육과학사.
- 권용주, 정진수, 강민정, 김영신(2003). 과학적 가설 지식 생성 과정에 대한 바탕이론. 한국과학교육학회지, 23(5), 458-469.
- 김기상, 허준영, 이선경, 김찬종(2007). 비형식 교육환경에서 일어나는 부모와 아동의 대화 특성: ZPD 체계를 중심으로, 한국과학교육학회지, 27(9), 832-847
- 김명자, 곽영진, 김교정, 김규태, 김은숙, 박진서, 이상경, 이면우, 이은경, 이춘실, 정광철, 주정민, 최종원, 홍명표(1998). 영상 매체를 이용한 과학대중화 연구. 과학기술정책관리연구소.
- 김성원, 이현경(1996). 우리나라 과학캠프의 운영 실태와 교육적 효과. 한국과학교육학회지, 16(2), 175-189.
- 김억환(1996). 신비고츠키 인지발달 이론모형. 교육 논총, 27집, 31-44.
- 김억환(1998). 비고츠키 이론에 기초한 유아의 자기조정 능력의 발달. 논문집, 22집, 59-88.
- 김주훈, 김영애, 정구향(2001). 제 7차 교육과정에 따른 초등학교 과학과 성취기준과 평가기준 예시평가도구의 개발연구. 한국교육과정평가원, 연구보고 RRE 2001-4-6.
- 김주훈, 이범홍, 이양락(2000). 제 7차 교육과정에 따른 성취기준 및 평가기준개발연구. 한국교육과정평가원, 연구보고 CRE 2000-3-5.
- 김찬종(1995). 지구과학의 특성을 바탕으로 하는 효율적인 지구과학 탐구학습지도 방법 연구: 가설유도추리 탐구학습모형. 청주교육대학교 과학교육연구소 논문집, 16, 130-148.
- 김찬종, 신명경, 이창진, 차현정(2006). 자연사 박물관 전시물의 학교 지구과학 교육과정 반영 정도와 전시 방법의 교육적 분석: 미국의 사례를 중심으로, 한국지구과학회지 27(2), 130-139.

• 김현정, 유준희(2006). 과학 영재 학생들의 진로 선택 과정에 영향을 주는 과학 영재 캠프의 요인 분석, 한국과학교육학회지, 26(2), 268-278.
• 김혜리(2008). 과학교사–연구자간 협력적 워크숍에서 사회적 중재를 통한 구성주의 과학수업에 대한 집합적 이해 과정. 서울대학교 대학원 석사학위논문.
• 김희경, 송진웅(2004). 학생의 논변활동을 강조한 개방적 과학탐구활동 모형의 탐색. 한국과학교육학회지, 24(6), 1216-1234.
• 문정진(2009). TV과학 프로그램이 중학생의 과학에 대한 태도에 미치는 영향. 이화여자대학교 교육대학원 석사학위 논문.
• 민병곤(2004). 논증교육의 내용 연구. 서울대학교 박사학위논문.
• 박승재(2005). 과학관 육성을 위한 실태조사 및 수익모델 개발. 한국과학문화재단, 연구과제.
• 박승재, 강호감, 송진웅, 유준희, 윤혜경, 장경애, 정병훈, 한인옥(2000). 청소년 학교 밖 과학활동 진흥방안 연구. 과학기술부, 정책연구 2000-18.
• 박창용(2002). 중등학교 과학캠프의 실태분석과 활성화 방안 연구. 서울대학교 대학원 석사학위 논문.
• 백령(2005). 멀티미디어 시대의 박물관 교육. 서울: 예경.
• 설양환, 임병로(2001). 박물관의 현장 견학 프로그램: 미국 어린이 박물관 사례를 중심으로. 교육학 연구, 39(4), 231-254.
• 소원주(1998). 과학교사의 과학철학적 관점과 과학 서술 방식이 중학생들의 과학관의 변화에 미치는 영향, 한국교원대학교 대학원 박사학위논문
• 신명경, 이창진(2003). 자연사박물관 전시물의 특성 분석. 한국지구과학회지, 24(4), 281-289.
• 양승영(2002). 하나의 예로서 일본의 자연사 박물관. 한국고생물학회지 별책, 5, 73-79.
• 오필석(2005). "비계설정"(scaffolding)의 개념화: 교육적 담화 분석을 위한 한 시도. 과학교육자 종합학술대회.
• 오필석, 김찬종(2005) 지구과학의 한 탐구 방법으로서 귀추법에 대한 이론적 고찰. 한국과학교육학회지, 25(5), 610-623.
• 유은정, 이선경, 오필석, 신명경, 김찬종(2008). 중등 과학 수업의 참여구조 사례 연구: '혼성적 의미 창출 공간' 의 형성 가능성 탐색. 한국과학교육학회지, 28(6), 603-617.
• 이병준, 박지연(2008). 박물관 · 미술관 도슨트의 직무 분석 연구. 미술교육논총, 22(1), 379-396.
• 이병훈(2000). 자연사 박물관과 생물다양성. 사이언스북스, 270p.
• 이선경, 김우희(1995). 열의 오개념 교정을 위한 과학사의 도입에 관한 연구. 한국과학교육학회지, 15(3), 275-283.
• 이선경, 신명경, 김찬종(2005a). 자연사박물관의 전시에 반영된 과학의 본성, 한국지구과학회지 26(5), 376-386.
• 이선경, 이선경, 김찬종, 김희백(2005b). 비형식적 과학 학습 자료의 시나리오 및 논증 구조: 영국 자연사박물관의 공룡관의 사례 연구. 한국과학교육학회지, 25(7), 849-866.
• 이선경, 최지은, 신명경, 김찬종, 이선경, 임진영, 변호승, 이창진(2004). 세계 주요 자연사 박물관의 교육 프로그램의 유형 및 특징. 한국과학교육학회지, 24(2), 357-374.
• 이융남(2002). 자연사 박물관 고생물 분야의 전시기본방향–한국지질자원연구원 지질박물관의 예. 한국고생물학회지 별책, 5, 13-30.

• 이종위(1999). 자연사 박물관 교육. 박물관학 연구, 29-41.
• 이주연(2010). 자연사 전시관에서 관람객 참여의 질을 높이는 도슨트의 담화전략. 서울대학교 대학원 석사학위 논문.
• 이창진(2002). 자연사 박물관의 역할과 필요성(미국 스미소니언 자연사 박물관을 중심으로). 한국고생물학회지 별책, 5, 62-72.
• 이창진(2002). 자연사 박물관의 필요성과 국내 자연사 박물관의 현재. 지구과학교육, 5-8.
• 이창진, 류춘렬, 신명경(2007). 과학관 전시의 교육과정 반영에 대한 평가 기준 개발 및 적용-초등학교 지구과학 내용을 중심으로, 한국지구과학회지, 28(7), 803-810.
• 이화여자대학교 자연사 박물관(2003). http://home.ewha.ac.kr/~nhm/
• 임종덕(2002). 자연사 박물관과 화석. 한국고생물학회지 별책, 5, 81-94.
• 전희영(2002). 자연사 박물관의 효율적 운영방안-지질(고생물 분야를 중심으로-. 한국고생물학회지 별책, 5, 1-12.
• 정광수, 이중원, 김영식, 임경순, 이은경, 이문규, 박준호, 고인석, 이상원, 송진웅, 윤혜경, 오동훈, 박희주, 이면우, 정혜경(2003). 선진 과학문화의 사회적 역할에 관한 연구. 한국과학재단.
• 조영남(1998). 구성주의 교수-학습. 대구교육대학교 초등교육연구 논총 제12집, 93-120.
• 최지은(2004). 자연사 박물관 관람객의 관람유형과 관람만족도의 관계, 한국지구과학회지, 25(5), 315-326.
• 최지은, 김찬종(2006). 자연사 박물관에서 엄마-아동의 상호 작용. 교육심리연구, 20(3), 605-631.
• 최지은, 김찬종, 이창진, 임진영, 이선경, 변호승, 신명경, 이선경(2003). 자연사 및 자연사 박물관에 대한 국민 인식 연구. 한국과학교육학회지.
• (사)한국과학관협회(2009). 한눈에 둘러보는 전국 과학관 지도. 국립중앙과학관, 170pp.
• 한국과학재단(2008). 지방과학관 운영자료집. 교육과학기술부, 80pp.
• 허민(2002). 대학박물관에 있어서의 고생물학 위치와 공룡화석의 활용방안. 한국고생물학회지 별책, 5, 31-38.
• 황성원, 최정훈, 황북기(2005). 청소년을 위한 "이동과학교실" 사례연구를 통한 재미있는 과학의 특성 연구. 초등과학교육. 24(5), 602-611.

• Abraham, L. M. (2002). What do high school science students gain from field-based research apprenticeship programs? The Clearing House, 75(5), 229-232.
• Abungu, G. (1999). Message from the director-general. Nairobi: National Museums of Kenya, http://www.museums.or.ke/dg.html
• Allen, S. (2002). Looking for learning in visitor talk: a methodological exploration, In Leinhardt, G., Crowley, K., & Knutson, K. (eds.), Learning conversations in museums (pp. 259-304). Lawrence Erlbaum Association: New Jersey.
• Alters, B. J. (1997). Whose nature of science? Journal of Research in Science Teaching, 34. 39-55.
• American Association of Museums. (1984). Museums for a new century. Washington D.C.: American Association of Museums.
• Anderson, D. & Lucas. K. B. (1997). The effectiveness of orienting students to the physical features of a science museum prior to visitation. Research in Science Education, 27(4), 485-495.

• Anderson, D. (1999). A common wealth: Museums in the learning age. London: Stationery Office.
• Ash, D. (2003). Dialogic inquiry in life science conversations of family groups in a museum. Journal of Research in Science Teaching, 40(2), 138−162.
• Ash, D. (2004). Reflective scientific sense−making dialogue in two languages: The science in the dialogue and the dialogue in the science. Science Education, 88, 855−884.
• Asma, S. T. (2001). Stuffed animals and pickled heads. New York: Oxford University Press.
• Barab, S. A. & Hay, K. E. (2001). Doing science at the elbows of experts: Issues related to the science apprenticeship camp. Journal of Research in Science Teaching, 38(1), 70−102.
• Beiers, R. J. & McRobbie, D. J. (1992). Learning in interactive science centers. Research in Science Education, 22, 38−44.
• Bell, P., Lewenstein, B., Shouse, A. W., and Feder, M. A. (Eds.) (2009). Learning science in informal environments: People, places, and pursuits. Washington, D.C.: National Academic Press.
• Bhabha, H. K. (1994). The location of culture. London: Routledge.
• Boron, M. & Dritsas, J. (1997). Developing family−friendly exhibits. Curator, 40, 178−196.
• Borun, M., Massey, C. and Lutter, T. (1993) "Naive Knowledge and the Design of Science Museum Exhibits," Curator, 36(3): 201−19.
• Botelho, A. & Morais, A. M. (2006). Students−exhibits interaction at a science center. Journal of Research in Science Teaching, 43(10), 987−1018.
• Bybee, R. W. (2000). Teaching science as inquiry. In J. Minstrell & E. H. van Zee (Eds.), Inquiring into inquiry learning and teaching in science (pp. 20−46). Washington, DC: American Association for the Advancement of Science.
• Cazden, C. (1988). Classroom discourse: the language of teaching and learning. Portmouth, NH: Heineman.
• Chinn, C. A. & Malhotra, B. A. (2002). Epistemologically authentic inquiry in schools: A theoretical framework for evaluating inquiry tasks. Science Education, 86, 175− 218.
• Collins, H. & Pinch, T. (1993). The Golem: What everyone should know about science. Cambridge: Cambridge University Press.
• Cotton, J. and Wood, B. (1996). Retrieving Prehistories at the Museum of London: A Gallery Case-study, in McManus, P. M. (ed.) Archeological Displays and the Public: Museology and Interpretation, London: Institute of Archeology, University College London, 53−71.
• Cox, A. M., Lafferty, A. & Abraham, L. M. (1998). Authentic science learning: High school apprenticeships at museums. Paper presented at American Educational Research Association Annual Meeting, San Diego, CA.
• Cox−Petersen, A. M., Marsh D. D., Kisiel. J. & Melber, L. M. (2003). Investigation of Guided School Tours, Student Learning, and Science Reform Recommendations at a Museum of Natural History. Journal of research in science teaching, 40(2), 200−218.
• Crane, V., Chen, M., Bitgood, S., Serrell, B., Thompson, D., Nicholson, H., Weiss, F., & Campbell, P. (1994). Informal science learning: What the research says about television, science museums, and

community-based projects. Washington, D.C.: National Science Foundation.

• Diamond, J. (1980). The ethology of teaching: perspective from the observations of families in science centers. Ph.D. diss., University of California, Berkeley.

• Diamond, J. (1986). The behavior of family groups in science museums. Curator 29(2), 139-54.

• Diamond, J. (1996). Playing and learning. ASTC Newsletter 24(4), 2-6.

• Diamond, J. (1999). Practical evaluation guide-tools for museums and other informal educational settings. AltaMira Press, California, USA, 192p.

• Diamond, J., Smith, A. & Bond, A. (1988). California Academy of Sciences Discovery Room. Curator 31(3), 157-166.

• Diamond, Judy, Mark St. John, Beth Cleary, and Darlene Librero (1987). The exploratorium's explainer program: the long-term impacts on teenagers of teaching science to the public. Science Education 71(5), 643-656.

• Dienes, Zoltan, and Berry, Dianne (1977) Implicit learning:below the subjective threshold. Psychonomic Bullentin and Review 4(1), 3-23.

• Dierking, L. (1987). Parent-child interactions in a free choice learning setting: an examination of attention-directing behaviors. Ph.D.diss.,University of Florida.

• Dierking, L. D., Falk, J. H., Rennie, L., Anderson, D. & Ellenbogen, K. (2003). Policy Statement of the informal science education ad hoc committee. Journal of Research in Science Teaching, 40(2), 108-111.

• Driver, R., Newton, P. & Osborne, J. (2000). Establishing the norms of scientific argumentation in classroom. Science Education, 84, 287-312.

• Engeström, Y. (1991). Non scolae sed vitae discimus: toward overcoming the encapsulation of school learning. Learning and Instruction, 1, 234-259.

• Engeström, Y. (1999). Activity theory and individual and social transformation. In Y. Engeström, R. Miettinen, & R.-L. Punamäki(Eds.), Perspectives on activity theory (pp. 19-38). New York: Cambridge University Press.

• Falk, J. & Storksdieck, M. (2005). Using the contextual model of learning to understand visitor learning from a science center exhibition. Science Education, 89, 744-778.

• Falk, J. H. & Dierking, L. D. (2002). Lessons without limit: how free-choice learning is transforming education. Walnut Creek, CA: AltMira.

• Falk, J. H. (1999). Museums as institutions for personal learning. Daedalus, 128, 259-275.

• Falk, J. H. (2001). Free-choice science learning: Framing the issues. In: Falk J.,(Ed.), Free choice science education: how people learn science outside of school (pp. 2-9). New York: Teacher's College press.

• Falk, J. H. and Dierking, L. D. (1992). The museum experience. Washington, D.C.: Whalesback Books.

• Falk, J. H. and Dierking, L. D. (1998, May/June). Free-choice learning: an alternative term to informal learning? Informal Learning Environments Research Newsletter(p. 2). Washington, DC: American Educational Research Association.

• Falk, J. H., Koran, J. J. Jr., Dierking, L. D. & Dreblow, L., 1985, Predicting visitor behavior. Curator, 28, 249-257.

• Feher, E., (1990). Interactive museum exhibits as tools for learning: Explorations with light. International Journal of Science Education, 12(1), 35–49.
• Fischer, H. R. (2001). Abductive reasoning as a way of worldmaking. Foundations of Science, 6, 361–383.
• Fleer, M. (1992). Identifying teacher–child interaction which scaffolds scientific thinking in young children. Science Education, 76(4), 373–397.
• Gardner, H. (1985). Frames of Mind: The Theory of Multiple Intelligences, New York: Basic Books.
• Gardner, H. (1991). The unschooled mind: How children think and how schools should teach. New York: Basic Books.
• Gardner, H. (1993). Multiple intelligence: The theory on practice. New York: Basic Books.
• Gee, J. P. (1996). Social linguistics and literacies: Ideology in discourses (2nd ed.). London: Falmer.
• Geelan, D. R. (1997). Epistemological anarchy and the many forms of constructivism. Science & Education, 6, 15–28.
• Germann, P. J., Haskins, S., & Auls, S. (1996). Analysis of nine high school biology laboratory manuals: Promoting scientific inquiry. Journal of Research in Science Teaching, 33, 475–499.
• Giere, R. N. (1991). Understanding scientific reasoning (3rd ed.). Forth Worth, TX: Holt.
• Giere, R. N., Bickle, J., & Mauldin, R. (2006). Understanding scientific reasoning (5th ed.). Toronto, Canada: Thomson Wadsworth.
• Gilbert, J. K. (2005). Visualization in science education. 0, The Netherlands: Springer.
• Glaser, J. R. & Zenetou, A. A. (1996). Museums: A Place to Work Planning Museum Careers. New York: Routledge.
• Glaser, R. (1966). "Variable in Discovery Learning," in Shulman, L. S. and Keislar, E. R. (eds) Learning by Discovery: A Critical Appraisal, Chicago: Rand MacNally and Co., 13–26
• Gleason, M. & Schauble, L. (2000). Parents' assistance of scientific reasoning. Cognition and Instruction, 17, 343–378
• Gould, S. J. (1981). The Mismeasure of Man, New York: Norton.
• Greeno, J. G. (1995). Understanding concepts in activity. In W. Kintsch, C. A. Weaver, C. R. Fletcher & S. Mannes (Eds.), Discourse comprehension: Essays in honor of Walter Kintsch (pp. 65–95). Hillsdale, N. J.: Lawrence Erlbaun Associates.
• Greeno, J. G., Collins, A. M. & Resnick, L. B. (1996). Cognition and learning. In Berliner, D. C. & Calfee, R. C. (Eds.), Handbook of educational psychology (pp. 15–46). Macmillan Library Reference: New York.
• Gregory, J. Miller, S., (1998). Science in public: Communication, culture, and credibility. Plenum Press, 294p.
• Guo, L. (2004). Multimodality in a biology textbook. In K. L. O'Halloran (Ed.), Multimodal discourse analysis: Systemic functional perspectives (pp. 196–219). London, UK: Continuum.
• Gutierrez, K., Baquedo–Lopez, PL, Tejeda, C. & Rivera, A. (1999). Hybridity as a tool for understanding literacy learning: Building on the syncretic approach. Paper presented at the annual meeting of the American Educational Research Association, Montreal, Quebec, Canada.

• Hafner, R. & Stewart, J. (1995). Revising explanatory models to accommodate anomalous genetic phenomena: Problem solving in the context of discovery. Science Education, 79, 111-146.

• Hallyn, F. (2000). Metaphor and analogy in the sciences. Dordrecht, The Langer, J. A. (1984). Literacy instruction in American schools: problems and perspectives. American Journal of Education, 93(1), 107-132.

• Hand, B. (2008. 11. 3). 과학의 이해 위해 '글쓰기' 가 필요하다. 사이언스 타임즈 http://www.sciencetimes.co.kr/article.do?atidx=0000028347.

• Hanson, N. R. (1958). Patterns of discovery. Cambridge: Cambridge University Press.

• Harms, N. C. & Yager, R. E. (1981). What research says to science teacher? Volume 3, National Science Teachers Association: Washington, D.C..

• Harre, R. (1986). Varieties of Realism: A Rationale for the Natural sciences, Oxford: Basil Balckwell.

• Hawkey, R. (2001). The science of nature and the nature of science: Natural history museums on-line. Electronic Journal of Science Education, 5(4), 2001. (http://unr.edu/homepage/crowther/ejse/hawkey.html)

• Hein, G. E. (1995). The constructivist museum. Journal of Education in Museums, 16, 21-23.

• Hein, G. E. (1998). Learning in the museum. London: Routledge.

• Heinich, R., Molenda, M., Russell, J. D. and Smaldino, S., (1999). Instructional media and technologies for learning. Prentice Hall, New Jersey, USA, 428p.

• Hilke, D. D. & John D. Balling (1985). The family as a learning system: an observational study of family behavior in an information rich environment. In The role of the family in the promotion of science literacy, edited by D. D. Hilke and John D. Balling. Washington, D.C.: National Science Foundation.

• Hilke, D. D. (1989). The family as a learning system : an observational study of families in museums. In Museum visits and activities for family life enrichment, edited by Barbara H. Butler and Marvin B. Sussman. New York: Haworth Press.

• Hodson, D. (1996). Practical work in school science: exploring some directions for change. International Journal of Science Education, 18(7), 755-760.

• Hofstein, Avi, and Rosenfeld, Sherman(1996). Bridging the gap between formal and informal science learning. Studies in Science Education 28, 87-112.

• Hooper-Greenhill, E. (1999). The educational role of the museum (2nd ed.). London: Routledge.

• Hooper-Greenhill, E. (2007). Museum and education: purpose, pedagogy, performance. London: Routledge.

• Hurd, P. (1958). Scientific literacy Its meaning for American schools. Educational Leadership, 16, 13-52.

• Johnson A. (2009). The museum Educator' s Manual. Lanham: Altamira press.

• King, H. (1996). The nature of science, Unpublished MSc Dissertation, London: Imperial College.

• Klopfer, Leopold E. (1971). Evaluation of learning in science in Handbook on summative and formative evaluation of student learning, McGraw-Hill, New York.

• Kress, G., Jewitt, C., Ogborn, J. & Tsatsarelis, C. H. (2001). Multimodal teaching and lcarning: Thc rhetorics of the science classroom. London, UK: 0.

• Krishtalka, L. & Humphrey, P. S. (2000). Can natural history museums capture the future? Bioscience, 50(7), 611-617.
• Kuhn, D., Garcia-Mila, M., Zohar, A., & Andersen, C. (1995). Strategies of knowledge acquisition. Monographs of the Society for Research in Child Development, 60 (4, Serial No. 245).
• Kuhn, T. S. (1970). The structure of scientific revolution (2nd Ed.). Chicago: The university of Chicago.
• Langer, J. A. (1984). Literacy instruction in American schools: problems and perspectives. American Journal of Education. 93, 107-132.
• Lave, J. & Wenger, E. (1991). Situated learning: Legitimate peripheral participation. Cambridge, UK: Cambridge University Press.
• Lave, J. (1988). Cognition in practice: Mind, mathematics and culture in everyday life. Cambridge: Cambridge University Press.
• Lave, J. (1993). The practice of learning. In, Seth Chaiklin & Jean Lave (Eds.) Understanding practice: Perspectives on activity and context (pp. 3-34). Cambridge: Cambridge University Press.
• Lawson, A. E. (1995). Science teaching and the development of thinking. Belmont, CA: Wadsworth Publishing Company.
• Lawson, A. E. (2002). What does Galileo's discovery of Jupiter's moons tell us about the process of scientific discovery? Science & Education, 11, 1-24.
• Lawson, A. E. (2004). T. rex, the carter of doom, and the nature of scientific discovery. Science & Education, 13(3), 155-177.
• Lederman, N. G. (1999). Teachers' understanding of the nature of science and classroom practice: Factors that facilitate or impede the relationship. Journal of Research in Science Teaching, 36(8), 916-929.
• Lee, O. & Fradd, S. H. (1998). Science for All, including Students from Non-English-Language Backgrounds. Educational Researcher, 27(4), 12-21.
• Lee, S. & Kim, C. (2007). Understanding visitor learning in a natural history museum: A case of dyadic discourses. Journal of the Korean Association for Research in Science Education, 27(2), 134-143.

• Lee, S. & Kim, C. (2007). Understanding visitor learning in a natural history museum: A case of dyadic discourses. Journal of the Korean Association for Research in Science Education, 27(2), 134-143.

• Lemke J. L. (1998). 'Multiplying meaning: visual and verbal semiotics in scientific text', in J. Martin and R. Veel (eds), Reading science. London: Routledge.
• Lemke, J. L. (1990). Talking science: Language, learning, and values. Norwood, NJ: Ablex.
• Leont'ev, A.M. (1978). Activity, consciousness and personality. Englewood Cliffs, CA: Prentice Hall.
• Lucas, A. M., McManus, P. M., & Thomas, G. (1986). Investigating learning from informal learning sources: Listening to conversations and observing play in science museums. European Journal of Science Education, 8, 341-352.
• Matthews, M. R. (1992). History, philosophy, and science teaching: the present rapproachment. Science & Education, 1, 11-47.
• McCormack, A. J. & Yager, R. E. (1989). Assessing teaching/learning successes in multiple domains of science and science education. Science Education, 73(1), 45-58.

• McDonell, K. S. (1973). Multi-Media field studies-a development in the earth science teaching. The Australian Science Teachers Journal, 19(1), 53-56.
• McLeod, J. & Kilpatrick, K. M. (2001). Exploring science at the museum. Educational Leadership, 58(7), 59-63.
• McManus, P. M. (1987). It's the company you keep: The social determination of learning-related behavior in a science museum. International Journal of Museum Management and Curatorship, 6(3), 263-270.
• Melber, L. M. & Abraham, L. M. (2002). Science education in U.S. natural history museums: a historical perspective. Science and Education, 11(1), 45-54.
• Millar, R. (1998) Rhetoric and reality: what practical work in science education is really for. In J. Wellington (Ed.), Practical Work in School Science: Which way now? (pp. 16-31). London: Routledge.
• Mony P. R. S. & Heimlich J. E. (2008). Talking to Visitors about Conservation: Exploring Message Communication through Docent-Visitor Interaction at Zoos. Visitor Stuides, 11(2), 151-162.
• National Research Council (1996). National science education standards, U.S.A: National Academy of Science.
• National Research Council. (1996). National science education standards. Washington, DC: National Academy Press.
• National Science Foundation. (1998). Elementary, secondary, and informal education program announcement and guidelines. Washington, D.C.: National Science Foundation.
• Neves. C.M.P. (2009). Natural History Museums in the 21st Century in International Conference on the Development of the Natural History Museum Gyeonggi, Korea.
• Norman, D. A. (1982) Learning and memory. New York: W.H. Freeman and Company.
• Olds, A.R. (1990) "Sending Them Home Alive," Journal of Museum Education, 15(1): 10-12; reprinted in Patterns in Practice: Selections from the Journal of Museum Education, (1992) Washington, DC: Museum Education Roundtable, 174-8.
• Oppenheimer, Frank & Karen C. Cole(1974). The exploratorium: A participatory museum. Prospects 4(1), 1-10.
• Oppenheimer, Frank(1972). The Exploratorium: A Playful Museum Combines Perception and Art in Science Education. American Journal of Physics 40(7), 978-984.
• Orion , N. & Hofstein, A. (1994). Factors that influence learning during a scientific field trip in a natural environment. Journal of Research in Science Teaching, 31(10), 1097-1119.
• Orion, N. (1989). Development of a high-school geology course based on field trips. Journal of Geological Education, 37(13), 13-17.
• Osborn, J., Kress, G., Martins, I. & McGillicuddy, K. (1996). Explaining science in the classroom. Buckingham: Open University Press.
• Palinscar, A. S. (1996). The role of dialogue in providing scaffolded instruction. Educational Psychology, 21, 73-98.
• Polanyi, M. (1958). Personal Knowledge: Towards a Post-Critical Philosophy, Chicago: University of Chicago Press.

• Ravelli, L. J. (2006). Museum texts: Communication framework. London: Routledge.

• Reif, Fredrick & Jill H. Larkin(1991). Cognition in scientific and everyday domains: comparison and learning implications. Journal of Research in Science Teaching, 28(9), 733–760.

• Rennie, L. J., Feher, E., Dierking, L. D. & Falk, J. H. (2003). Toward an agenda for advancing research on science learning in out–of–school settings. Journal of Research in Science Teaching, 40(2), 112–120.

• Resnick, L. B. (1987). The 1987 Presidential Address: Learning in School and out. Educational Researcher, 16(9), 13–20.

• Rix, C. & McSorley, J. (1999). An investigation into role that school–based interactive science centres may play in the education of primary–aged children. International Journal of Science Education, 21(6), 577–593.

• Robitaille, D. F., Schmidt, W. H., Raizen, S. A., McKnight, C. C., Britton, E. and Nicol, C. (1993). TIMSS Monograph No. 1: Curriculum Frameworks for Mathematics and Science. Vancouver, Canada: Pacific Educational Press.

• Rogoff, B. & Gardner, J. (1984). Everyday cognition. Cambridge, MA: Harvard University Press.

• Rogoff, B. (1990). Apprenticeship in thinking: Cognitive development in social context. New York: Oxford University Press.

• Rohlfing, K. J., Rehm, M., Goecke, K. U. (2003). Situatedness: The interplay between context(s) and situation. Journal of Cognition and Culture, 3.2, 132–156.

• Roschelle, Jeremy(1995). Learning in interactive environments: prior knowldge and new experience. In Public institutions for personal learning, edited by John H. Falk and Lynn D. Dierking. Washington, D.C.: American Association of Museums.

• Rosner, Daniela K. (2005). Using scientific methods to teach science methodology in museum exhibits. Proceeding of m–ICTE2005 conferences: Spain, June.

• Roth, W.–M. (2005). Doing qualitative research: Praxis of method. Rotterdam: Sense Publishers.

• Roth, W.–M., Tobin, K., Zimmermann, A., Bryant, N. & Davis, C. (2002). Lessons on and from the dihybrid cross: An activity–theoretical study of learning in coteaching. Journal of Research in Science Teaching, 39(3), 253–382.

• Rowley–Jolivet, E. (2004). Different visions, different visuals: A social semiotic analysis of field–specific visual composition in scientific conference presentations. Visual Communication, 3(2), 145–175.

• Rudolph, J. L. (2005). Inquiry, instrumentalism, and the public understanding of science. Science Education, 89, 803–821.

• Sandifer, C. (1997). Time–based behaviors at an interactive science museum: Exploring the differences between weekday/weekend and family/nonfamily visitors. Science Education, 81, 689–701.

• Sandifer, C. (2003). Technological novelty and open–endedness: two characteristics of interactive exhibits that contribute to the holding of visitor attention in a science museum. Journal of Research in Science Teaching, 40 (2), 121–137.

• Schauble, L., & Glaser, R. (Eds.) (1996). Innovations in learning new environments for education. Mahwah, NJ: Lawrence Erlbaum Associates.

• Schauble, L., Beane, D. B., Coates, G. D., Martin, L. M. W. & Sterling, P. V. (1996). Outside the classroom walls: Learning in informal environments. In L. Schauble & R. Glaser (Eds.), Innovations in learning new environments for education (pp. 5-24). New Jersey: Lawrence Erlbaum Associates.

• Schibeci, R. A. (1989). Home, school and peer group influences on student attitudes and achievement in science. Science Education, 73, 13.

• Schwartz, R. S., Lederman, N. G., & Crawford, B. A. (2004). Developing views of nature of science in an authentic context: an explicit approach to bridging the gap between nature of science and scientific inquiry. Science Education, 88, 610-645.

• Shin, M. K., Lee, C. Z., Kim C. J. and Ryu, C. R., 2004, Science educational interpretation of exhibit characteristics. Journal of Korean Research in Science Education, 25 (3), 152-159.

• Shin, M., Lee, S., Choi, J., Kim, C., Lee, C., Byun, H., Lee, S., Lim, J. & Jung Y. (2004). Searching for Science Education in On-Line Resources Provided by Natural History Museum. Journal of the Korean Association for Research in Science Education, 24(1), 63-75.

• Siegel, H. (1989). The rationality of science, critical thinking and science education. Synthese, 80(1), 9-42.

• Silverman, L. H. (1995) "Visitor Meaning-Making in Museums for a New Age," Curator, 38(3): 161-70.

• Southerland, S. A., Gess-Newsome, J. & Johnson, A. (2003). Portraying science in the classroom: The manifestation of scientists beliefs in classroom practice, Journal of Research in Science Teaching, 40 (7), 669-691.

• Sproull, J. (1991). Understanding #3: Advanced technologies for the study of Earth Systems. Science Activities, 28(1), 19-22.

• Stephen T. (2001). Stuffed animals and pickled heads, Oxford University Press, p.3.

• Sutton, C. (1996). Beliefs about science and beliefs about language, International Journal of Science Education, 18(1), 1-18.

• Toulmin, S. (1958). The uses of argument. Cambridge: Cambridge University Press.

• Toulmin, S., Rieke, R. & Janik, A. (1984). An introduction to reasoning (2nd Ed.). New York: Macmillan Publishing Company.

• Tran, L. U. (2003). Teaching science at informal settings: The roles and behaviors of the educators. Paper presented at the meeting of the National Association for Research in Science Teaching, PA: Philadelphia.

• von Glasersfeld, E. (1995) "A Constructivist Approach to Teaching," in Steffe, L. P. and Gale, J. (eds) Constructivism in Education, Hillsdale: Lawrence Erlbaum Associates, 3-15.

• Vygotsky, L. S. (1978). Mind in society: The development of higher psychological processes. Cambridge, MA: Harvard University Press.

• Watson, R. (2000). The role of practical work. In M. Monk & J. Osborne(ed.)., Good practice in science teaching: What research has to say (pp. 57-71). Open University Press.

• Wellington, J. (1991). Newspaper science, school science: friends or enemies? International Journal of Science Education, 13 (4), 363-372.

• Wellington, J. (1998). Practical work in science: Time for a reappraisal. In J. Wellington (ed.), London: Routledge.

• Wenger, E. (1998). Communities of practice: Learning, meaning, and identity. Cambridge: Cambridge University Press.

• Wertsch, J. V. (1984). The zone of proximal development: Some conceptual issues. In B. Rogoff and J. V. Wertsch (eds.), Children's learning in the zone of proximal development (pp. 7-18). San Francisco, Washington, London: Jossey-Bass Inc., Publishers..

• Wertsch, J. V. (1991). Voices of the mind: a sociocultural approach to meditated action. Cambridge, MA: Harvard University Press.

• White, R. T. (1996). The link between the laboratory and learning. International Journal of Science Education, 18(7), 761-774.

• Wittlin, A. S. (1949). The museum, Its History and its Tasks in Education, London: Routledge and Keagan Paul.

• Wood, D., Bruner, J., & Ross, G. (1976). The role of tutoring in problem solving. Journal of Child Psychology and Psychiatry, 17, 89-100.

• Woolgar, S. (1988). Science: The very idea. Chichester, UK: Ellis Horwood.

• Woolnough, B. E. (1998). 개인지식을 계발하는 참된 학교 과학활동. In J. Wellington(ed.), Practical Work in School Science: Which way now? (pp. 132-151) (황성원 역, 2001, 과학실험실습교육: 주장과 비판, 시그마프레스).

• Zimmerman, C. (2000). The development of scientific reasoning skills. Developmental Review, 20, 99-149.

찾아보기

비형식 과학학습의 이해

지은이 • 김찬종 · 신명경 · 이선경

펴낸이 • 조승식

펴낸곳 • (주)도서출판 북스힐

등록 • 제22-457호

주소 • 142-877 서울시 강북구 수유2동 258-20

www.bookshill.com

E-mail • bookswin@unitel.co.kr

전화 • 02-994-0071(代)

팩스 • 02-994-0073

2010년 2월 15일 1판 1쇄 인쇄

2010년 2월 20일 1판 1쇄 발행

값 12,000원

ISBN 978-89-5526-659-7